人文故事
RENWENGUSHI

佛教的故事

黄复彩 著

河北出版传媒集团
河北人民出版社

引言

佛教大约产生于公元前6世纪的古印度，西汉末年开始传入中国，至今已有两千多年的历史。

佛教的传入和发展过程，是一个与中国传统的老庄、儒学及玄学相互排异和相互融合的过程。作为一种外来的文化，佛教对中国传统文化的冲击是显而易见的。首先，佛教的一些理论如“苦空无常观”与中国黄老的“无为论”产生共鸣，而佛教的“不敬王者”和“三世因果”论又与中国儒家的“三纲五常”发生抵触。在长达两千多年的历史中，这种碰撞与交融一直就没有停止过。然而，佛教最终还是以其独特的文化魅力，赢得上层集团的青睐，并逐渐向下层社会传播蔓延，从而与中国传统的儒、道文化形成鼎立之势，影响并推动着中国传统文化的向前发展。直到今天，我们从中国社会的哲学、政治、经济乃至文化艺术各领域，都不难看到佛教的深刻影响。这不能不说是一种奇特的文化现象。

在中国佛教两千多年的发生和发展过程中，曾涌现出无数杰出的人物，这些杰出的人物在浩瀚的历史大河中演绎了一幕幕惊世骇俗的生动活剧，谱写了无数可歌可泣的动人篇章。长期以来，由于佛教文化传播形式本身的局限，再加上历代社会的政治偏见，人们对佛教的认识一直停留在“消极”和“迷信”的误读阶段，佛教也一直成为被漠视被打击的对象，从而使得这一流传两千多年的文化现象难以被更多的民众所认识和接受，这不能不说是中国文化的某种悲哀。

我并非佛教研究的专门学者，我对佛教的介入，一开始是因为文学。首先进入我文学视野的是佛教中的现实人物，我也正是通过这些在一般人看来难以接近的佛门人物而开始佛教题材的文学创作。然而当我真正开始触摸到佛教的边缘须角之后，才对佛教的博大与精深深为叹绝。我自叹对佛教的认识为时太晚，再加上自身的种种局限，已无法对佛教的某一领域作专门而深入的研究。但是，这并不等于我不能从某个角度去领略佛教文化的独特魅力，十多年来，正是凭借着我对佛教文化理解的逐步加深，我的文学观似乎也发生了极大的变化，这的确是我始料未及的。

接到人文故事丛书编辑委员会的邀请而撰写《佛教的故事》，几乎未作任何思考便欣然应允了。让更多的读者通过文学和故事的形式认识看似古奥的佛教，这工作过去曾有人做过，将来仍会有人继续去做，就像一个又一个前赴后继的战士，我相信所有一切与我一同做着这一工作的同仁都会觉得，这实在是一个没有终点的战场，是一项功德无量的工作，而所获者，则是永远也细数不尽的文化硕果。

然而这并非一本能够听凭作者随意虚构的文学作品，唯有在依据佛教史实和佛教基本论点的前提下对人物和事件作文学的描绘。佛教典籍的一大特点就是通过故事来说法，如《金刚经》，佛经的至尊大多出于这本经，它讲了佛的生和灭以及弟子修行过程的很多故事，所以笔者在书中的故事大多来自佛教典籍《经》、《律》、《论》等，也取材于佛学文学或关于佛教的民间传说，特别是广为人知的《百喻经》以及禅宗《五灯会元》等。另外，也来自我多年来遍访名山胜寺聆听各位高僧大德们的弘法故事，生动活泼的文风，是本书所要达到的写作效果。为了达到史实和故事的和谐与统一，本书选择佛教史中最具有代表性的历史人物以及在佛教史中最有典型意义的历史事件为端口，书中六章，均依照佛教史的发展进程，使其脉络清晰，疏而不漏。

一位资深历史学家在他的晚年说过这样的话：我应该重新去补佛教这门课。佛教文化的博大，是一个人穷尽一生也难以究竟的。对于生活在一个开放性的社会中的人来说，现在去补这门课应该是为时未晚。让我们一同努力！

目录

第一章　菩提树下觉真谛

第二章　开天辟地转法轮

第三章　十大弟子的故事

第四章　东方大国得契应

第五章　辉煌篇章誉中华

第六章　余韵霞辉留绝响

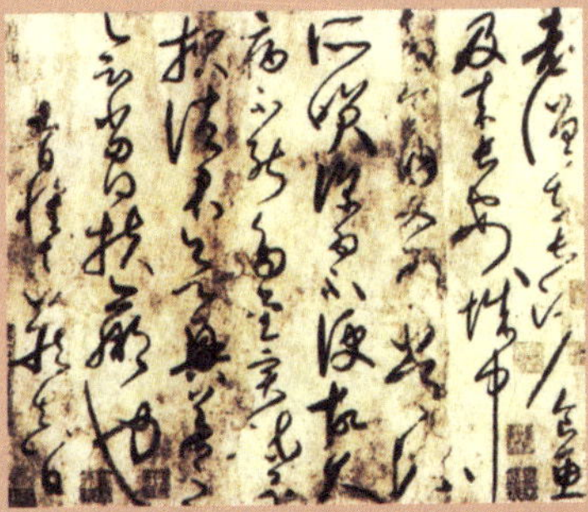

第七章　水墨丹青处处禅

小词典

第一章　菩提树下觉真谛

- 降生
- 成长的烦恼
- 表妹的恋情
- 沉思的太子
- 生老病死
- 苦行林中（上）
- 苦行林中（下）
- 悟道成佛

菩提树下觉真谛

降生

2500 年前喜马拉雅山麓的春天。

一个温馨而宁静的傍晚，刚下过一阵小雨。此刻，金黄的阳光正斜射在迦毗罗卫国王宫的金色宫顶上，空气温暖而湿润，曼陀罗花在微风中散发出阵阵醉人的幽香，巨大的婆罗双树上，一只只孔雀正梳理着它们美丽的羽毛，发出声声呢喃和呼唤。

一天的国务终于结束了。此刻，迦毗罗卫英武的国主净饭王正轻挽着他的爱妻摩耶夫人，缓缓地行进在那些鲜花和绿树之中。这是他们夫妇几十年来一直保持的习惯，无论国事多么繁忙，陪摩耶夫人散步，是净饭王每天雷打不动的活动。虽然他们结婚已有 20 多年了，但已过中年的净饭王和摩耶夫人依然像初恋时一样相亲相爱。

幸福总是属于那些善良而勤勉的人们。由于净饭王的英明和善，再加上这些年的风调雨顺，迦毗罗卫国的农业连年丰收，商业逐年发达，人民安居乐业，迦毗罗卫也迅速成为北印度半岛上的一个强国。身为国主的净饭王和他的夫人摩耶公主不仅有着缠绵而深厚的爱情，更有豪华的七宝轮车和永远也享用不尽的锦衣美食。然而正如哲人们所说，所谓圆满，只能存在于人们的想象之中。20 年的婚姻却依然膝下无子是他们生活中唯一的缺憾。虽然永远不老的爱情使他们每天都像是在新婚蜜月中一样，但头顶上燕子的呢喃，草地上幼羊的鸣叫，总会让摩耶公主这位 44 岁的女人生起一阵无名的感伤。

古代佛教故事绘画：《菩萨驾日轮象至净饭王宫托化受胎》，描绘了摩耶夫人梦见白象而怀孕的情形。

走出一处园子，眼前的一幕让这对国王夫妇深深地感动了。在一片草地上，一只母鹿正伸开四肢躺在地上，一只出生不久的小鹿正依偎在母亲的怀里吸吮着奶水，而在她们的身旁，那只鹿父正用舌头轻轻地舔着他

们的儿子。

与此同时，沉浸在幸福中的净饭王忽然听到了妻子一声轻微的叹息。他侧过头去，正看到摩耶夫人那双垂泪的眼睛。

“王后，你身体不舒服吗？”净饭王说，“让我们赶快回宫去吧。”

“陛下，我不配做迦毗罗卫国的王后，我甚至不如这头母鹿。”

听了夫人的话，净饭王真是不所知措。他只得安慰夫人说：“快别说这样的话了，我有你，也就够了。”

“不，你需要一个太子，你早该做一个父亲了。”

为了安慰妻子，净饭王将摩耶夫人拥入怀里，一边深情地吻着夫人，一边用最甜蜜的语言回忆着那一个个缔结了他们爱情的夜晚。在净饭王充满爱恋的亲吻之下，摩耶夫人渐渐忘却了先前的不快，开始沉入到他们新婚的快乐之中。

不知什么时候，眼前一道白光掠过，远处，一头白色的大象，一直向他们所在的草地走过来。啊，多美的大象！摩耶夫人在一阵惊叹中猛然醒来，原来，刚才的一切，是她躺在丈夫的怀里所做的一个奇妙的梦。从梦中醒来的摩耶夫人异常兴奋，她立即把梦中的一切告诉了净饭王。不想净饭王也告诉妻子说，就在刚才的梦中，他也看到了东方天边上的那道耀眼的白光，而且在梦中甚至还有一位天神告诉他说，当花星闪烁在东方的时候，他们的孩子就要诞生了。

不久，迦毗罗卫国传来一个震惊全国的消息，美丽的摩耶夫人怀孕了，迦毗罗卫国即将会有一位尊贵的太子了。

美丽的摩耶夫人是邻国拘萨罗国国王的女儿。按照迦毗罗卫国的习俗，摩耶夫人需回到她的娘家生育她的孩子。就在临产前的一个日子里，无数的随从驾着香车宝马载着摩耶夫人一路向拘萨罗国走去。这是一个无比美好的清晨，当浩荡的车队行进到蓝毗尼花园的时候，摩耶夫人被园中的景色陶醉了。如絮的白云在蓝天上游动，一对对孔雀在摩耶夫人的香车宝马上空盘旋着，无数的翠鸟放出动人的歌喉，鸣唱着一首首欢快的歌曲。摩耶夫人让人将她搀下香车宝马，伫

古代佛教故事绘画：《太子初行七步，目顾四方，手指天地，莲花捧足》，描绘了释迦牟尼降生时，连走7步，步步有莲花的场景。

立于一棵婆罗双树下。就在这时，她的腹中一阵疼痛，在万分的惊喜之中，摩耶夫人知道，那孕育了十四个月的小生命就要降生了。于是，摩耶夫人依持着那棵婆罗双树，完成了她做母亲的伟大使命。惊慌的人们连忙把摩耶夫人围在当中，这时，人们看到一个男婴正躺在一朵洁白的莲花之上。大地在微微震动，天空飞来一朵五彩祥云，一抹甘露圣水降落在太子的身上，沐浴着太子的身体。这时，人们看到太子正缓缓地从莲花上站立起来，他一手指天，一手指地，朗声而语：天上天下，唯我独尊。

人们永远地记住了这一天，全世界的人们都记住了这一天，这一天是公元前 565 年（也有说是公元前 563 年）四月初八。这一天，释迦族一个叫悉达多（意为“成就一切”）的孩子诞生了，后来，人们就把这一天称作“浴佛节”。人们还知道，这位迦毗罗卫国的王太子、后来佛教的创立者释迦牟尼诞生的日子，差不多正是东方大国中国的另一位圣人孔子诞生的时候。

成长的烦恼

清澈的阳光洒满迦毗罗卫国王宫的花园，和风轻拂，白灵鸟在蓝天上鸣唱着醉人的歌曲。刚下过一阵雨，花园里那刚刚被翻耕过的花径上有一股新鲜的泥土的芬香。

又一年的春天来到了，大地在生长，万物在生长，这个叫乔达摩·悉达多的太子也已经长成一个 12 岁的少年了。

就在悉达多诞生不久，野外生育的风寒永远地夺去了摩耶夫人的生命。为了让悉达多更好地成长，摩耶夫人的胞妹摩诃公主主动承担了养育太子的重任，于是，摩诃公主自然也就代替了她的胞姐，成了迦毗罗卫国的又一任王后。对于净饭王来说，悉达多不仅是天神赐给他晚年的一个莫大的幸福，更是释迦族未来的希望所在，是振兴整个迦毗罗卫国的希望所在。他希望他的儿子英勇、顽强，希望他的儿子有一国之君的凶狠和残暴。作为一个国王，如果不具备这样的性格，当外敌侵犯的时候，那将是一场莫大的悲剧。然而令净饭王渐感失望的是，在悉达多太子的身上似乎一点也看不到上述的性格。12 岁的孩子，不仅身体看上去相当瘦弱，性格也似乎十分懦弱。一朵白云的飘飞，会让他沉思良久；一只蚂蚁的死亡，也会让他伤心落泪。有时候，当净饭王把在战争中俘获的俘虏分送给将军和大臣们做奴隶时，悉达多会禁不住对父王的做法提出异议，他会睁着一双澄澈的眼睛责问父王说，大家都是一样的人，为什么要这样对待这些战俘？当然，这样幼稚的问题常常只是引得父王或将军们的一阵大笑。父亲会告诉他说，孩子，你将来必须也要这样，除非你不再是迦毗罗卫的国王。每当这时，悉达多就会在心里说，我决不做这样的国王，如果我真做了国王，我会让所有的人一律平等，我会让杀戮从我的国家里消失，我要让一切生灵都获得自由和解放。

当然，沉默而少语的悉达多并没有把他的想法说出来，他只是以他自己的方式沉思着，痛苦着，渴望着。

此刻，悉达多太子正坐在湿漉漉的草地上，对着天上不时飞过的大雁，忘情地沉浸在他自己的世界里。

一只小鸟从他的眼前飞过，突然，其中的一只小鸟不时地带着剪刀般的尾巴俯冲到那块刚刚翻耕过的花径上，悉达多终于看清了，那只小鸟当飞离花径的时候，嘴里便有了一条小小的虫子。这是一个刚做了母亲的小鸟，出于母亲的职责，她不得不一次次地俯冲到这片翻耕过的土地上，为她的孩子寻找新鲜的美味。

母鸟的行为让 12 岁的悉达多深深地震惊了。呵，他说，原来是这样，可怜的虫子，为什么你会成为小鸟的俘虏，就因为你比小鸟更弱小吗？悉达多再也看不下去了，他走过去，走到那片土地上，他要护卫在那些可怜的虫子的身边，他不能让小鸟再对这些小生灵痛下毒手。小鸟愤怒了，十几只小鸟开始对这个多管闲事的孩子冲过来。他任凭小鸟们一次次地啄痛他的脸颊，啄痛他的双手，他不会去伤害它们，他也不让它们去伤害地

释迦牟尼12岁等身像：这尊释迦牟尼12岁等身像藏于西藏拉萨大昭寺。据传是释迦牟尼在世时塑造的三尊佛像之一。

下的虫子。他胜利了，小鸟终于飞走了，飞到另一块可以觅食的地方去了。

正在悉达多感到得意和快慰的时候，平静的天空中一阵哨响，在他的不远处，一只小鸟重重地摔倒在那片翻耕过的花径上。他终于发现，刚才一次次将可怜的虫子当作口中美食的小鸟，此刻正被什么击伤，痛苦地躺在那片新鲜的泥土上。可怜的小鸟朝悉达多睁着一双无望的眼睛，仿佛正期待着悉达多的救助。悉达多连忙找来药水，轻轻地涂抹在小鸟的伤口上，悉达多说，可怜的小鸟，你怎么了？呵，可怜的生灵，原来你也有被别人欺负的时候，那么，那个让你受伤的又是谁呢？

像是回应悉达多的疑问，这时，从花园的另一处传来他的同父异母弟弟提婆达多的叫喊。

“悉达多，悉达多，你看到一只受伤的小鸟了吗？”提婆达多气喘吁吁地跑了来。

悉达多什么都明白了，原来又是他，这个整天惹事生非的弟弟。悉达多说：“呵，我可没看见什么小鸟，可是你，为什么整天都要伤害那些可怜的小生灵呢？”

提婆达多不想和这个哥哥啰嗦，在他的眼里，这位将来要做国王的哥哥根本就是一个百无一用的家伙，一个见到虫子都心疼的人，将来还能做一个征战世界的国王吗？提婆达多已经发现了悉达多身后的小鸟，他冲过去，就要夺回他的战利品。悉达多又哪里肯让他再去残害这只刚刚复苏的小鸟。于是，二人你来我往，眼看一场二人之战就要发生，这时，从花园的另一处走来了净饭王和摩诃姨母。

“到底为了什么，弟兄俩闹起了战争？”净饭王说。

于是，二人你一句我一句地，各自说起了自己的理由。净饭王终于明白了两个孩子发生战争的因由，净饭王说：“原来是为了一只鸟。那么，需要我来为你们断断这小鸟的归属吗？”

两个孩子停止了争夺，都希望净饭王能断出一个对自己有利的结果来。

净饭王说：“小鸟是提婆达多射得的，小鸟应该属于提婆达多。”提婆达多高兴得跳起来，就要伸手去抢小鸟。然而净饭王又说：“但是，那只被提婆达多射杀的鸟儿已经死了，而眼前这只小鸟是被悉达多救活的，那就应该属于悉达多，这该是没问题的吧。”

提婆达多见父亲只向着长子，知道今天不能争得上风，只得气咻咻地离去了。看着仍然苦着一副小脸的儿子，净饭王说：“呵，悉达多，我可爱的太子，现在还有什么不开心的吗？”

是的，父亲把小鸟断给了自己，按理说自己是赢了，应该高兴才是，可悉达多却怎么也高兴不起来。望着手中这只奄奄一息的小鸟，悉达多在心里发出一句又一句疑问：为什么强大的总要欺负弱小的，这世界为什么总是免不了弱肉强食？

表妹的恋情

身为一个释迦族的王子，悉达多每天必须背诵很多的经文。他是一个聪明的孩子，先生让他一天里必须背诵的课本，他只需两小时就完全背会了。余下的时间里，小小少年就独坐在高大的婆罗双树下沉思默想。书念得多了，书中的道理却经常在悉达多的头脑中交叉，甚至打架。贤哲们说，这世界无比美好，因为这世界有许多的大至人类、小至虫蚁蚊蚋的生灵。然而贤哲们又告诉我们说，这所有的生灵，包括万木草芥，都是成长了又萎谢，萎谢了又成长……

那么，这世界是希望与破灭同在，生命与死亡并存吗？

是的，就像有日光就必须有阴影一样，白天的消失就是黑夜的降临，而日光下一切美丽的所在，只不过是一刹那的幻象而已。

那么，生命本身也只是一刹那短暂的幻象吗？生命本身真正的意义又在哪里呢？

生命是美丽的，生命又是缥缈的，生命是短暂的，生命又是无限盈然的……

悉达多的多愁善感，悉达多的怯弱和沉思，无不让净饭王感到忧郁。一个未来的国王如果是这样，又怎能英武地统领一个迦毗罗卫，又怎能果敢地用武力杀戮那些敢于冒犯王权的乱民，又怎能带领他的国民抵御一切外来的入侵？为了改变悉达多柔弱的个性，净饭王决定带着悉达多去野外狩猎。在狩猎场上，悉达多看到了更多的杀戮，看到了更多的弱肉强食。生命是如此脆弱，生命是如此不堪一击，在这场弱肉强食的战争中，人，是最为强大的。那么，就因为人类的强大，就可以肆无忌惮地去掠杀更为弱小的生灵吗？那么，这世界上还有比人类更为强大的力量吗？

为了让悉达多更多地了解王宫外面的世界，净饭王又带着他的太子往来于他辽阔的疆土之上。在一座城墙根下，悉达多看到了生病的老人在无助地喘息；在一处村落，悉达多看到抬着尸体悲伤地出葬的人们。死亡原来是如此强大，不管是王公贵族还是草民百姓，唯有死亡对于他们一律平等。年轻的悉达多内心开始一阵阵的震慑，呵，原来最强大的人类同样逃脱不过衰老病痛，逃脱不过死亡的追杀，人，也是如那些蚊蚁虫蚋一样，在死亡面前是如此弱小啊。

在连年的失望之后，净饭王开始设想，儿子悉达多将来绝不是一个用武力征服世界的英雄，悉达多惊人的智慧将来必定会以另一种方式来统领他的国家。

就这样，年轻的悉达多终于到了谈婚论嫁的年龄。净饭王决定为儿子悉达多选娶一位美丽的王妃。净饭王想，也许悉达多有了妻子，他就不会再这样成天地沉思默想了。

这是悉达多 17 岁的生日晚会。净饭王要为自己的儿子选娶一位美丽的王妃的意愿早就传遍了各国。邻近小国的国王们几乎都希望将自己的女儿嫁给年轻的悉达多，以达到与迦毗罗卫修好的意愿。于是，年轻太子生日晚宴的盛况也就可想而知。

这一天的宫内笙歌缭绕，阵阵弦乐之声如轻烟弥漫。在阵阵美妙的音乐声中，一群群天仙般的女子舞动着她们美丽的裙裾，像一群群开屏的孔雀。这是一个醉人的夜晚，这样的夜晚只属于年轻的太子悉达多。然而谁又会想到，年轻的悉达多却在这狂欢的声浪中抽身而出，在人们不知不觉的当口，悉达多来到花园的一侧。月光如雪，将一方湖面衬托得如银雕玉砌。晚风如梳，静静地梳理着悉达多纷乱的心绪。就在这时，一个年轻的姑娘拖着飘曳的长裙来到湖边，她伸出莲藕一般白嫩的胳膊，掬一捧湖水，洒在她像月亮一般皎洁的脸庞上，接着，她便脱下长裙，走进了湖水。目睹这一切，悉达多年轻的心绪像被搅动的湖水一般泛起了阵阵难以遏制的波涛，他被眼前姑娘仙女一般的美貌震住了，禁不住发出一声由衷的惊叹：啊！

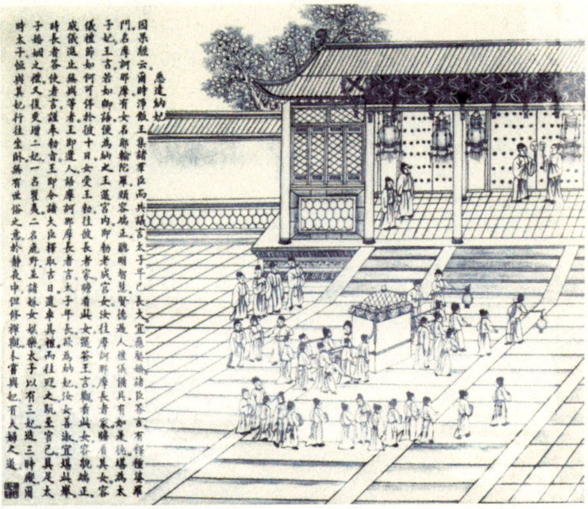

青花瓷画：《释迦如来应化事迹图·悉达纳妃》，描绘了释迦牟尼与其表妹耶输陀罗成亲时的情形。

湖中的女子被这一声叹息惊醒，她连忙走上岸来，慌乱地穿上裙裾。

“别怕，我是悉达多，迦毗罗卫的太子。”悉达多说，“请问你是谁家的姑娘，你可真是太美了啊。”

姑娘回过头来看了看悉达多，说：“啊，你就是悉达多太子，今天晚上无数的孔雀都在为你开屏，你怎么会来到这里看上一只迷走的山羊呢？”

悉达多说：“我崇尚的是山野的纯朴，是山羊的柔顺，我厌腻宫中所有的一切，所以我来到了这里，呼吸一口清新的空气，没想到却遇见了一位天宫中的仙女。”悉达多说着，随手摘下一朵曼陀罗花，亲手送到那女子的面前。

“啊，悉达多太子，我可不是什么天上的仙女，我是拘萨罗国国王善觉王的女儿耶输陀罗，因为你母亲摩耶夫人的关系，我应该叫你一声表哥吧。”

悉达多拉起耶输陀罗的手说：“父王今大有意要

为我选娶一位美丽的王妃，那么，你肯随我一同去见我的父王吗？”耶输陀罗公主睁大了月亮一般清澈的眼睛，羞怯地随着悉达多太子来到宫里。于是，无数的曼陀罗花从天而降，如水般的弦乐自天边奏起，一切天神和地上的生灵都为一对年轻人的爱情而发出醉心的欢唱。

沉思的太子

婚后的日子每一天都是在蜜水中度过的。一年之后，他们的儿子罗睺罗降生了。为了庆祝这迦毗罗卫国又一位继承人的诞生，净饭王特意为悉达多修建了一座又一座宫殿，在这些名为“春、夏、秋、冬”的宫殿里，悉达多与妻儿可以生活在随意的季节里，他们尽情地享受着人间的欢乐。

然而，悉达多毕竟不属于那种在声色犬马中得以逍遥的王公贵族，他天生的思想本能总使他对现有的生活产生不断的怀疑。他不时在内心拷问自己：这就是你悉达多生活的全部内容吗？悉达多啊，你之七尺伟躯，就只为这一切而生吗？在稚嫩的生命过程中，悉达多目睹了太多的人间戮杀，目睹了太多的尔虞我诈，如果说这一切都是为了这豪华的宫殿，为了这成群的美女，为

古代佛教故事绘画：《太子宫中欲乐，净居夫人捧书省劝》，净饭王与摩诃公主都希望将释迦牟尼培养成一个伟大的君王，因此都劝省释迦牟尼多读书、习武。

了这锦衣美食，人啊，生命的意义又在哪里呢？

生活中的烦恼总是不期而遇，悉达多虽尚未临政，但他从父王的谈吐中还是了解到许多关于宫廷内外的事情。迦毗罗卫是一个人口不多的小国，为了能够保持独立的地位，弱小的迦毗罗卫不得不仰仗于周边大国的鼻息。内忧外患，时时逼迫着这个位于喜马拉雅山下的弹丸之国。而国内的大臣们为了各自的利益明争暗斗，他们在国王面前甜言蜜语，施尽了伎俩，为的就是能更多地博得国王的欢心。战争也常常在不经意间发生，当一场战争即将来临的时候，举国上下一片惊恐，那些即将失去儿子的母亲们绝望的哭叫声甚至能越过宫墙，传进悉达多的寝宫。一旦战争以胜利告终，无数的战俘则像牲口一样被押解到宫殿内外，他们或是被无情杀戮，或是被分配到有功的大臣家做奴隶。目睹这一切，悉达多的内心阵阵巨痛。他无法明白，同是上苍的子民，同是父精母血的生命，为什么就有着如此的差别，为什么就有着如此悬殊的命运？

或许是为了培养儿子临政的才能，有时候，净饭王在处理一些国务的时候，会将年轻的儿子悉达多招在身旁，于是，悉达多便看到了另一个净饭王，看到了另一个与在寝宫时完全不一样的父亲。他虚伪、残暴、贪婪、傲慢，他知道，父亲的现在，就是他的将来，要不了多久，他就要像父王一样，签署一个个有关战争的文牒，发一道道关于杀戮的命令。

只有细心的父亲才能洞察到儿子脸上所流露出来的细微变化，年迈的国王委实不能明白，自己的爱子为什么总是处在一种沉思默语的状态中，为什么这位未来的一国之主对现有的生活一点也兴奋不起来？为了排解儿子内心的忧焚，为了让悉达多能活得更开心一些，他决定安排儿子悉达多做一趟郊游。

仲秋时节，艳阳高照，这是一年中最美好的日子，浩浩荡荡的车队排了几里路长，猎猎作响的旗帜遮蔽了大半个天空。坐在豪华的白象车里，悉达多第一次感受到宫墙以外的生活。他看到了栉次鳞比的商埠，他看到了潮水般喧闹的街市，他更看到了那些黑压压地挤缩在街道两旁，举着鲜花夹道欢呼的臣民。悉达多抑制不住内心的欢悦，不顾侍者的劝告，走下象车，走向人群。

古代佛教故事绘画：《太子游西门见死尸悲悼》，描绘了释迦牟尼见到死尸时的情形。

他接受着男童敬献的鲜花，依照惯例，他把早就准备好的美食施舍给一些老人和孩子。风儿轻抚着大地，天空如一块洁净的蓝宝石，悉达多就像一条自由的鱼儿，欢快地游向宽阔的大海。

他不顾侍者的阻挡，向另一处人群走去。在一处城墙根下，悉达多看到一幅绝然不同的画面，那些人衣衫褴褛，形容枯槁，他们伛偻着身子，发出一声声饥饿的呻吟。悉达多说，为什么不给他们米饭，为什么不给他们牛乳，为什么不给他们鱼肉？侍者们相视无言，围观的人群则为太子的天真而哑然失笑。一个衣不蔽体的乞丐说，尊贵的太子，你以为你每天啖厌了的东西是每个人都能拥有的吗？你以为你的尊贵是从天而降的吗？你以为那些欢迎的人群是发自内心的吗？

侍者打断了那乞丐的疯话，他们再次希望太子能离开这些可恶的人群。然而悉达多却继续向人群走去。离他不远处，一个老人正向他伸出枯枝般的手臂，似乎在索要着什么。老人满身疥疮，一身腥臭，深陷的眼窝里不时流下浑浊的泪水。悉达多说，尊敬的老人，你需要米饭吗？我可以让我的侍者给你。你需要饮水吗？我也可以让我的侍者给你。然而老人却摇了摇头说，尊贵的太子，我不需要米饭，也不需要饮水，我只要生命，请……再给我一次年轻吧！悉达多被老人的疯话震惊了，人们告诉悉达多说，他曾经是本国最有名的角斗士，他曾经有着力搏猛虎的勇气，他曾经在50年前的一场捍卫国土的战争中立下赫赫战功。然而人生无常，岁月无情，等待他的，就只有死亡这一种命运了。

形将就木的生命让悉达多从心灵深处发出颤栗，正要转身，另一幅更为可怕的画面横陈在他的面前。在一片瓦砾堆上，一张草席遮盖着一个发黑的躯体，那双裸露在外的脚杆已显出腐烂的颜色，风把一股难以遏制的恶臭送到悉达多的面前。围观的人们又七嘴八舌地告诉太子说，他曾经是本城最有名的美男子，他曾经享用过无数的女人。然而现在，追随他的，就只有这成群的红头苍蝇了。

悉达多再也无心继续出行，他立刻让侍者掉转车头回到了宫殿。

生老病死

净饭王说，亲爱的儿子，为什么仍然看不到你欢愉的笑脸？这次出行，你看到了什么？

悉达多说，我看到了无比脆弱的生命，看到了如影随形的死亡。

亲爱的儿子，你才 20 出头，生命就像一朵含苞欲放的花儿，就像早晨刚刚升起的太阳啊。

尊敬的父王，再美丽的花儿都有凋谢的一天，再辉煌的太阳都有沉入大海的时候。

说着这些话，悉达多仿佛又看到那个倒在他面前的老人，你能相信，那枯干的肉体曾经是本城最有名的美男子，在他的怀抱里，曾经依偎过无数年轻美丽的女人吗？

为了限制儿子的胡思乱想，净饭王不再鼓励儿子出外郊游，唯恐悉达多再受到什么新的刺激。但是，自从那一次出行之后，悉达多似乎对走出宫墙有着更多的迷恋。他一次次瞒着父亲独自外出，他想更多地了解外面的世界，他希望能够从雪山和草地中悟出一种能解脱生老病死的大道真理。

青花瓷画：《释迦如来应化事迹图 · 得遇沙门》，描绘了释迦牟尼遇到沙门时的情形。

在一座树林里，悉达多偶然遇见一个修行的沙门。沙门那高洁的气质让无尽的烦恼折磨着的悉达多面目豁然开朗，那沙门特立独行的生活方式深深地吸引着年轻的悉达多。他向沙门合十询问，尊敬的沙门，你为什么具有如此高洁的容貌，是什么让你活得如此自在如此悠然？沙门说，年轻人，我也曾像你一样被现实的人生困惑过，我也曾像无数的人们一样，在世俗的世界里苦苦挣扎而不能自拔。后来，我终丁摒弃了那种生活，走进了这座山林，你看，雪山与我为邻，树林与我为伴，我每天聆听小鸟的歌唱，呼吸着野花的芳香，在这自然的天地里，我不断地追问着人生的真理。你说，世间还有什么比这更快乐的吗？

悉达多说，尊敬的沙门，可以请问你，你有家人吗？

我有美丽如曼陀罗花一样的妻子，还有一双可爱如麋鹿一样的儿女。沙门说到自己的亲人，满脸都洋溢着幸福的微笑。

悉达多说，尊敬的沙门，你为了真理，却抛弃了家人，你不觉得这有违人伦吗？

沙门的脸上重新露出端庄和严肃说，世间万物，无不有消失的一天，再可爱的孩童也会有衰老的时候，再美满的婚姻也会有解散的一天，你不觉得那所谓世间的欢乐就像这草尖之露一样随风而逝吗？我庆幸自己终于明白了这些，我还要让更多的人明白这些。于是，我辞别家人，走进了山林，总有一天，我会悟出大道，那时候，我会用我悟得的大道去帮助那些挣扎在生老病死无边苦海中的人们，让他们都能得到解脱，那岂不是比整天陪伴在妻儿身旁更有意义吗？

沙门的话让悉达多微微一震，他想，这不正是自己所要追求的生活吗？悉达多内心的欢悦，没有瞒过开悟的沙门。那沙门用手向树林的深处一指说，你看，在这座树林的深处，有无数和我一样的出家人，这些走出苦海的人们每天都在思索着人生的道理，然而，只有大智慧者才能成为一代宗师，从而让自己思想的光辉照耀世世代代的人们。年轻人，来吧，那思想的先驱，或许就是你。

谢过沙门，悉达多回到自己的寝宫已是这一天的深夜，窗外月光如水，如水的月光轻洒在熟睡的妻子耶输陀罗美丽的脸庞上。在妻子的身旁，是他们那可爱的儿子罗睺罗，初为人母的耶输陀罗即使是在梦中，也依然露出最幸福的笑意。啊，这真是两个鲜活无比的生命，熟睡中的母子真是一幅充满着生命奇幻色彩的画面！悉达多暂时忘却了白天的事情，轻轻地躺在妻儿的身旁。

不知什么时候，悉达多在梦中突然的一声大叫，让耶输陀罗从梦中惊醒。温柔的妻子推醒了丈夫，耶输陀罗说，悉达多，悉达多，你病了吗？悉达多从床上坐

《佛传图（断片）·宫中欢乐、出城》：描绘了在午夜时分，太子在宫中众人欢愉之时出城的情形。唐代（8世纪—9世纪初），绢本设色。出自甘肃敦煌石窟藏经洞（第17窟）。

起来，他揉了揉惺忪的睡眼，连忙说，啊，没什么，只是做了一个平常的噩梦罢了。他没有说他所做噩梦的内容，他怎能把梦中的内容告诉妻子呢？他在刚才的梦中分明看到他们的儿子在一刹那间变成了一个牙齿脱落、满身长满了疥疮的老人，梦见他美丽的妻子耶输陀罗化作一堆丑陋的白骨。是的，再美丽的容颜也会有衰老的时候，再鲜活的生命也会有死亡的一天，包括自己，谁也逃脱不了生命的轮回。

生命是一幅生死流转的过程，那过程充满着无限的痛苦和无尽的挣扎。然而，人们却只贪图着一时的欢乐，在欲望的欢歌中，人们从精神到肉体都整个处在一种麻木的状态之中而不能自拔。是的，正如那位沙门所说，再可爱的孩童都会有衰老的一天，再美满的婚姻也会有解散的时候，既然这样，我又何必陶醉在这稍纵即逝的欢乐之中，让生命在这无谓的享受中白白消耗？

悉达多决心已定，他抱起爱子，深情地看了他最后一眼，他伏下身子，在妻子的秀发上做最后的一吻。

走出寝宫，四周万籁俱寂，暗蓝色的天空中，无数的星星在眨着眼睛，仿佛是要告诉悉达多他们内心的隐秘。悉达多悄悄地来到马厩，牵出那匹雪白的座骑犍陟。悉达多正要跨上犍陟向宫墙外走去，一个高大的身影拦在了马厩前，那正是他最忠实的驭手阐铎迦。阐铎迦仿佛早就知道太子要离别家人去过出家的生活，他只是无声地拦在马头前，眼里露出哀伤的目光。

悉达多说，阐铎迦，我决定为了自己，也为了众生而去修苦行，我一定能追求到至高无上的真理，寻找到脱离生老病死的最好途径，请你不要拦我。

阐铎迦仍然拦在马头前，从他的眼里流出悲伤的泪水。悉达多知道这位忠实的仆人舍不得他的离开，于是又进一步开导他说，人与人总会有离别的一天，不是今天就是明天，与其浑浑噩噩地虚度生命，等待老死，不如趁着年轻，去做一件最伟大的事业。

阐铎迦眼见着太子修道的决心如此坚定，于是就小心地备好马鞍，扶太子上马。阐铎迦不放心太子，便也骑上一匹枣红马，亦步亦趋地紧跟在太子的后面。月色朦胧，风声悠悠，最彪悍的白马犍陟载着悉达多太子向着无边的原野疾速走去。翻过一座座山岭，涉过一道

苦

梵语之意译。音译作豆佉、诺佉、纳佉。泛指逼迫身心苦恼之状态。苦与乐乃相对性之存在，若心向着如意之对象，则感受到乐；若心向着不如意之对象，则感受到苦。清净论道谓，苦具有嫌恶与空虚二义，即嫌恶，及无“常、乐、我、净”之空虚状态，称之为苦。在称“苦、乐、舍（不苦不乐）”等三受之时，苦指身心所感之苦（广义），配列于五受、二十二根之苦，而可分为身感受之苦（狭义）与心感受之忧两类。“一切行皆苦”乃佛教根本思想之一，亦为四法印之一。苦之分类有多种，其大别如下：

（一）二苦，起自一己身心之苦，称为内苦；受外界逼迫所产生之苦（如恶贼、天灾等），称为外苦。

（二）三苦，对不如意之对象感受其苦，是为苦苦。对所爱者之毁坏感受其苦，是为坏苦。见世间一切无常而感受其苦，是为行苦。以上三者相当于苦、乐、舍（不苦不乐）之顺序。数论外道举三苦为：依内苦、依外苦（恶贼等）、依天苦（天灾等）。

（三）四苦，指生苦（以有

生，故有苦）、老苦、病苦、死苦四者。

（四）八苦，生老病死等四苦，再加上爱别离苦、怨憎会苦、求不得苦、五阴炽盛苦。

（五）十八苦，即老苦、死苦、忧苦、悲苦、苦苦、恼苦、大苦聚等七苦，再加上无明苦、行苦、识苦、名色苦、六入苦、触苦、受苦、爱苦、取苦、有苦、生苦等十一苦，合为十八苦。

（六）老、病、死等三种身苦，与贪、嗔、痴等三种心苦，可为佛教所立“身心之苦”的典型代表。其中，临命终时，其苦有如千百只刀割裂身子，称为风刀苦。

道河流，东方露出鱼肚白时，他们走到一个小树林边。悉达多翻身下马，把缰绳交到阐铎迦的手里说，现在，就请你回宫去吧。阐铎迦再次流出悲伤的泪水，他希望太子能够回心转意，能策转马头，和他一同回到宫里。悉达多取下头上的宝冠，接着又拔出配刀，削下头上一缕黑发，郑重地将它们交到阐铎迦的手里说，现在，就请你把这两样东西转交给我的父亲净饭王，请你告诉他，太子感激父王的养育之恩，也请他千万不要派人前来找我，悉达多不寻找到真理，决不会回宫。

风声呼呼，虫声唧唧，忠实的驭手阐铎迦流着泪水，眼睁睁地看着太子消失在树林的深处。

苦行林中（上）

密密的树林并没能遮蔽住这位年轻人追求真理的眼睛，树林里杂乱的藤蔓也不能让这位年轻人的脚步有半点迟缓。悉达多怀着兴奋的心情，一路向树林的深处走去。

这真是一座无边的树林，悉达多只管朝一个方向走去，他相信在这座树林里一定能遇到超然的修道者，他们一定会教给他解脱的大道。然而，他走了将近一天的时间，却没有看到任何一个人，倒是路旁的累累白骨不时让他触目惊心。他知道，那都是一些殉道者，他们也曾和他一样，为了追求真理而来到这座幽深的林子里，他们虽然失败了，但是，他们那种为法忘躯的精神将永远激励着自己。

一只凶恶的野兽突然扑到悉达多的面前，这野兽张开血盆大口，向悉达多发出狂野的吼叫。悉达多本能地退后一步，于是那野兽又朝他扑近一步。他已经闻到了野兽口中发出来的那股热辣辣的腥气，悉达多索性站住了，他向那野兽说，尊者，我今为修道而来，为众生的解脱而来，希望你能与我和睦相处。我若修成了，定会前来度你。那凶恶的野兽似乎听懂了他的话，它犹豫着，似乎在考虑是否要吃掉这个疲惫的年轻人。悉达多又把刚才的话重复了一遍，这一次，那野兽朝悉达多摇了摇尾，点了点头，终于为悉达多让出一条道路，悉达多朝它合一合掌，表示感谢，接着又朝前走去。

走着走着，悉达多被什么东西绊了一跤，低头看去，却是一条水桶般粗细的花斑蟒。那蟒似乎并没有什么凶恶的意图，但是它却死死地拦在那条小路上，使得悉达多无法前行。悉达多说，呵，你为什么要拦在这里，你也想阻止我修道的决心吗？你知道，我之所以选择出家的生活，那可不是一天两天的事了，你还是让我过去吧，我之目的，是要修成正果，度脱众生，当然也包括你了。那蟒像是听懂了悉达多的话，于是扭一扭身子，钻进了附近的灌木丛中。

古代佛教故事绘画：《太子青山断发，天人捧金盘》，描绘了释迦牟尼剃发时的情形。

在这样的原始树林里，到处都是凶恶的野兽，到处都是游动着的爬行动物，人要是不小心触犯了它们，它们就会奋起反击。悉达多不再害怕，他知道这些野兽、这些爬行动物应该就像人类一样，他们只是以自己的方式生活在这座它们世代居住的树林里。悉达多想，我要是得到大道，成为最智慧的佛陀，不仅要帮助人类得到解脱，也要帮助这些动物得到解脱。

悉达多心中的兴奋难以言表。忽然，他身子一滑，摔倒在一个沼泽地里。等到好不容易从那个沼泽地里爬出来，却丢掉了他的一双鞋子。悉达多不得不赤着脚，一步一步向树林的深处走去。满地的荆棘将悉达多的双脚划得鲜血淋漓，他从树上摘下一片片树叶，包裹自己的双脚，继续朝林子深处走去。

不知什么时候，他被一种强烈的饥饿感勒索着，他这才意识到，他已经一天没有吃饭了。他想起每天摆在他面前的那些山珍海味，想到那些早就被他吃厌了的食物，他的胃里顿时就有一种翻江倒海的感觉。正在这时，从他的身后传来一阵嘚嘚的马蹄声，随着马蹄声的逼近，一彪人马驶到了太子的面前，原来正是迦毗罗卫国的几位将军和大臣，他们是奉净饭王的命令，前来劝说太子回宫的。

悉达多说，我已经将一缕头发交还给父王，这表明我出家修道的决心，你们还要拦我吗？大臣们说，太子啊，你是迦毗罗卫国王位的继承人，你怎么可以抛下你的臣民，去过这样的生活呢？悉达多说，所有的荣华富贵都不过是稍纵即逝的草尖之露，唯有出家修行，得成正果，才是我最终极的目标，你们不要再说了。

将军和大臣们知道再也无法劝转他们的太子，于是便策转马头，向迦毗罗卫的方向走去，唯有最忠诚的阿若憍陈如等5人仍然追随在悉达多太子的身后，他们说一直仰慕太子的德行，他们也早有修道之心。悉达多非常高兴，但是他说，在未得到大道之前，让我们各自寻找修行的方法吧，谁最先修成正果，将立即通知对方。

天边滚过一阵闷雷，一道闪电划破林子中的黑暗，瓢泼大雨顷刻间便下了起来。幸好在不远处他发现了一座森林小屋，那是一个流浪者的住处。悉达多走向那间小屋，屋里有一个衣衫褴褛的老人，老人捧着一只破残的大碗正在吃饭。悉达多脱下身上那件绣着金线的外衣说，尊敬的老人，能用这件衣服换你一点饭食吗？我实在是饿坏了。老人接过那件珍贵的外衣仔细地看了看，接着又认真地打量了他一番后说，你一定是一个很高贵的人，你怎么会走到这里来呢？我不要你的衣服，你要是不嫌弃，就请和我一同用餐吧。悉达多谢过老人，同时也接过老人递过来的饭食。然而，不等他张开口来，就被一股难闻的气味熏得差一点昏了过去。老人说，你是一个高贵的人，你怎么能吃下这样的饭食呢？悉达多看着碗里的饭食，他想我现在已经不再是太子了，我如果要做一个真正的林中修道人，就必须习惯这林中人的生活，包括这发馊的饭食。于是，悉达多闭上眼睛，将那些和着野菜的米饭大口大口地吞下肚去。

不管怎么说，悉达多总算用过餐了，这使得他有了新的力气。他想继续向林子的深处走去，然而屋外的雨仍在下着，密集的雨点打在林子里树叶上，发出一种轰轰隆隆的声响。老人说，天已黑了，又下着雨，如果你不嫌弃，就在这里住吧。老人掀开脏得看不清原来颜色的被子，很快就钻了进去。悉达多不得不蜷缩在老人的屋檐下，开始度过走出宫殿后的第一个夜晚。

寒风夹着雨点不时地朝悉达多袭打而来，悉达多忽然想起他的妻子耶输陀罗以及他的爱子罗睺罗，他不知他们是怎样面对这个没有了他的夜晚，还有他的父亲，他不知道年迈的父亲净饭王是否能经受住儿子出走的打

青花瓷画：《释迦如来应化事迹图·劝请回宫》，描绘了众大臣劝释迦牟尼回宫时的情形。

击。他摇了摇头，觉得这样的情绪很不对劲，既然为了真理大道走出了宫墙，既然他选择了出家修行的生活，就应该将所有的亲情抛弃在一旁。对于一个坚定的修道者来说，唯有抛却个人的亲情，才是获得解脱大道的基本前提。

苦行林中（下）

又是一天一夜过去了，悉达多拖着疲惫的身子继续在漫无边际的树林里踽踽独行。在一个山洞前，他看到一个长者正禅坐在那里。长者那端庄的坐姿以及无比安详的神情吸引了悉达多，他意识到他终于遇到了一位超然的修道者，于是他在长者的周围绕行三周，以示敬重，接着他便在长者的身旁坐了下来。

不知过了多久，长者睁开眼来，当他看到坐在他身旁的悉达多时，便问他为何来到这里，为何坐在自己的身旁。悉达多便把自己的意愿和盘托出。长者说，看得出，你是一位有身份的年轻人，难得你能抛却富贵，走进这座林子。那么，就请和我们一同在追寻真理的大道上艰难跋涉吧。

悉达多说，这林子里有很多像你一样的人吗？

长者将手向林子的深处一挥说，修道者多如牛毛，得道者如同牛角，你该知道，唯有不畏艰辛，勇于探索的人，才能成为真正的智者。

这位长者叫阿利耶。阿利耶从山洞里拿出几本厚厚的书籍交给悉达多，那正是婆罗门最古老的经典《吠陀经》以及最经典的哲学著作《奥义书》。就这样，悉达多在阿利耶的山洞里住了下来，他不仅逐渐习惯了这山林中的各种可以用来充饥的野果，同时也习惯了和那些年龄不一、性格各异的修道者进行交流。他们一同探讨解脱的方法，一同走出林子，到附近的舍卫城里去托钵行乞。这里的每一个人都有着无私的品行，他们托钵行乞来的食物无论多少，都只给自己留下很少的一点，大部分都分给那些年老而没有行动能力的修道人。在这段时间内，悉达多认真地阅读着阿利耶送给他的这两本著作，尤其是《奥义书》中关于“梵我同一”的理论深深地吸引着悉达多。《奥义书》认为，众生（包括人）是由地、水、火、风、空五大形态和“六识”（眼、耳、鼻、舌、身、意六种认知器官）组合而成，五大因素的运动是恒常的，为此，众生的发展变化也是必然的。人只有通过不断的修道去认识生命的本质，认识到欲望是一切苦难之源，人也就能得到逐渐的悟解，达到“梵我同一”，人也就能在生死世界中解脱出来。《奥义书》还提出了一系列修行的方法，那就是“禅定”和“静虑”，通过高度的禅定和静虑，达到“非想非非想”的境界，就离那种解脱不远了。

佛传故事壁画：《六年苦行》，描绘了释迦牟尼在树下修行6年时间的情形。摄于山西太原晋祠奉圣寺大雄宝殿。

他现在终于明白林中的修道者为什么几乎都必须长时间地禅坐的理由了。但悉达多是一个天生的思想者，他在吸收别人思想的同时，也对其进行反思和批判。悉达多认为，所谓“禅坐”和“静虑”并不能得到彻底的解脱，即使一个人达到了“非想非非想”的境界，暂时忘却了人世间的烦恼和肉体的苦难，而一旦回到了现实世界，仍然会有新的烦恼出现。尽管如此，佛陀还是在他后来创立的佛教学说中，把“禅定”和“思维”作为修行的一个重要阶次。由此可见，佛陀的智慧既是他长时间思维和实践的结晶，也是他善于吸收众家之长的结果。

后来悉达多又认识了另一位修道者阿罗逻迦，阿罗逻迦认为，人的烦恼来自于人的贪欲，尤其是肉体的贪欲。人的眼、耳、鼻、舌、身、意这六种认知事物的器官，正如人的六道洞开的大门，而外部世界的色、身、香、味、触、法也趁机破门而入，于是，人的贪欲开始形成。一个修道者全部的目的就是要堵塞住身体的这六扇大门，把一切的欲望本能彻底堵塞，人才能得到最后的解脱。

阿罗逻迦的理论对悉达多有着很深的影响。悉达多联想到他在迦毗罗卫的王宫中所感受到的一切，一切的戮杀、尔虞我诈，几乎都因为贪欲的满足。悉达多觉得，人绝对不能容忍肉体的贪欲，肉体，乃是一切欲望之源啊。

悉达多似乎找到了新的修行的方法，于是，他离开了这座修道者的树林，步入另一座被人们称为“苦行林”的所在。在苦行林中，悉达多以少有的苦行折磨着自己的肉体，用以抵御肉体的贪欲。他每天只食一次，每次则佐以麦麻等食物。他不避风雨，整日只处在苦思冥想的状态之中。粗粗算来，悉达多离开宫殿已有6年，6年的苦行生活耗尽了这位年轻太子所有的体力，同时也磨练了他坚韧的意志。6年过去了，年轻的太子悉达多“身体羸弱，喘息甚弱，如八九十衰朽老翁，全无气力”（《佛见行集经》集二十四）。然而他并没有悟得解脱的方法，因此，他开始怀疑那些先哲们所倡导的“唯有苦行才能达到解脱”的理论。于是，一场大病之后，悉达多太子决定放弃那所谓的“苦行”，继续寻找新的解脱的途径。

苦行

即断除肉体欲望，堪忍诸种难忍之苦行。主要指印度诸外道为求生天而行诸苦行。佛教之苦行，称为头陀。依北本《大般涅槃经》卷十六载，诸外道之苦行有自饿法、投渊赴火、自坠高岩、常翘一脚、五热炙身、常卧于灰土、棘刺、编椽、树叶、恶草、牛粪等之上；又有受持牛戒、狗鸡雉戒、以灰涂身、长发为相等诸多苦行法。而现今印度教徒犹有修此类惨痛之苦行，以期生天者。

悟道成佛

悉达多决定离开苦行林，他走出了林子，走到清澈的尼连禅河旁。静谧的河水照见他枯枝般干瘦的身影，他终于知道，6年的苦行是怎样将一个19岁的太子变成如今这样的骨瘦如柴般的老人，然而他并没有因此而得到他所要追求的真理。朽烂的衣服开始一片片从身体上脱落，露出他满身的污垢，于是，他一步步向尼连禅河走去，他要洗去这满身的污垢，同时也洗出一个新的悉达多来。

清凉的尼连禅河水沐浴着悉达多的身体，他感到

古代佛教故事绘画：《沐浴而出，牧牛二女献乳粥》，描绘了两位少女为释迦牟尼献乳食的情形。

一种从未有过的清爽和快乐。阳光在河水中泛着粼粼波光，河面上像是铺了一层细碎的银子。傍晚时分，他终于走上岸来。柔软的草地上鲜花盛开，微风把一股清新的气息传送到这里，悉达多再也没有行走的力气，他的腿一软，一下子就倒在了那片草地上。

不知过了多久，他终于睁开眼来，在他的面前，是一张美丽的面孔。那是附近牧羊人的女儿湿迦罗。这一天，少女湿迦罗赶着她的羊群去尼连禅河边放牧，远远地，她看到草地上躺着一个赤身露体的汉子。她后悔不该冒失地走到这里，悔不该看到这难堪的一幕。少女湿迦罗赶紧扭转身子，然而，她仍然回过头来，因为她已经注意到，那是一个奄奄一息的人。说不定，那正是一个需要她帮助的人。善良的少女顾不得羞怯，一步步走近了那个生命细如游丝般的躯体。她开始相信，这一定又是一个苦行的修道者。她尊敬这样的修道者，她被他们为了真理而不惜牺牲的精神而感动着，于是，她取出随身携带的罐子，从一头母羊的乳中挤出满满一罐羊乳，然后又小心地扶起那个奄奄一息的修道者，将带着母羊体温的羊乳一点一点喂到悉达多的嘴里。

这所有的一幕，恰巧被路过这里的另一批人看见，于是，便有了印度佛教史上一段难得的趣闻。

当初和悉达多太子约定各自修行的阿若憍陈如等 5 人一直在附近的鹿野苑修行，虽然 6 年的修行使他们有了长足的进步，但他们却并没有得到理想的解脱。这一天，5 人中有人提议，我们去看看悉达多太子吧，说不定他已经有了比我们更好的方法。朝霞初露，微风轻拂，远处的尼连禅河就像一幅古老的油画，在那幅油画中，一位美丽的少女用她白如莲藕般的手臂搂抱着一位赤裸的汉子，而那个汉子不是别人，正是他们所要寻找的悉达多太子。那实在是他们不愿看到的一幕，这些迦毗罗卫国的旧臣们万万没有想到，心目中最神圣的太子经过 6 年的修行，居然仍贪图着少女的美色。大失所望的旧臣们连忙掉转方向，向他们居住的鹿野苑走去。

牧羊女又为悉达多拿来一些衣服，她做完了这些就赶着羊群离去了，悉达多也因为牧羊女的羊乳而恢复了体力，他开始继续向另一座树林走去。穿过这片林子，远处，巍峨的群山连绵起伏，一群大雁开始向南方迁徙。十二月，一年中将尽的日子。时光如梭，生命在这周而复始的时光中如白驹过隙，如天空中稍纵即逝的流星。与永恒的宇宙相比，人又是多么渺小啊！

在他的不远处是一片开阔的草地，而草地的中央，则是一棵巨大的菩提树，那巨大的菩提树浓密的树冠像一把张开的巨伞，遮挡着中午的阳光。似乎是专门为悉达多做好了大彻大悟的准备，在那浓密的树荫下，是一块光滑如镜的大石。悉达多决定不再作盲目的行走，他看上了这棵巨大的菩提树，看上了树下的这块光滑如玉的石头。他走到那棵树下，在那块大石上作跏趺坐姿，与此同时，悉达多像是对自己，又像是对整个世界宣布：我宁可坐烂这块大石，也要悟出生死大道，我若不能悟得真理，决不起身。

世界在他的面前静止了，四周没有风的絮语，没有了鸟的啁啾，有的只是悉达多内心炽热的跳动。如烟的往事一幕一幕地倒映在他的面前：迦毗罗卫国连年的征战、那失去亲儿的母亲们悲惨的哭叫声、那些苦难的奴隶们佝偻着的腰背、还有那城墙根下垂死的老人……生命是如此卑微，无论是胜利者还是失败者，都挣扎于这短暂的生命之链中，谁也不知道那生命的源头在何处。

佛教壁画：《佛祖在菩提树下悟道》，描绘了释迦牟尼在菩提树下悟道成佛时的情形。摄于尼泊尔博卡拉蓝毗尼。

悉达多就这样在菩提树下长久地静坐着，思索着。他忘记了时间，忘记了自己所处的空间，他的身心似乎与这山河大地溶为一体，他已化作这如伞一般的菩提树，化作那连绵的群山，化作尼连禅河中的一滴滴流淌不息的河水。他的周身散发出一种耀眼的金光。

悉达多即将成佛的消息，立刻传遍了整个树林，也传遍了各种修道者的耳中。那天，一个高大的黑影来到悉达多静坐的菩提树下，那是一个修外道以扰乱人们身心的摩罗。看到悉达多如此的瑞像，摩罗的内心充满着嫉妒和怨恨。他知道，悉达多一旦修成，这世界上就再也没有他们外道张狂的余地。于是，摩罗先是化作一个美丽的少女，那少女脱掉身上所有的衣服，当着悉达多的面跳起了妖冶的舞蹈。然而悉达多就像他身边的菩提树，连枝叶也没有发出一丁点儿晃动。摩罗见悉达多不为美色所动，便又露出了狰狞的面目，向悉达多放出恶毒的利箭，然而让他惊奇不已的是，那些如雨般飞往悉达多的利箭不等射到悉达多的面前，就自动落在悉达多的脚下。摩罗发出一声恶毒地叫喊：等着吧，乔达摩·悉达多，若干年后，我要让我的子孙穿你的衣，吃你的饭，而从内部毁灭你的正道。

七天七夜过去了，那是一个清凉的黎明，悉达多忽然睁开眼来，暗蓝色的天空中有一弯新月，东方的天际上挂着一颗耀眼的星星，望着这颗明亮的启明星，悉达多的思绪清澈得就像这秋日的尼连禅河，他终于悟出了人生大道，悟出人之所以在生死之间痛苦轮回的那条生生不息的链条。他抑制不住内心的激动，起身而立，对着那颗启明星大声说：啊，我所悟出的道理人人知晓，只是众生被无明烦恼所致，这才在生死轮回中痛苦挣扎。我今要把我悟得的真理告诉所有的众生，让他们也从此摆脱无明的束缚，跳到肉体的生死之外，以获得人生的最大的自由。

人们记住了这个日子，这一天是十二月初八，正是在这一天，一个叫乔达摩·悉达多的人经过6年的苦行，终于在菩提树下悟道成佛，他成为一个大彻大悟的人，一个彻底觉悟的人。于是，人们把这位迦毗罗卫国释迦族的圣人称为“释迦牟尼”，称作最智慧的“佛”，而把他所创立的教义称之为——佛教。佛教从此诞生了。

第二章　开天辟地转法轮

初转法轮
人性平等，无有贵贱
教诲如海
冤冤相报，何时是了
金撒尼娜的故事
阿难与摩登伽女
最后的教诲

开天辟地转法轮

初转法轮

经过6年的苦行，又经过七天七夜菩提树下的禅坐，当东方天际上一颗启明星正放出它耀眼的光芒的时候，悉达多终于达到了觉悟，成为佛教的创始人。他把自己悟出的真理总结如下：“十二因缘”，这是一切生命的流转的过程。生命的过程是一个充满痛苦和挣扎的过程，那就是后来被人们称为“四圣谛”中所描述的“苦、集、灭、道”。人要想活得自在，要想从那种无尽的痛苦和挣扎中挣脱出来，就必须按照一定的程序来修练自己，那个修练的过程就是“八正道”。

四圣谛、八正道和十二因缘成为悉达多悟出的最初的真理，也成为释迦牟尼所创立的佛教最基本的理论。

东方天际露出一抹绯红的霞光，这是一个非同寻常的时刻，这是一个人类重新认识自己的重要时刻，这时，无论是悉达多本人还是整个世界，都处在一种难以遏止的兴奋之中。他满面红光，周身焕发着烁烁的光芒。这一奇妙的现象恰好被路过此地的两位商人发现，他们本能地意识到，正端坐在那里的悉达多一定是一位已悟出真理的非凡圣人，是一位觉行圆满的“佛陀”。于是，他们绕着悉达多的身子行走了三圈以示恭敬，接着，他们又在悉达多的面前贡献出简陋而纯净的食品，请求佛陀的加持，允许他们成为释迦牟尼的一名在家的弟子。佛陀的宗旨正是要让所有的众生得到解脱，他便愉快地答应了他们的请求，于是，这两位商人就成为佛教中最初的居士（在家的修行者）。这两位最初的居士就是提谓和波利。

古代佛教故事绘画：《鹿野苑先度憍陈如等五人出家》，描绘了佛祖初转法轮，为憍陈如等人说法时的情形。

从此以后，悉达多被人们尊称为“佛陀”，因他出身于迦毗罗卫国的释迦族，后来人们又把他称为

“释迦牟尼”，意为释迦族的圣人。

悉达多成为佛陀，成为释迦牟尼的消息立即传遍了四面八方，当初阿若憍陈如等5人因目睹悉达多与牧羊女在一起的情景而心生失望后，又回到他们居住的鹿野苑继续自己的修行。然而，长时间的苦思冥想仍然不能使他们得到起码的解脱，他们的身心仍然处在无尽的痛苦之中。忽然有一天，就传来他们的王子悉达多成为释迦族圣人的消息。于是，5人决定去看个究竟。那真是因缘巧合啊，他们刚走出鹿野苑，远远地就看到一个满面红光，浑身焕发着光泽的圣人，而那个圣人不是别人，正是昔日的王子乔达摩·悉达多。5人知道，当初他们的确是误解了悉达多了，悉达多果然已成为一个真正的觉悟者，成为一名真正的佛陀。曙光就在眼前，无尽的苦难就将结束，于是，5人怀着激动的心情当即五体投地在佛陀的面前，请求皈依于佛陀。佛陀原说过，一旦成佛，首先要度的就是这5位旧臣，于是他愉快地接受了这5人的皈依，于是，他们成为佛陀的第一批弟子，这就是佛教史上所说的“五比丘”。

5人把佛陀恭敬地迎请到鹿野苑，几天之后，佛陀正式在鹿野苑为5人解说了十二因缘、四圣谛和八正道。这是释迦牟尼的第一次登坛说法，是佛教法轮的第一次运转，从此以后，佛教这艘大法船就开始了它永远的运转。它的运转，让无数在黑暗中摸索的人们见到了光明，让一切苦难的众生在痛苦的挣扎中看到了希望。

释迦牟尼证得正果的消息像阳光一样照彻到每一个地方，一批一批的人来到鹿野苑，希望能聆听到佛陀的法音。他们从佛陀的声音里获得了过去从未有过的真理之光，他们从佛陀的真理中获得了解脱自己的无穷的力量。

释迦牟尼证道和传道的消息传到了当时最著名的婆罗门拜火教首领优楼颜螺迦叶的住处，这位传统的宗教首领似乎并不明白，为什么在短短的时间内会有那么多人在释迦牟尼的座下五体投地，释迦牟尼究竟用什么力量征服了那么多的人们。于是，他决定对释迦牟尼进行一次真正的拜访。

事情的结果出人意料，交谈没过多久，这位不可一世的拜火教首领便心甘情愿地拜倒在佛陀的座下。第

十二因缘

又名十二有支，或十二缘起，是说明有情生死流转的过程。十二因缘是无明、行、识、名色、六入、触、受、爱、取、有、生、老死。以上十二支，包括三世起惑、造业、受生等一切因果，周而复始，至于无穷。

二天，优楼颜螺迦叶将他的五百位弟子集中到鹿野苑，当众宣布：从今以后，我就皈依于释迦牟尼的座下，成为他的一名弟子。你们中如果有愿意成为佛陀弟子的，就赶紧请求佛陀接受你们的皈依。五百弟子并不明白，为什么他们的首领会拜倒在释迦牟尼的座下，于是，优楼颜螺迦叶请求佛陀为他的五百弟子解说四圣谛、八正道和十二因缘。听完佛陀的说教，五百弟子大受感动，一致表示愿意皈依。佛陀愉快地接受了他们。这五百人就成为佛教中所说的“五百罗汉”。

拜火教五百弟子皈依于佛陀的消息像长了翅膀一样传遍了全国各地，一批一批的人来到鹿野苑，请求皈依于佛陀，佛陀一一满足了他们。佛陀的僧团扩大到1000余人。这1000余人中，即有后来成为佛陀十大弟子的大迦叶和舍利弗等人。鹿野苑显然已不能容纳这庞大的僧团，不久，佛陀接受了摩揭陀国的国王濒婆娑罗的布施，带领他的僧团移居于一座有着16座院落，500间楼阁，72间讲堂的竹林精舍，开始了他更大规模的布道和讲学生涯。又过了一些时，当僧团继续扩大时，佛陀又接受了拘萨罗国王子祇陀和长者须达多的布施，带领他的僧团搬到了他们精心为佛陀建造的祇树给孤独园中。

人性平等，无有贵贱

悉达多成为释迦族圣人的消息传遍了四面八方，当然也传到了他的国家迦毗罗卫。十年来，因思念爱子而心身俱焚的净饭王得到这一消息后，激动得流下了辛酸的老泪，悉达多的姨母和妻子耶输陀罗在听到这一消息后，更是悲喜交集，痛哭涕零。净饭王当即派人给儿子悉达多送去一封信，他在信中说，亲爱的悉达多，我已垂垂老矣，惟愿见到亲儿一面，否则，我将死不瞑目。

虽然在成佛的大道上奋勇地跋涉着，但是，十年来，佛陀没有一天不在思念着他的亲人。虽然他已成为一名悟得大道的圣人，但是，与生俱来的骨肉亲情是无论如何也无法泯灭；自从他悟出大道以来，他已帮助无数的人得到了解脱，但是，他总觉得有愧于自己的父亲、有愧于自己的妻儿。

这是一个盛夏的午后，释迦牟尼终于率着他的僧团一路托钵行乞到迦毗罗卫。当看到昔日的王子威仪俱足地回到了迦毗罗卫，当看到已成为圣人的佛陀一路托钵行乞到自己的祖国后，全城的百姓无不为自己的王子成为圣人而感到骄傲，无数的人开始皈依于佛陀，成为居士或出家的弟子。净饭王亲自迎出王宫，当他见到儿子正在托钵行乞时，做父亲的更是老泪纵横，净饭王说，儿啊，王宫里有享用不尽的美食，你为什么还要向自己的臣民乞食？释迦牟尼说，这不为别的，正是为了要除掉僧团中一些人的骄慢之气，让大家懂得，一切众生皆为平等。净饭王为悉达多的归来举行了盛大的欢迎仪式，于是，借这一场合，佛陀向王宫里的人们宣讲了他的四圣谛、十二因缘、八正道教义。一批被佛陀崭新的理论感动了的王公贵族当即要求皈依于佛陀的座下，佛陀愉快地接受了他们的要求。短短的时间里，除了异母弟提婆达多以外，包括堂弟阿难陀、阿尼律陀、婆提利迦在内的所有的贵族都皈依于佛陀。佛陀的儿子罗睺罗虽然年幼，也要求皈依于佛陀，佛陀觉得没有理由拒绝儿子的请求，他亲自给儿子进行了剃度，让他跟在自己的身后做了一名最小的沙弥。

十年的等待，十年的空守，如今，梦想终于成真，美丽的耶输陀罗终于见到了自己心爱的丈夫悉达多。在这十年间，耶输陀罗公主没有哪一天不是在泪水中度过她痛苦的日子。现在，丈夫就在眼前，然而她却不能像昔日一样与之亲近，她牵着儿子的手，一任泪水河流一般地倾泻着。

这真是一个历史上最为动人的会见场面。亲情依然，但亲情却非同昨日；斯人依旧，但却非是昨日之人。在见到妻子耶输陀罗的那一刻，佛陀的心情是常人难以理解的复杂。佛陀说，呵，耶输陀罗，你辛苦了，如果说这些年来我有什么愧疚，那就是因为十年前的某一个夜晚与你的不辞而别。但是，所幸的是我已成正等正觉，我要帮助所有的众生得到解脱的愿望就要实现，希望你能与我一同享受得道的欢愉，从此得到真正的解脱。于是，佛陀也给耶输陀罗公主讲授四圣谛、八正道和十二因缘。耶输陀罗公主终于拂去了眼角的泪水，她沉浸在佛陀禅悦的快乐之中。

古代佛教故事绘画：《净饭王见佛，欲闻正教佛，世尊说大乘法》，描绘了佛祖返回迦毗罗卫国说大乘法时的情形。

一批一批的人跪到佛陀的座前请求皈依。这天，佛陀正在给王公贵族们说法的时候，又一个人跪倒在佛陀的座前，请求皈依于佛陀，这个要求皈依的不是别人，正是当初他走出宫墙时为他送行的驭手阐铎迦。按照种姓的规定，阐铎迦属于低贱的首陀罗，阐铎迦的要求当即遭到王公贵族们的反对。佛陀记着当初离开宫墙时的诺言，但他并没有立即接受阐铎迦的要求，他让阐铎迦过一会儿再来。阐铎迦离开以后，佛陀向王宫贵族们说，一切众生在灵魂上都是平等的，决没有贵贱之分。不管他是王公贵族还是所谓的低等种姓，只要依靠自己坚持不懈的努力，都可以达到成佛涅槃的境界。佛陀的解说，扫除了这些王公贵族们身上的骄慢之气，于是，对于阐铎迦的皈依，他们不再提出异议。于是，昔日的马夫和驭手阐铎迦第一次与贵族们坐在了一起聆听佛陀的说法和教诲。

一个月的省亲活动终于结束了，佛陀又带着他的僧团回到祇园精舍，继续他的布道生涯。不久，即传来净饭王病危的消息。佛陀当即再次回到迦毗罗卫国，来到弥留之际的父亲身边。父亲拉着儿子的手，却再也说不出话来。就这样，父子的手长时间地相握着，渐渐地，净饭王安详地走入另一个世界。料理完父亲的丧事，不等迦毗罗卫国选出新的国王，佛陀就又回到了他的祇园精舍。

净饭王的逝世，给迦毗罗卫国带来一阵不大不小的骚动，由于净饭王的儿子悉达多的出家，再也没有其他的继任者，按照这个国家选贤制的原则，释迦族的大将摩诃那摩做了释迦族的国王。

五月的一天，佛陀正在舍卫城中乞食，一支庞大的人马来到他的面前，那为首者不是别人，正是佛陀的姨母摩诃王妃和妻子耶输陀罗公主，二人率领着一支 500

人的女性队伍一路奔来，请求佛陀接受她们的皈依，成为女性的出家者。

王妃说，尊敬的佛陀，自从听了你讲授的佛法之后，我们就像是一批雨后的衰草，顿时焕发出无限的生机，而净饭王的逝世，更让我们认识到生命的幻灭和人世之苦，我们知道你一直倡导众生平等，我想，对于我们请求出家的愿望，你一定不会拒绝吧。佛陀接受了她们供养的食品和衣物，但却坚决地拒绝了她们出家的请求。于是，500 位身份不同、年龄不一的女性们开始在佛陀的面前长跪不起。不知过了多久，等到她们重新抬起头来的时候，却早已不见了尊敬的佛陀。

望着佛陀远去的背影，失望的王妃不肯罢休，她们决定去找佛陀最亲近的弟子阿难，向他述说要求出家的愿望以及她们甘愿此身心奉献佛教的决心。阿难被这些女性信徒们感动了，于是便怀着一种使命感来到佛陀的座前。

青花瓷画：《释迦如来应化事迹图·再还本国》，描绘了佛祖再次回迦毗罗卫国时的情形。摄于福建福州于山定光寺（白塔寺）。

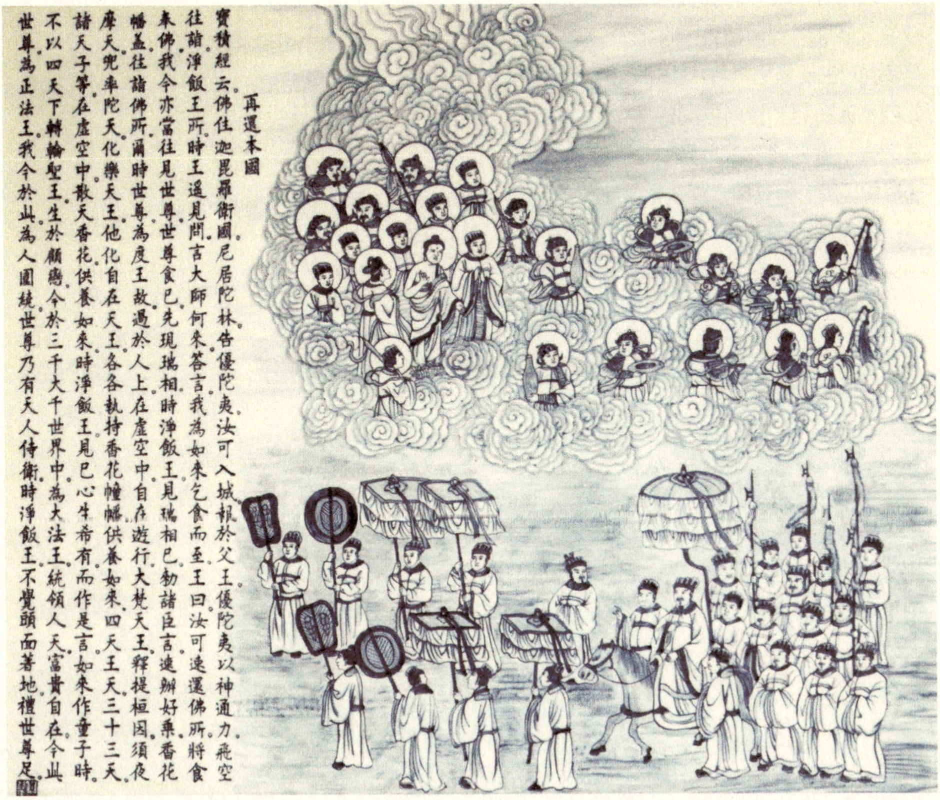

阿难说，尊敬的佛陀，你不是一直倡导众生平等吗？难道在出家的问题上还有什么男女的区别吗？佛陀说，阿难啊，你受着王妃的拜托前来充当说客这件事令人感动，但是，你应该知道，一个出家的僧侣必须在身心上忍受常人难以忍受的训练，出家的生活不适于女性。你更应该知道，为了这支庞大僧团的纯洁，我先后制定了一系列的戒条，而女性的加入，势必会在某一天破坏这种僧团的清净，这就像稻田里一旦出现了稗草，就无法保证稻谷的丰产，就像星空里出现了云翳，就无法看到星光灿烂一样。阿难说，佛陀啊，你怎么能因为稗草的存在，而一并将稻秧拔去呢？你怎么能因为云翳的障蔽，而忽视了星光的灿烂呢？你没有看到那些女性佛陀不再言语，你其实比谁都清楚，在这个世间，绝没有一成不变的物质，也没有常住不坏的法。

这时，那支女性队伍再次来到祇园精舍，500 位女性齐齐地跪在佛陀的座前。佛陀再也无话可说，于是，他当即为姨母摩诃王妃和妻子耶输陀罗公主举行了剃度仪式。于是，她们成为释迦牟尼僧团中第一批女性出家者“比丘尼”。

送走了这 500 位比丘尼，阿难忽然发现，佛陀的眼里流下了一行晶亮的泪水。

四圣谛

又名四真谛，或四谛法，即苦谛、集谛、灭谛、道谛。苦谛是说明人生多苦的真理，人生有三苦，八苦，无量诸苦，苦是现实宇宙人生的真相；集谛的集是集起的意思，是说明人生的痛苦是怎样来的真理，人生的痛苦是由于凡夫自身的愚痴无明，和贪欲嗔恚等烦恼的掀动，而去造作种种的不善业，结果才会招集种种的痛苦；灭谛是说明涅槃境界才是多苦的人生最理想最究竟的归宿的真理，因涅槃是常住、安乐、寂静的境界；道谛是说明人要修道才能证得涅槃的真理，道有多种，主要是指修习八正道。此四圣谛括尽了世出世间的两重因果，集是因，苦是果，是迷界的因果；道是因，灭是果，是悟界的因果。

教诲如海

尊敬的佛陀，请问人死后到哪里去受生呢？

呵，尊敬的婆罗门，我的佛法里没有说到人死后到哪里去受生。

既然这样，是不是可以这样理解，人死后就不再受生了呢？

我的佛法里并没有说到人死后不再受生。

既然人死后不受生，又并非不受生，那么，你的佛法又怎样解释人死这一现象呢？

佛陀随手拨了拨眼前的一堆燃火说，你看到了吗，这堆火为什么会燃烧呢？

这还用说吗，这是因为柴薪的缘故。

你看，这堆火就要灭了，这是为什么呢？

这是因为柴薪燃尽了啊。

佛陀笑了笑说，那么，这燃尽了的火又去了哪里呢？尊敬的婆罗门，也许我问这话实在没有一点意思，但是，你问人死后又去了哪里就如同这火的燃烧和熄灭一样，同样是没有一点意思的啊。殊知这世上无所谓生，也无所谓灭，生和灭，都是虚无而不实的幻境，唯有寂静涅槃才是究竟的根本啊。

几乎每一天，佛陀都要回答人们所提出来的各种问题。人们带着各种疑问来到佛陀的精舍，人们又带着满心的欢喜离开精舍，回到各自的住处。

一天，佛陀正在休息，忽然听到一阵激烈的争吵声，佛陀走到户外，却看到一个年轻的僧人在那里啼哭。佛陀说，年轻人，为什么这样伤心地啼哭？谁欺负你了吗？那年轻的僧人见了佛陀，哭得更伤心了，他说，佛陀啊，我真是委屈啊，谁都知道我是一个安分守己的比丘，可沙拉恒婆比丘却因为丢失了一件上衣而怀疑到我的身上，不仅如此，他还凭借着一张伶俐的嘴，说了许多诽谤我的词语，我越想申辩，越是找不到恰当的词语，可我又忍受不了他对我的污蔑，你说我怎么办呢？

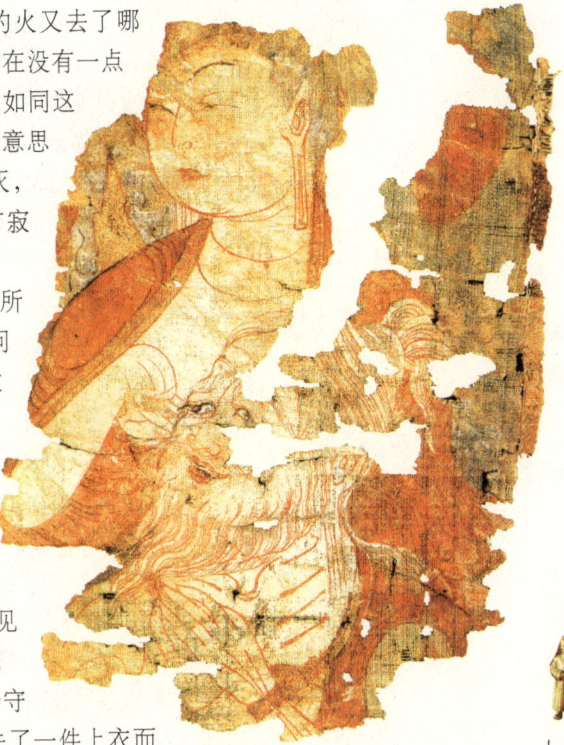

《佛祖与婆罗门说法图》：描绘了佛陀向婆罗门说法的情景。此残像20世纪初出土于新疆吐鲁番地区。现藏于德国柏林印度美术馆。

佛陀说，年轻的比丘，既然你觉得自己是清白的，就不必去申辩吧，如果一滴墨迹无意中滴落在纸上，有人总想将它揩擦干净，其结果是墨迹的更加扩大。至于说到他用恶毒的语言对你进行诽谤，要知道，那就如同仰天吐出的唾沫，其最后还是落到自己的脸上。年轻人，你应该明白这样的道理，让自己生气的不是别人，正是自己。

过了几天，那位曾经啼哭的比丘终于高兴地来到佛陀的面前，他告诉佛陀说，那位曾经用恶毒的语言诽谤过他的比丘终于找回了自己丢失的上衣，那位比丘也因为曾恶毒地诽谤他而向他表示真诚的道歉。

又有一天，佛陀正在竹林中散步，正好遇到了一位兴高采烈的比丘。佛陀记得，这位相貌丑陋的比丘不久前曾因犯下邪淫的戒条而被责罚，如果不是他的真诚忏悔，他早已被从僧团中清除出去了。佛陀说，呵，年轻人，可以把你的快乐让我一同分享吗？那位比丘见到佛陀，不得不把今天发生的事情原原本本地告诉佛陀。他说，尊敬的佛陀，今天我到舍卫城乞食，遇到一位美丽的婆罗门女子，她在一见我之下就赞扬我说，尊敬的比丘，你俊朗的脸庞如同天上的皓月，你年轻的身子如同地上高拔的菩提树。她并且还邀请我去她家做客，要不是我想起佛陀的教导，我也许就真的去了她家。虽然如此，受到一位年轻女子赞扬，还是禁不住从内心里感到快乐啊，这是不是说明我还是一个有魅力的人呢？佛陀说，年轻人，如果你能始终保持内心的平静，你一定会成为一个有魅力的人，但我要告诉你，有时候，甜言蜜语就如同涂上蜜汁的利剑，那是尝不得的啊。

过了不久，果然就传来那位比丘再次犯下邪淫戒条的事件，为了僧团的纯洁，佛陀不得不忍痛将其清除出了僧团。

那是一个夏日的中午，佛陀从舍卫城托钵乞食回来，忽然遇到一位气喘吁吁满头大汗的农人。要不是佛陀避让及时，说不定二人就会迎头相撞。佛陀说，什么事让你这样急迫呀，小心别摔坏了身子。那农人认出这就是人人景仰的佛陀，于是便说，佛陀啊，你有所不知，我十六岁时经父母做主，为我讨得一房美丽的妻子。可是，这贱人却一直与我面和心不和。这些年，我简直就生活在麦芒和荆棘之中，苦不堪言啊。昨天，一个陌生的银匠突然来到我们村子，傍晚时分，我的妻子就不见了，有人告诉我说，这贱人是随着那个年轻的银匠跑了，所以，我正在急迫地寻找她呢。

佛陀说，原来是这样啊，你丢失了一个与你面和心不和的妻子，你即使把她找回来，那又怎么样呢？要知道，世上一切身外之物都是或迟或早要丢失掉的，唯一不能丢失的，是你自己的心。

那农人听完佛陀的话，当即就怔在了那里，在这一刹那间，他忽然悟出了许多。他在佛陀的面前跪下来说，佛陀啊，你说得真是在理，既然她本来就不是我的，我就是寻找到了她又有什么用呢？尊敬的佛陀，请你接受我的皈依，我现在就随你去你的祇园精舍，做一名比丘僧人去吧。

又有一天，一位尊贵的婆罗门来到佛陀的祇园精舍，这位婆罗门说，佛陀啊，身为一个婆罗门首领，我每天都不得不面对那些忠心耿耿的仆人，有时候，我觉得他们非常可亲，有时候，我又觉得他们面目可憎，难免要对他们大发脾气；有时候，当我心静如水时，即使再棘手的事情我都能指挥若定，有时候，当我焦躁难安时，再简单的问题我也处理得焦头烂额。

佛陀让人打来一盆清水，佛陀说，尊贵的婆罗门啊，你看到这盆清水了吗，你也一定看到这盆清水里映照出来的清晰的景象了。佛陀又从地上抓起一把灰尘撒在水里，佛陀说，尊贵的婆罗门，现在，你还能看到这盆中的景象吗？显然不能，因为灰尘污染了水的洁净，就如同人原本清净的心被烦恼遮蔽一样。人，须得时时保持心灵的纯洁，就像这洁净之水，唯有不使其被灰尘污染，才能清晰地映现外界的景象。

冤冤相报，何时是了

那是一个初春的早晨，美丽的迦毗罗卫国国王的女儿萨吉那公主禁不住春光的诱惑，带着她的侍女们走出了宫门，走进了郊野。灾难，也就在那一刻滋生了。

那一天，拘萨罗国国王正好在出行的途中，年轻的国王忽然听见不远处的山坡上传来欢声笑语，一位美丽的姑娘正在那山坡上奔跑着，嘻闹着。那美丽的姑娘如一抹温暖的阳光照彻在年轻的拘萨罗国国王那干涸已久的爱的心田，在一刹那间，年轻的国王对萨吉那公主的美貌发出了由衷的惊叹。不久，一封来自拘萨罗国的信函以及一盒珍贵的首饰送到了迦毗罗卫国的王宫，送到了摩诃那摩国王的手中。

这炽热的求婚信并没有打动美丽的萨吉那公主，而摩诃那摩国王也不愿他的爱女远嫁到那个一直对他的国家虎视眈眈的拘萨罗。不久，拘萨罗

《佛陀说法图》：徐悲鸿绘。展现了佛祖说法时的情形。

八正道

又名八圣道，即八条圣者的道法：一、正见，即正确的知见。二、正思维，即正确的思考。三、正语，即正当的言语。四、正业，即正当的行为。五、正命，即正当的职业。六、正精进，即正当的努力。七、正念，即正确的观念。八、正定，即正确的禅定。

国王再次将通婚的文书送到了迦毗罗卫国，这封措词强硬的文书在迦毗罗卫国掀起一阵不大不小的震动。虽然释迦族一直地位尊荣，但毕竟国小力弱，对于强大的拘萨罗国通婚修好的请求，实在找不出任何理由予以拒绝。

一位精明的大臣向国王献出一条锦囊妙计。

萨吉那公主有一位最亲近的女奴名叫茉莉雅娜，因其长相酷似公主，很少有人能把公主与这位女奴区分开来。有时候，当茉莉雅娜出现在宫外的时候，人们都远远地叫着：呵，萨吉那公主，公主萨吉那！正因为如此，虽为女奴，茉莉雅娜一直享受着公主的尊荣，同时也得到国王的喜爱。愁眉不展的国王采纳了大臣的建议，决定让茉莉雅娜代替爱女远嫁拘萨罗国，以完成两国通婚修好的历史重任。

对于出身低贱的茉莉雅娜来说，这无疑是一件天大的好事。虽然长期以来一直受着国王和公主的喜爱，但一个无法改变的事实就是，她永远都是一个奴隶，一个下等的侍女。于是，她愉快地接受了国王的安排，像一个尊贵的公主一样被嫁到了拘萨罗国，一年以后，她为国王生下了可爱的琉璃王子。

琉璃王子一天天长大，幼小的王子并不知道自己出身的秘密，更不知道他美丽的母亲原是一位低贱的奴隶。12 岁这一年，琉璃王子随着他的母亲茉莉雅娜来到迦毗罗卫国看望自己的外公摩诃那摩国王。

那是一个美好的下午，但不该发生的事情却在这美好的下午发生了。迦毗罗卫国一座新的佛殿举行盛大的落成仪式。当少年琉璃随着王公贵族们刚一走进那座佛殿，即遭到一位大臣的斥责，这昏庸的老头说，小贱种，还不赶紧从这里滚出去，这是你这种人该来的地方吗？王子以为自己听错了，连忙说，我是国王的外孙，拘萨罗国的王子琉璃，你有什么权力赶我出去？那大臣说，你以为你是谁？让我现在就告诉你吧，你母亲原是一位低贱的奴隶，只是因为她长相酷似萨吉那公主，才被国王移花接木嫁到拘萨罗国，虽然你现在穿着绫罗绸缎，但却掩盖不了你低贱的奴隶身份。

受到羞辱的王子回到母亲的身旁，他痛哭着，急切地想了解自己出身的秘密。在儿子一再的追问下，茉莉雅娜只得把事实真相原原本本地告诉了儿子。茉莉雅

《佛陀出行图》：描绘了佛祖乘白象出行时的情形。佛祖不仅仅讲法，还常在事情的关键时刻去教导、劝善他人。

娜哭泣着请求儿子说，千万不要把今天发生的事情告诉你的父王，要知道，这将会酿成莫大的灾祸啊。儿子答应了母亲的请求，但他在内心里暗暗发誓，此仇不报，枉为男子。

仇恨的种子一旦在人心里生根发芽，就必然会结出最毒的果子。若干年后，拘萨罗国国王逝世，新的王位继承者琉璃王没有忘记当年在迦毗罗卫国那次受辱的经历，他厉兵秣马，暗地里做着攻打迦毗罗卫国的计划。

一场血腥的战争就要打响，在那段日子里，慈悲的佛陀内心充满了难以言状的痛苦。他知道，有因必果，有果必报，这一切都是因了迦毗罗卫国的那些傲慢的大臣们所酿下的灾祸。这一天，当佛陀在禅定中看到一队人马卷着漫天的黄尘一路杀气腾腾地向迦毗罗卫国奔来时，当即来到拘萨罗国与迦毗罗卫国之间的一条交通要道上。被仇恨和杀戮激动着的琉璃王见到了坐在路边的佛陀，还是立刻翻身下马，他在佛陀面前拜了三拜说，尊敬的佛陀，这样炎热的天气，为什么不回到你的精舍里去禅坐休息，你不顾惜自己的身子，也要为无数的众生着想啊。佛陀说，我虽然受到一点炎热之苦实在算不了什么，而我的亲人，其实也是你的亲人将要受到无情的杀戮，我却不能拯救他们，我即使回到清凉的精舍，又如何能够安心禅坐呢？

琉璃王听了佛陀的话，久久说不出话来，然而，

古印度史诗画：《摩诃婆罗多》展示了古印度时，班度族人阿朱那在战场上面对强大的俱卢族人的情形。这幅画充分展现了古印度部落之间战争的激烈程度。

仇恨的烈火正在他心中燃烧，他于是把几年前在迦毗罗卫国的遭遇如实地告诉了佛陀。佛陀听完琉璃王的话，再次叹息道，冤冤相报，何时是了啊。迦毗罗卫国的那些昏庸的大臣们虽然有他们不可饶恕的过错，但是，你能忍心亲手杀戮一直爱着你的外公摩诃那摩国王以及视你的母亲为亲姐妹的萨吉那公主吗？你是否意识到，一切的因，都必然会结出果，一切的果，都是未来的因，我希望国王也要为自己的国民想一想，如果有一天灾难降临到拘萨罗国的头上，你将如何面对自己的国民？现在，就请国王偃旗息鼓，收回你的兵马，也好让我回到我的精舍安心禅坐吧。

琉璃王似乎再也没有理由不听佛陀的劝告，于是，他暂时熄灭仇恨的烈焰，也收回了他强壮的兵马，回到了拘萨罗国。

就像当初所预料的一样，半途中收回兵马的琉璃王当然地受到国内一些人暗地里的嘲笑，这嘲笑就像是一桶重油，将琉璃王那刚刚熄灭的火烬再次点燃。佛陀知道，他已经无法扭转这战争的局面，世上果然没有常住不坏的法啊，一切因缘果报，都是无法逆转的，身为佛陀，他为人类这种冤冤相报所必然带来的苦难而担忧着。一场战争终于不可避免地爆发了。琉璃王率领着拘萨罗国的兵马一路杀进迦毗罗卫国，一个延续了 100 多年的国度就这样从版图上消失了。

胜利的喜悦像风暴一样席卷着拘萨罗国，从国王到普通百姓，大家举杯祝酒，弹冠相庆。然而，就在那天深夜，一场无名大火突然从琉璃王的后宫开始燃起，等到琉璃王和他的王妃们从睡梦中惊醒，整个的王宫已没入一片无边的火海之中。

金撒尼娜的故事

佛教如春风吹拂下的野草，迅速在古印度蔓延开来，这使得那些外道一天天感到如临大敌。人们还记得当初悉达多在菩提树下经七天七夜的禅坐，即将悟得大道时，一名婆罗门外道在悉达多面前施出种种伎俩均一一告破的情形，最后那外道说，乔达摩·悉达多，总有一天，我要让我的子孙吃你的饭，穿你的衣，毁你的道。现在，佛陀已成为这世界上真正的智者和觉者，佛陀所到之处，苦难的人们便望而向归。

僧团在一天天扩大，一批批怀着各自的目的，带着各自的愿望的人们走进了僧团，虽然佛陀制定了严格的戒律用以约束僧团的行为，但是，仍不时会有违犯僧团规约的现象发生。为此，佛陀深感忧虑。

一天，一名年轻的婆罗门女子走进了僧团，说她希望佛陀能给她剃度出家。她的愿望是正当的，她的态度也是诚恳的，佛陀觉得没有理由不满足她。于是，这位名叫金撒尼娜的女子便成了一名比丘尼。

金撒尼娜是那样年轻，她苗条的身姿像春天的杨柳，她润洁的肌肤像玫瑰花瓣，她的每一个微笑，她所发出的每一声话语都像长了翅膀一样不由自主地飞进那些年轻比丘的心房。不管她走到哪里，都会有无数的眼睛追随着她，人们明知这是不洁的意念，但是，却无法克制自己那毒瘤一样生长的欲望。

阿难终于向佛陀提出，师父，这名婆罗门女子真不该让她走进僧团，你知道，这是一棵有毒的花朵。

佛陀说，魔从境生，一切唯心，我怎么就没觉得她是一朵带毒的花朵呢？

阿难说，你是悟得大道的圣人，而我们都还是一些凡夫俗子。不瞒师父说，我见了那女子也心慌意乱，我实在不敢多看她一眼。

佛陀笑了，说：何谓修行，顺境中修，逆境中更要修，只有这样，才能使你的道心增长。

阿难说，不行，师父，必须要把这女子清除出去，否则后患无穷。

佛陀伸手在阿难的头上拍了拍说，一切众生皆有佛性，这是我早在菩提树下就悟得的道理。佛门普度，不仅要度善境之人，更要度恶境之人。更何况她并没有做什么啊。

阿难知道佛陀的话是对的，于是他退出了佛陀的精舍。

终于，那名叫金撒尼娜的比丘尼因为和一个年轻的僧人闹出了让所有的人都不耻的事情，被僧团清除出去了。佛陀面带慈悲地说，成佛的因缘各有不同，看来你的因缘未到，为了僧团的纯洁，你只好暂时离开这里，总有一天，你会重新归于僧团的。

其实，金撒尼娜正是外道婆罗门精心策划的一个阴谋。被清除出僧团后的那天夜里，金撒尼娜与几个婆罗门首领鬼混了一个晚上，第二天一早，金撒尼娜散乱着头发，披着不整的衣服走到街上。人们问她，你为什么一早就来到这里？金撒尼娜说，昨天晚上，我是在精舍里度过的，是和佛陀……

人们惊呆了，谁都不相信她说的是事实，但是，金撒尼娜却绘声绘色地向人们讲述着她与佛陀在一起过夜时的每一个细节，人们不由得不信了。于是，人们开始相信，佛陀并不是像人们所传的那样是一个高洁的人，佛陀也是一个风流的种子。

谣言随风飘荡着，关于佛陀与婆罗门女人鬼混的消息被越来越多的人传送着。然而佛陀像什么事也没有发生一样，仍然每天赤着脚去精舍外托钵行乞，行乞毕，仍然像往常一样坐在法座上给他的弟子们讲述着佛法大道。

那天阿难陪师父托钵行乞回来，忽然说，师父，你难道没有听到外面的谣言吗？你知道那些谣言是怎样像毒刺一样毁坏着你多年来形成的威望吗？你为什么不采取措施制止这种恶毒的行为？

佛陀指着路边的草叶说，虽然沾上了灰尘，但并不改变草叶的绿色。佛陀又指着路边的一棵婆罗双树说，虽然经过了无数次狂风，大树却挺拔依然。

忽然有一天，那个婆罗门女人的肚子无端地大了起来，人们问她，那里面是谁的种啊？金撒尼娜说，还会是谁啊，当然是一位小佛陀啦。

阿难再次来到佛陀的座前，请求师父允许他们采取措施揭穿婆罗门的阴谋。佛陀依然平静地制止了弟子们，佛陀说，金撒尼娜是受人利用，但她并不缺智慧的种子，总有一天，她会重新走进精舍，成为一名真正的比丘尼。

青花瓷画：《释迦如来应化事迹图·假孕谤佛》，描绘了金撒尼娜假装怀孕来诽谤佛教，而被揭穿的情形。摄于福建福州于山定光寺（白塔寺）。

人们说，谣言重复了一千遍，便会成为事实，然而，谣言所制造的事实却只能像清晨的露珠，那是经不住阳光的照射的。金撒尼娜的肚子始终如一地隆在世人的眼皮子底下，然而金撒尼娜却始终没有将那腹中的孩子生下来。终于有一天，当金撒尼娜在一个集市上再次向人们描述她与佛陀在一起的风流之夜时，一个早就对这一切看在眼里的妇女伸手拉了金撒尼娜一把，结果从金撒尼娜的肚子里掉下来的不是什么孩子，而是一只乡下人用来舀水的瓢。至此，关于佛陀是风流种子的谣言随着金撒尼娜双手捂面羞怯地躲开而终于停歇了。

那是一个晴朗的日子，佛陀像往日一样坐在法座上给弟子们布道。这时，一个女子哭泣着跪到佛陀的脚下。当着所有的人，金撒尼娜述说了她自幼遭受的种种苦难，后来又受人利用，向佛陀泼洒污水的经过。金撒尼娜说，尊敬的佛陀，你能饶恕一个罪恶的女人吗？你能用你圣洁之水帮助一个女人洗去浑身的污垢吗？

佛陀将他的大手轻轻地放在金撒尼娜的头顶上说，金撒尼娜，你已经洗去了身上的灰尘，露出你原本洁白的本性，从现在起，你就是我的弟子。恭贺你成为一名沙弥尼。

佛陀又就金撒尼娜的事情向弟子们说法，佛陀说，一个人如果有过而不知自悔，就如同水流入大海，渐成深广；一个人如果有过而知忏悔，就如同大病了的人发出一身冷汗，病也就自行消减了。

阿难与摩登伽女

赤日炎炎的大地，远处走来一位年轻的比丘。汗水从他的头上扑扑地掉下来，掉到厚厚的尘土上，溅起一阵轻烟。路边的树枝耷拉着叶子，草丛里的虫子也停止了歌唱。年轻的比丘手托瓦钵，刚刚从一个村子里乞食回来，此刻，他因长时间的行走和为沿途人家不间断地说教而喉咙干渴，急切地希望能得到一碗清水。然而，目及之内，除了荒凉的土丘和炽热的岩石，没有发现一处水源。

这年轻的比丘就是佛陀十大弟子的“多闻第一”的阿难尊者。见过他的人都说，阿难的英俊，能使任何一位高傲的女人心旌摇荡，能让一切自称俊美的男人低下头来。因为他的聪明才智，佛陀对他格外赏识，但唯一让佛陀不能放心的是他的美貌。佛陀曾不止一次地对他说，阿难啊，你是天生的佛种，你的智慧无人能够匹敌，你的辩才无人能够匹敌，但是，你的色相容貌，却难免让你在成佛的路上遇到障碍。阿难，你要记住，五蕴炽盛，色欲第一。

健美的容貌是阿难的财富，健美的容貌也是阿难招致祸殃的根源。

迎面走来一位年轻的女子，女子的手中恰恰提着一桶清凉的泉水。阿难见到那桶泉水，眼睛猛然一亮，立即双手合十，向那女子说，尊敬的施主，能否为一个口渴的比丘施舍一点清凉的泉水呢？

那女子说，尊敬的比丘，不是我不肯施舍泉水于你，因我是卑微的首陀罗女子，你不怕我的水玷污了你高贵的种姓吗？

阿难说，施主啊，在佛陀的僧团里，决没有高低贵贱之分，一切众生，皆为平等。

女子于是放下水桶，用阿难的瓦钵满满盛了一钵水双手递到阿难的面前。那真是世上最甜美的水啊，阿难一口气喝完了那钵凉水。一直等到碗底朝天的时候，阿难才发现，因为两人同时握住那瓦钵的缘故，自己的一双手正与那女子的手紧粘在一起。一股热流涌遍阿难的全身，阿难急忙松开双手，与此同时，阿难注意到，这是一个多么美丽的女子啊。此刻，那女子的眉目间传递着一股难以言尽的温柔。阿难的心急速地跳动着，甚至连感谢的话也忘了说，连忙疾步回到了精舍。

阿难的神情没能瞒过智慧无双的佛陀。佛陀说，阿难啊，今天化缘的路上有什么值得告诉我的新鲜事吗？阿难结结巴巴地说，啊，师父，没有什么，不过……

阿难不好开口，佛陀也不再问他。然而这天夜里，年轻的阿难第一次不能入睡，白天的情景挥之不去地一幕幕出现在他的面前，那年轻的首陀罗女子夜月般的脸庞以及那一双顾盼有神的眼睛更是时时地活跃在阿难的眼前。

第二天，阿难鬼使神差地再次来到昨天经过的路上，在一个村口，阿难奇迹般地再次与那个首陀罗女子相遇。女子见了阿难，眼里立即滚出一行清泪说，比丘哥哥，你知道摩登伽女昨夜是怎样度过的吗？活了18个年头，从来不曾有过的折磨。比丘哥哥，能去我家坐坐吗？阿难有心掉头离去，但却不由自主地随着女子走进了村庄，走入一间屋子。没等迈进门坎，摩登伽女突然一下就把阿难抱在了怀里，女子的手轻轻地在阿难的脸上抚摸着，女子一边喁喁地说着爱恋的词语，一边将一股甜甜的气息喷到阿难的脸上。活了二十几岁，阿难何曾遭遇这样的场面。忽然间，阿难的意识中出现了佛陀庄严的形象，他听到佛陀洪亮的声音：阿难啊，五蕴炽盛，色欲第一。像是兜头浇来一盆冷水，阿难那炽盛的欲火猛然间熄灭了，他一把推开摩登伽女，飞身奔出了村庄。

阿难的情态更不可能瞒过觉悟的佛陀。佛陀说，阿难，我看到风暴过后的平静，我看到烈火过后的清凉。我有理由相信，我的弟子阿难经过了一场炼狱般的考验。阿难终于把这两天所遇到的一切原原本本地告诉了佛陀。阿难说，弟子抵御住了色欲的进攻，请师父相信，阿难此刻的心里平静如水，再也不会受色欲的折磨了。

佛陀说，阿难，我相信你。不过，这件事还没有结束，你的美色，同样正在折磨着一个可怜的女子，让我们共同努力，将她从色欲的刀海里拯救出来。

阿难雕像：阿难，被称为“多闻第一”，后证阿罗汉果。摄于河南洛阳龙门石窟奉先寺。

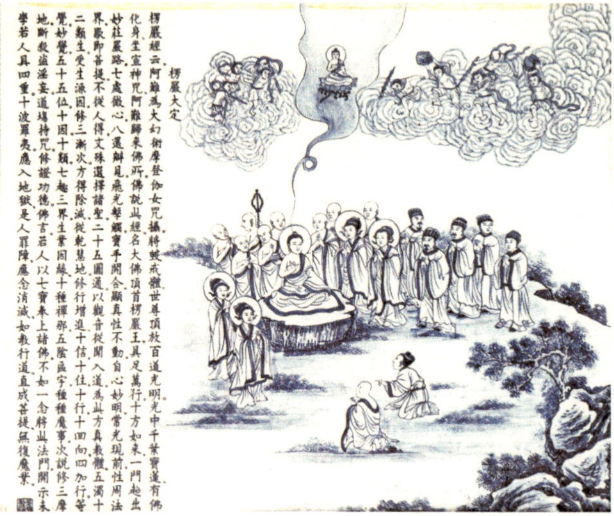

青花瓷画：《释迦如来应化事迹图·楞严大定》，描绘了佛祖通过教化，使摩登伽女剃度的情形。摄于福建福州于山定光寺（白塔寺）。

果然，第二天佛陀刚刚行乞归来，没等落坐，那首陀罗女子就来到佛陀的精舍。佛陀说，女居士，你找我有事吗？摩登伽女说，尊敬的佛陀，我是来找你的弟子阿难的，我是送还他遗忘在我家的钵来的，我现在需要见到他。

佛陀说，女居士，你要见到阿难并非难事，一会儿我的弟子们都要集中在这里听我说法，那么，你也请选一个位置坐下来好吗？于是，摩登伽女果然选了一个不怎么显眼的位置坐了下来。过了一会儿，佛陀的1500名弟子以及数百名在家的信众依次走入精舍，大家静静地席地而坐，聆听佛陀的说法。

一开始，摩登伽女还在东张西望，她希望能尽快见到阿难。渐渐地，摩登伽女被佛陀的讲授吸引住了。佛陀的说法，像从天而降的甘霖，一点一点地滋润着摩登伽女干渴了十八年的心田。夕阳西下，等到摩登伽女从那种纯净的心境中回过神来，佛陀以及他的1500名弟子早已散去。第二天，摩登伽女早早地来到佛陀的精舍，就像昨天一样，摩登伽女又度过了一个令人回味的白天。日子连着日子，一天过去又是一天，终于有一天，摩登伽女跪倒在佛陀的面前，哭泣着，久久说不出话来。

佛陀说，女居士，你因什么而感动，你因什么而悲泣？摩登伽女说，尊敬的佛陀，摩登伽女因聆听了旷古未有的佛法而感动，因回想过去的行为而哭泣。现在，我就请佛陀为我剃度，我也要像你所有的比丘和比丘尼一样，成为一名为佛陀的教义而奉献终身的出家人。

佛陀微笑着向他的弟子们说，当年我在菩提树下悟得大道时曾说过，众生皆有佛性，只是因缘各有不同。摩登伽女的出家，说明不论你是怎样的人，也不论你曾有过怎样的经历，只要你能平息狂野之心，认真观照那虚幻而不实的外境，就一定能得到真如不坏的金身。

最后的教诲

岁月流逝，佛陀的色身终于到了衰老的时候。

佛陀29岁出家，6年苦行，再经过菩提树下七日七夜的禅坐思维，终于悟出人生大道，得到究竟圆满的智慧。此后，佛陀自竹林精舍到灵山精舍，再到祇树给孤独园，在这漫长的49年的时间里，一直没有停止过他对苦难众生不知疲倦的教诲。现在，佛陀已是一位84岁的老人。

那是一个冬日的黄昏，佛陀像往常一样坐在法座上给他的弟子们讲经说法。佛陀的声音像往日一样洪亮，佛陀的面容像往日一样健康。讲授结束，所有的弟子合掌问讯，起身正要离去，佛陀却突然伸出手说，弟子们，请再坐片刻，我有一句重要的话要告诉大家。弟子们再次席地而坐，大家面面相觑，不知佛陀究竟有什么重要的话要告诉大家。

佛陀说，三个月后，我将进入涅槃的境地，至时，我将选择拘尸迦罗城郊的一处林子，那里有一棵巨大的娑罗双树，那就是我的色身安息的处所。

听完佛陀平静的话语，所有的弟子全都惊呆了。他们知道，尊敬的佛陀从来没有半句妄语，佛陀说三个月后行将涅槃，看来，佛陀真的要离开这个世界，进入一个不灭的境地。忽然，人群中发出一声啼哭，接着，所有的弟子全都失声痛哭，大家都为即将失去一位人类的先哲而悲痛，为自己即将失去一位不可多得的导师而悲泣。

佛陀说，弟子们，为什么要伤心欲绝呢，天地万物，生而有灭；大千世界，实相无常。生与死，聚与散，荣与枯，乃是万古不灭的定律。即使是我的佛法，也是无常世界的一种应机。我今预言，人类世界将经历正法、象法、末法三个时代，弟子们，切要记住，要让我的佛法尽可能长久，以让芸芸众生在苦难的征途中获得清凉的智慧，得到究竟的解脱。

佛陀说着，便起身离坐。他谢绝了其他弟子，只让阿难陪同他一同前往拘尸迦罗。

那是生离死别的一刻，面对弟子们的伤心欲绝，佛陀面容依然安详沉静，他向弟子们挥挥手，于是便迈开大步，向那最后的驿站行进。

在拘尸迦罗城郊外一个风景如画的小河边，佛陀遇到一个独自微笑的年轻人。

佛陀说，年轻人，你在想什么呢？

年轻人认出这是佛陀，于是便老老实实地回答说，尊敬的佛陀，我在想一个美好的日子。

佛陀说，那么，可以说说你的美好的日子吗？

忽然在某一天，我得到无数的财产。

得到无数的财产真是不错，可是，得到以后又干什么呢？

我将娶一位最美貌的妻子。

那么，娶了美貌的妻子以后又干什么呢？

我将获得尊荣的地位，然后带着我的小狗，到这河边欣赏这如诗如画的景色。

佛陀说，你说说，你现在正在干什么呢？

年轻人说，我正在这美丽的小河边，面对这如诗如画的景色。

佛陀笑了笑说，你看，你不是已经得到了吗？你最后的愿望不是已经实现了吗？要知道，不管一个人是否有令人羡慕的财富，也不管他是否获得尊荣的地位，只要他的内心是平静的，他就获得了自在如意，他就是一位幸福的人。真正的快乐是来自内心的欢畅，真正的

佛祖涅槃像：展现了佛祖涅槃时，众弟子围绕佛祖的情形。摄于重庆大足石刻。

智慧，是心灵上的无上的解脱。

佛陀的话让年轻人如雷贯耳，活了20多年，他何曾听过这样的语言。原来人生的快乐就在眼前，那么，他又何必为没有财产而痛苦，他又何必为没有尊荣的地位而自觉低人一等呢？原来幸福是心灵的幸福，快乐是心的快乐。

年轻人又问佛陀，尊敬的佛陀，您到这里又是为了什么呢？

佛陀说，不为别的，为了涅槃。

年轻人说，请问什么叫涅槃呢？

佛陀说，是色身的寂灭，是对生死轮回的了绝。佛陀说着，继续向自己选定的目标走去。来到那棵巨大的婆罗双树下，佛陀让阿难替他铺好简单的被褥，于是，佛陀侧身而卧，进入一种安详的境地。这时，闻讯而来的无数弟子围绕在佛陀的身旁，山河大地都一同发出最悲痛的呜咽。佛陀再次起身跏趺而坐，对他的弟子，也是对无量劫以来的众生进行最后的教诲。

弟子们，不要为我的寂灭而悲伤，就像树叶的发芽和枯落一样，生命也是一个周而复始的过程。

弟子们，不要问我到哪里去，你们一定感受到了这轻风的抚拂，一定看到了那当顶的明月，保持一颗平常心，山河大地处处都有真如佛性。

弟子们，我所证得的四圣谛、八正道、十二因缘是这无常世界的真理，它将与大地同在，与日月同辉。

弟子们，我要度脱的众生皆已度尽，我所未度的众生皆与我结下无量劫以来的若大法缘，我将继续以我的佛法度脱他们。

弟子们，如果还有什么疑问，就请赶紧提出来吧，我在这世上一切的因缘将尽，我将进入一个寂静涅槃的境地。

这时，有弟子说，尊敬的导师，慈悲的佛陀，请问佛灭度后，我等以谁为师？

佛陀回答说，佛灭度后，以戒为

涅槃

又作泥洹、涅槃那、涅隶槃那、抳缚南等。意译作灭、寂灭、灭度、寂、无生，或作般涅槃（般，为梵语pari之音译，完全之义，意译作圆寂）、大般涅槃（大，即殊胜之意。又作大圆寂）。原来指吹灭，或表吹灭之状态；其后转指燃烧烦恼之火灭尽，完成悟智（即菩提）之境地。此乃超越生死（迷界）之悟界，亦为佛教终极之实践目的，故表佛教之特征而列为法印之一，称“涅槃寂静”。

师。切切记住，戒是无尚菩提本，唯有戒律，才是保持僧团不败的根本。倘有穿我佛衣，毁我佛法，破我戒律者，绝非真正比丘，你们要用慧眼识得他们。

佛陀完成了他最后的教诲，便再次侧身而卧。这时，一轮明月当空而起，风息了，树止了，山河大地万籁俱寂，一位伟大的导师也渐渐地进入不灭的境地……

佛教壁画：《佛祖涅槃》，展现了佛祖涅槃时的情形。摄于尼泊尔博卡拉蓝毗尼。

这是公元前485年，距今约2500年。

第三章　十大弟子的故事

十大弟子的故事

舍利弗舍弃双眼

人们都说释迦牟尼的弟子舍利弗有一双明亮而智慧的眼睛，然而却很少有人知道舍利弗眼睛的故事。

这个故事发生在舍利弗六十小劫前，当时舍利弗还是一个平常的修道者。一天，他在行化的路上遇到一个正在路边伤心啼哭的年轻人。舍利弗问他说："年轻人，为何如此伤心啼哭？"青年说："母亲得了不治之症，医生说，唯有修道者的眼睛才能治好她的病。你想，我又到哪里得到修道者的眼睛呢？"青年说着，又接着哭了起来。舍利弗被眼前孝子的一片诚心感动了，他安慰年轻人说："不要啼哭年轻人，我就是一个修道者，如果你不嫌弃，请取下我的眼睛为老母亲治病去吧。"青年听说，立即停止了哭泣，但他又说："我怎么好挖取你的眼睛呢？如果你真肯把眼睛献给我母亲，你该自己动手才是。"舍利弗发一发狠，忍着疼痛，将自己的一只眼睛挖了下来。青年接过眼睛忽然又说："呵，真该死，医生说，要治好母亲的病，非得修道者的右眼，你怎么挖了左眼呢？"舍利弗十分后悔没有问明情况就挖了左眼，他有心再献出右眼，但又想，已经没有左眼了，再挖去右眼，我不就成了一个完全的盲人了吗？

舍利弗尊者像：摄于山东济南万德镇灵岩寺。

青年又伤心地大哭起来。青年的啼哭，让舍利弗心如刀绞，于是，他又狠一狠心，再次取下自己的右眼。眼前一片黑暗，然而舍利弗内心一片光明，他知道，一个母亲终于可以得救了。然而意想不到的是，那青年接过舍利弗的右眼闻了闻后突然大怒说："呸，你是什么修道者，竟然用这么腥臭的眼睛糊弄我。"青年说着，将舍利弗的两只眼睛扔在地上，且又狠狠地跺了一脚，然后扬长而去。

失去光明的舍利弗此时真是又悔又恨，悔自己的道心没有修成，以至竟然有一双腥臭的眼睛，恨只恨自己道心不坚，要是平时在道业上再精进一些，或许今天就真能救治一位垂危的母亲了。

舍利弗已经失去了光明，但他仍能辨别自己前进的方向，于是，他向着昔日修道的山头继续走去。忽然，脚下一个趔趄，什么也看不见的舍利弗落入一个深井之中。正当他感到末日来临的时候，一只大手轻轻地将他托上了地面，这时，他听到半空中有人在说："舍利弗，刚才是我们的天人化作青年试探你的菩萨道心的。现在，还给你一双智慧的眼睛，继续你的道业去吧。"从此，舍利弗就有了一双更加明亮的眼睛。

目犍连与盂兰盆会

民间有七月十五做盂兰盆会的传统，那么，盂兰盆会又是怎样来的呢？

传说释迦牟尼的弟子目犍连尊者在经过无数日的修练之后，终于得到天眼通。一天，目犍连运用天眼通忽然看到他死去的母亲正在饿鬼道上受苦的惨境。那一幕深深地刺伤着目犍连，他也知道，那里还有无数的母亲正在受苦。他不知道如何能救度自己的母亲，于是，他去找佛。

《西游记》第八回中盂兰盆会插图：佛祖在灵山大雷音宝刹与众神分享"盂兰盆会"。

目犍连说："智慧的佛啊，如何才能使饿鬼道上的母亲得到解脱呢？"

佛回答他说："你的母亲因为在生时不信因果，贪嗔邪恶，杀生害众，所以受此苦报。她的罪业深重，非你一人之力能够救度，唯有仰仗十方僧众威神之力，方可救你母亲出离饿鬼之道。明日就是七月十五，是僧众的自咨日，至时一切僧众或于树下禅定，或于河边山林静修，甚至十方菩萨、得阿罗汉果者，尽在此日化现比丘。你可设百味斋饭及新鲜佳果等尽世甘美，以供养十方大德僧众和十方菩萨，借助众力，将你母亲从饿鬼道中救拔出来。"

目犍连听佛说完，欢喜万分，于是依佛之言，于七月十五僧自咨日这天设斋供养十方僧众，依靠众力，目犍连的母亲终于脱离饿鬼之苦。从此以后，每逢七月十五僧自咨日，一切孝心儿女便在这一天设斋供僧，以超度亡故的母亲。

富楼那随机说教

富楼那在释迦牟尼的十大弟子中被称为“说教第一”。

有一天，富楼那决定去南方最蛮荒的山区输卢那国去布教。佛想试探他布道的决心，佛说：“富楼那，输卢那国你不能去，那儿的人不受教化，他们还会骂你是魔鬼的。”富楼那说：“没关系，只要他们不打我就行。”佛说：“他们会打你的。”富楼那说：“打我也不要紧，只要不把我打死就行。”佛说：“你还是不要去吧，他们完全有可能把你打死的。”富楼那说：“打死我也不要紧，正好成就我献身于佛道的决心。”

青花瓷画：《释迦如来应化事迹图·度富楼那》，描绘了释迦牟尼度化富楼那时的情形。

富楼那来到输卢那国，这儿果然山高林密，十分蛮荒。他走到一个村庄，看见一群人正围着一个病死的孩子，据说孩子早饭前还是好好的，孩子正吃着早饭，突然就倒地而死了。“可恶的魔鬼夺走了他的生命。”村里的人说着，正准备把孩子葬到山上去。

富楼那摸了摸孩子的心脏，孩子的心脏已经停止了跳动；他又按了按孩子的脉搏，孩子的脉搏也早已不见踪影。然而富楼那知道，孩子的神识还没有离开他的身体。他告诉人们说：“我能让孩子活过来。”人们把他当疯子，人们说：“你是一个魔鬼，你怎么能让死去的人复生呢？”富楼那说：“我不是魔鬼，我是佛陀的弟子，我的确能让他活过来。”富楼那说着，运用内功在孩子身上发力，过了一会儿，那阻住了孩子呼吸的食物终于滑向孩子的腹腔，又过了一会儿，孩子像是突然间睡醒了，慢慢地睁开了眼睛。于是，这里的人们便把富楼那当作神。

富楼那就是这样利用自己所学的本领随机应教，

当人们需要医药的时候，他会献上医药，当人们需要粮食的时候，他会把身上最后一把干粮献给人们。富楼那也就是凭借着自己的诚心和毅力，最终赢得了人们的尊敬，也最终完成了他布道的任务。

须菩提解空第一

须菩提尊者在释迦牟尼的十大弟子中被尊为“解空第一”。

佛教的义理归结起来就是一个字“空”。须菩提尊者常常慨叹，在这个世间，知道“空”为何物的人实在是太少了。

有一次，一个自称很有学问的人来到须菩提的门前，声言要找须菩提辩论。须菩提尊者很有礼貌地迎接了他。

那个很有学问的人说：“须菩提，听说你在佛陀座下以解空第一自称，可是，你看这花花世界，朗朗乾坤，还有你所在的村庄，这一切不是明明存在的嘛，怎么能说是空呢？再说你吧，明明是一位修道者，你要吃饭，你要穿衣，你还经常面向信众，讲解所谓空的义理，

《金刚经》卷首插画局部：描绘佛陀与弟子须菩提交谈的场景。

这些不都是实实在在的吗，怎么就说是空呢？”

须菩提笑了笑说：“佛教所说的空，是指世间万事万物因缘相合的道理，正所谓万事因缘生，万事因缘灭。”须菩提用手在空中画了一个圈，接着又说：“你所见到的世界，原是四大（地、水、火、风）组合而成，这大地，这河流，这天空中的太阳，还有这流动的风，是组成这世界的基本元素。若是失去其中的某一项，世界还能成立了吗？恐怕连世界的名称也没有了吧。从四大和合这一点来看，这就是空。在这个世界上，没有一成不变的物质，也没有一成不变的道理。你看这树木，前年你来看的时候，它还是一棵小树苗，可是现在你所看到的，却是一棵一丈多高的大树了，如果再过十年二十年，你再看这棵树时，它可能就是一棵参天大树了。然而再过几十年甚至上百年，这参天大树会在某一天早晨或是晚上就死灭了。我们人也是如此啊，昨天还是个孩子，今天就成了大人，到了明天，就是一个老人了，再过一些年，老人也不存在了。”

那个有学问的人听到这里，终于向须菩提合了合掌说：“须菩提尊者，我现在终于明白了，所谓空，并不是否定一切，原来空有空的条件，空有空的背景。现在，我也明白世界上万事万物都是相依相存的道理了。原来这就是空啊。”

迦旃延说王弃私爱

迦旃延在释迦牟尼的十大弟子中被尊为“议论第一”，他凭借着从佛那里学来的理论，再运用自己三寸不烂之舌，常常能让最愚顽的人明白佛的道理，得到增长的智慧。

文荼王一位最心爱的妃子死了，文荼王让人用药水将妃子的尸体浸泡着，整天坐在妃子的尸体旁伤心啼哭，并且叫着说：“亲爱的，快睁开眼睛吧，没有你，我还怎么活呢？”文荼王耽于忧伤，不理国事，大臣们都急坏了。忽然有一位大臣说，听说释迦牟尼十大弟子中的迦旃延为议论第一，我们不妨去把他请来，说不定他能够让我们的国王明白人死不能复生的道理。

迦旃延听说这事，立即就赶来了。果然见文荼王守在那具浸泡在药水中的尸体旁，希望出现奇迹，而在他的案头，每天送来的奏折堆积如山。

大臣们报告说："国王陛下，佛的弟子迦旃延尊者看您来了。"文荼王无动于衷地说："呵，他来又有什么用呢，他能让我心爱的妃子活过来吗？"但是，他还是振作起精神，勉强接待这位佛的弟子。

"听说佛的弟子都有神通，那么，尊敬的迦旃延尊者，你能否让我的妃子活过来呢？"

迦旃延顺手从院子里的婆罗双树上折下一根树枝，然后将树枝递给国王说："请国王将这根树枝供在宫中，如果七七四十九天之后，树枝依然保持青枝绿叶，夫人就活过来了。"

摩诃迦旃延尊者像：摄于山东济南万德镇灵岩寺。

国王愁苦着脸说："那是不可能的，离根的树枝又怎能保持永久的青枝绿叶呢？"

"是的，离根的树枝不能复活，业报已尽的人死去后，又怎能活过来呢？"

国王怔了怔，似乎从连日的悲痛中稍稍醒悟。趁此机会，迦旃延又说："国王是一国之王，国王当以爱民的大慈代替一己的私爱，唯有如此，国家才能兴隆，人民才能幸福，反之，如果国王空怀一己的私爱，从而贻误了治国的良机，长此以往，您的人民还会拥戴您吗？"

文荼王听罢，智慧顿开，当即让人厚葬了妃子，接着便开始处理堆积如山的奏折。从此以后，文荼王爱民如爱他的夫人，全国的人民无不对国王由衷地尊敬。

大迦叶头陀第一

僧团一天比一天扩大，僧团的队伍也一天比一天复杂，奢靡之风开始盛行。尽管戒律中规定僧人不可蓄财蓄物，但不知从何时始，僧团内流行起蓄钵之风，一时间铁钵、瓷钵、黑钵、金钵成了很多人的收藏品，一些人的住室差不多成了古董仓库。虽然如此，大迦叶不为所动，依然坚持头陀苦行。

何谓头陀行？按照古老的佛制，第一要选择空闲的地方，第二要托钵行乞，第三要常居一处，第四要一日一食，第五乞食时不择穷富，第六要三衣钵具，第七要常坐树下，第八要常在露地静坐，第九要穿坟扫之衣，第十要居于坟墓之侧。

在那些日子里，大迦叶特立独行的生活作风，常常遭到很多不明真相人的厌弃。

那一天，佛在鹿母讲堂向大众讲解佛法，当黑压压的人群刚刚坐定，从大路上走来一个衣衫褴褛的人。几乎所有的比丘都朝他投去厌恶的眼光，纷纷避让不及。这时，人们听到佛高声说："尊者，请坐过来吧，我已分出一半座位于你。"

人们顿时大为惊奇，这到底是什么人呢，至尊的佛竟然要让一半座位于他？

"大迦叶，来吧，就坐在我的旁边。"佛再次拍了拍身旁的座位说。人们终于知道，这位来者就是大名鼎鼎的大迦叶尊者。

大迦叶说："尊敬的佛啊，我是你末座的弟子，怎能在佛陀的座位旁落坐呢？"

"呵，请不要这样说，"佛高声地说，"其实你有着与我相同的修道历程，即使今生你遇不上佛陀，你也一样能够觉悟，证得独觉罗汉。而更难能可贵的是，在奢靡之风盛行的时候，你却依然穿着从垃圾中捡来的衣服，吃着从四处托钵化来的食物，不以为苦，反以为乐，你高洁的品质足可以成为僧团的楷模。"

人们开始用不一样的眼光看待大迦叶，从此以后，僧团内的奢靡之风开始得到遏制，蓄钵的人也自觉地将精心收藏的钵献给普通的大众。

清代佛教绘画：《大迦叶》，摩诃迦叶生于王舍城近郊之婆罗门家，加入事火沙门的团体，成为领导者。后来于释迦牟尼成道后第三年皈依佛陀，成为释迦佛的弟子，八日后即证入阿罗汉境地，为佛弟子中最无执著之念者。佛陀入灭后，成为佛教教团之统率者，于王舍城召集第一次经典集结。

阿那律肉眼换天眼

阿那律尊者出家前是一位王子，受佛法的感召，他终于舍弃了王位，做了一名僧人。这样的例子在佛教中比比皆是，自不必多说。

出家后的阿那律难免仍带着王子的骄纵之气，最明显的就是他一时不能像其他的比丘一样精进用功。一次佛在鹿野苑说法的时候，所有的人都听得入了神，唯独阿那律却酣睡不醒。佛轻轻地走到他的面前，用手在他的头上拍了拍说：“阿那律，你出家修道，是为了什么呢？”阿那律说：“为了了脱生死，为了解除诸般烦恼。”佛高兴地笑了笑说：“你修道的决心无可怀疑，可是如果你耽于睡眠，顺从陋习，又如何能努力上进，又如何能了脱生死呢？”

佛的教导，使阿那律意识到，积习的毛病是何等顽固。阿那律暗中发誓，在道心未得坚定之前，决不睡眠。

有一天，佛见到阿那律红肿的眼睛，就派名医耆婆前来治疗。耆婆看了看后说：“无需治疗，只要他进入睡眠自然会好。”佛心疼地说：“阿那律啊，眼以睡眠为食，你这样下去，是要毁掉眼睛的啊。”阿那律说：“尊敬的佛啊，我也知道这个道理，但是，既然我已经发过誓决不睡眠，就应该沿着自己的誓言走到底，如果中途改变誓言，今后我还怎么去做一个坚定的修道者呢？只要能得到心眼透亮，即使肉眼毁了又有什么呢？”

佛无法说服阿那律，只好由着他去了。

不久，阿那律的一双肉眼真的瞎了，但是，他却意外地得到了天眼通。他不仅能看到三界以内的人和事，还能看到三界以外的一切。也正是凭着他的天眼通，在以后的弘法之路上，阿那律演绎了一幕又一幕感人的活剧，因而成为佛的十大弟子之一。

《佛涅槃造像碑》：宋代作品，刻画了释迦涅槃和十大弟子像。佛涅槃的姿势为枕右手，侧身右胁而卧，与佛经所记相合。山东省博物馆佛教造像艺术展。

优婆离理发中得禅悦

菩提树下得悟大道后的第三年，佛陀决定回一趟自己的家乡迦毗罗卫。在迦毗罗卫城，无数的城民沿途迎接佛陀的归来。佛陀也就是在那一刻认识了在一个小理发店里恭敬礼佛的优婆离的。佛陀以他的慧眼看出，虽然是出身首陀罗，但优婆离却是一个根器敏锐之人，如果能得到善知识的稍加点拨，优婆离就能证得阿罗汉的果位。

优婆离属于首陀罗族人，首陀罗在古

印度被认为是最下贱的种族，在婆罗门的眼里，首陀罗人简直就是一堆粪土，一尊枯木。

佛陀在家乡住了一阵后，需要理发了。然而佛陀拒绝了所有宫廷理发师，却指名要优婆离来为他理发。所有的人都被佛陀的决定震惊了，同时也都为佛陀的平等理念感动了。于是，贱民的优婆离第一次走进王宫，走到至尊的佛陀身边。

“亲爱的优婆离，很高兴你能来为我理发，可是，你不应该把身子弯得像一轮新月啊。”

优婆离从佛和悦的言辞中感受到极大的尊严，他顿时忘了自己的出身，开始放开手来，认真地为佛陀理发。据说这样一来，优婆离就进入到初禅的境界。

“呵，现在的你好像身子又过直了，可以再轻松一些呀。”佛陀说。

优婆离从佛的点拨中似有所悟，于是就进入二禅的境界。

优婆离就是这样把理发当作禅来体悟的，后来的很多禅师们都从优婆离证得罗汉果位这一事实中得出结论，禅并不是高不可攀的东西，禅就在日常的生活之中，只要细心体悟，生活中处处皆禅。

不久，优婆离在佛陀的鼓励下，终于成为一名比丘僧人。由于他深知自己种族的低贱，因此他比任何人都更努力精进，终于成为释迦牟尼十大弟子中的持戒第一尊者。

阿难陀眼中的女人

阿难陀是僧团中公认的美男子，因此，阿难陀也就成为很多女人追逐的目标。那一次遭遇摩登伽女的诱惑使他差一点失身的经历，让阿难陀终身难忘。从此以后，阿难但凡见到女人，必然格外的小心。尽管如此，总还是不时有一些关于他与女人的流言。

有一次，佛陀接受了一位布施者大量的米糕，佛陀就让阿难将这些米糕分给舍卫城里的贫苦人。那天前来领取米糕的人真多啊，阿难按人头一块地分着。巧合的事总是有的，当阿难分到一个半裸的女人跟前时，正好有两块米糕黏在了一起，于是，那个半裸的女人就意外地得到两块米糕。这事正好被别有用心的人看见了，于是，僧团里谣言四起，说阿难看上那个裸女了，其他的人每人一块米糕，而裸女却独得两块。

阿难知道，像旷野里的风一样，谣言不会因为你的躲避而消失的，从此以后，他一反过去躲避女人的习惯，甚至走入女人群中，开始向女人说法。他怀着一颗坦荡的心走到女人中间，在他的眼里，那些或美丽或丑陋、或年老或年轻的女人再也不是女人，而是一个等待他救度的众生，她们和他是亲爱的兄弟和姐妹。

有一个一直暗恋着阿难的婆罗门女人听说阿难这一天要来为她们说法，特意穿上最美丽的衣服很早地就来到现场，她找了一个最前面的位置坐下，等待着阿难的到来。

终于见到阿难了，婆罗门女人真是心花怒放啊。她一会儿撩动她的裙裾，让身上的香风扑进阿难的鼻子里，一会儿又突然发出尖脆的笑声，像是被阿难的说法真实地感动了。然而阿难像一棵不为风摧的大树，又像一轮普照一切的朗月，自始至终，都没有被她的撩拨扰乱。在阿难的正直面前，那女人终于感到羞愧起来。她开始正襟危坐，认真地听阿难陀说法。

当然，从此以后，那曾经追随阿难很久的谣言也销声匿迹了。

古代宗教人物绘画：《二祖阿难陀尊者》，阿难陀，王舍城人，佛陀的堂弟，也是他的侍者。是佛陀释迦牟尼十大弟子中的一位，被称为多闻第一。他在佛陀死后证阿罗汉果，曾经参与第一次集结。据说他继承摩诃迦叶之后，成为僧团的领导者。

佛的儿子罗睺罗

罗睺罗是佛陀出家前所生的儿子。在他很小的时候，父亲就离家出走了，直到佛陀成道三年之后，年幼的罗睺罗才第一次认识自己的父亲。当无数的人跟着佛陀走进僧团的时候，罗睺罗也征得父亲的同意，在僧团里做了一名沙弥。

人们并不因为罗睺罗是佛的儿子而对他有特别的照顾，像所有刚刚出家的沙弥一样，他得和其他人一样干着清扫厕所、打扫场地的工作，虽然他觉得这生活远比在王宫里做王孙要辛苦得多，但他却感到从未有过的愉快。

按照僧团的规定，僧人须每人一室。虽然罗睺罗

古代佛教故事绘画：《罗睺罗母子瞻礼如来》，描绘了佛祖之子罗睺罗与其母耶输陀罗一起来见佛祖时的情形。

十分年幼，他也得学着单独居一室，独自料理着自己的生活。

有一天，罗睺罗打扫厕所去了，正好僧团里来了一个游方的沙门，管理住宿的老比丘就把这游方的沙门安排到罗睺罗的屋里去了。打扫完厕所的罗睺罗回到住室，见自己的单具被人放到了门外，只好住到刚刚打扫干净的厕所里去了。

这天夜里突然刮起了大风，接着又下起了暴雨。由于雨下得太猛，堆积的雨水很快便灌进了厕所。被泡在积水和粪便中的罗睺罗急得哭了，但是，由于天黑和暴雨，谁也没听见他凄惨的哭声。

佛在禅定中终于看到了这一幕，一股为父的慈爱顿时涌上佛的心头。佛陀离开自己的禅座来到厕所里，罗睺罗见到父亲，立即扑进父亲的怀里痛哭起来。

佛安慰了儿子几句，接着就把儿子带到自己的住所。第二天，佛就这件事重新改变了有关住宿的戒条，年幼的沙弥可以和年老的比丘同居一室。从那以后，这符合人性的规定一直延续到今天。

第四章　东方大国得契应

东方大国得契应

夜梦金人降，白马驮经来

这是1900多年前的一个普通的清晨，初升的太阳像无数个往日一样轻轻地洒在洛阳城中那座华丽的宫殿里。然而历史证明，这又是一个极不普通的清晨，这天清晨，一件影响了中国将近两千年的大事件发生了。

正是皇帝的臣子们早朝的时候，然而，当所有的官员齐集于金銮殿时，却迟迟不见明帝驾到。作为一国之君，明帝虽然时而会有让臣子们敢怒而不敢言的行为，但一般说来，早朝却是从来不迟到的。官员们在私下里猜测，明帝不久前刚刚纳娶了一位美丽的妃子，明帝一定因贪恋美色而过于劳累，让臣子们在金殿里稍加等候也就在所难免。

直到阳光直射到明帝的那尊用108斤黄金铸成的龙椅之上时，明帝终于姗姗来迟。总归是来了，于是，大臣们三呼万岁之后，就等着明帝启开金口，君臣共同商讨国内外一系列大事。然而官员们发现，明帝却久久无语，一副心神不宁的样子。官员们开始在内心里发出怨怒，明帝啊明帝，身为一国之君，怎能如此贪图美色而把国事丢弃在一旁呢?

明帝不曾发话，大臣们也就不敢轻易开口，金殿上下，一片宁静，唯听殿外的一群麻雀的啾啾之声。终于，明帝坐直了身子，只听他说，各位爱卿，大家一定为我的迟到而在内心里发出疑问了吧。是啊，我夜里睡得并不踏实，因为我做了一个奇特的梦。

官员们开始交头接耳，却不敢发出声来，大家都在说，我们的明帝究竟做了一个怎样的梦呢，以至于今天这样心神不宁。

明帝终于又说，昨天夜里，我做了一个奇特的梦，在这个奇特的梦中，一位身长十尺的神人飞临于我的窗前，这神人身着金色袍服，威仪俱足，更让人不可思议的是，这神人的头顶竟然有一轮金色光圈，随着他在我窗前来回的飞舞，那头顶上的光圈也闪烁着耀眼的光芒。

我认为，这绝不是一个荒诞的梦境，这一定是那位金人，那位神对大汉王朝的某种特别的昭示。

官员们都被明帝绘声绘色的描述吸引了，谁也说不清那是怎样的一个梦，更无法说清那个梦将昭示着怎样一个未来，这个未来又将对整个中国有着怎样的影响。

沉默了许久，一位大臣终于说，启禀皇上，我敢说，那绝不是一个荒唐的梦境，那是一个祥瑞之梦。我听说很多年前，我们的邻居大月氏国曾有佛的降临，那是一个至高无上的神，一个智慧无比的佛。从越来越多的描述来看，这位佛的形象与陛下的描述十分相似，金色袍服，项有光圈，看来，陛下梦中所见，无疑是佛了。

说话的是被人们称为最博学的大臣傅毅。傅毅的一番宏论并非空穴来风，也非是对明帝的某种阿谀。在他很年轻的时候（约公元前 2 年），傅毅就已经从大月氏国的使者那里得到关于佛的消息，虽然那只是一个模糊的概念，但越来越多的民间祭祀表明，一种从未有过的文化现象正在中国这片古老的国土上兴起，这是一种不可忽视的文化现象，它预示着这个崇尚于神灵的民族将会有一种新的崇拜。与此同时，包括明帝在内的所有人都想起建武十七年（41 年）发生过的一件事情。明帝的异母兄弟楚王英就因为经常在自己的宫中进行某种秘密的祭祀而被人告上了宫廷，当时告发他的人说，楚王英如若不是妄图起事，又何必在自己的宫中进行那种

洛阳白马寺：白马寺创建于东汉永平十一年（68年），是佛教传入中国后兴建的第一座寺院，有中国佛教的“祖庭”和“释源”之称。

摄摩腾塑像：摄摩腾，中天竺人，擅长礼仪，解大小乘经典。他与蔡愔等人一起回到洛阳，带来佛教。

秘密的祭祀呢？于是，楚王英被遣往江南一带，最终却因郁闷自杀而亡。

既然明帝的梦是一个祥瑞之梦，而梦中的金人正是从大月氏国传来的关于佛的消息，这一消息对于一个伟大的民族来说，应该是一个光明的前兆。当然，谁也无法进一步说清那个佛的详情，包括他的形象，他的言说，他的理论等等。当下明帝就向他的臣子们说，你们中间，有谁愿意前往大月氏国，以迎请佛的到来？大殿内又是长时间的沉默，终于，郎中蔡愔说，启禀皇上，微臣愿意前往。紧接着，博士弟子秦景也说，微臣也愿意前往。

这是永平七年甲子（64年）的上午，明帝作出了派使者出使西竺的决定。

一年之后，郎中蔡愔等人终于顺利归来，人们注意到，这支庞大的人马中多了几位西竺人，其中即有最著名的经师摄摩腾。在摄摩腾的身后，那匹骠悍的白马更是让人们惊叹不已。在明帝的金銮殿上，摄摩腾当场打开了那只箱子，一股奇香扑面而来。摄摩腾展开一张金色的画卷，明帝和群臣顿时欢呼起来，那画卷中的佛，正是一年前明帝所描述的梦中之神。接着，摄摩腾又向明帝展示了他亲自写取的《佛说四十二章经》，并将其中的几段当众朗读。当下明帝即起身离座，恭敬地向那尊佛像和经书顶礼膜拜。

不久，明帝命人在洛阳西郊建立七层石塔，以置放从大月氏迎请而来的佛像和金经，接着又让人在此建造精舍，以接待从西竺而来的僧人。

2000年过去了，如今当人们走进洛阳西郊白马寺的时候，或许还能看到一些当年明帝迎请佛像和金经的遗迹吧。

第一尊佛像的诞生

也许很少有人能相信，中国第一尊佛教造像的诞生，竟然是和东汉时期的黄巾起义有很大的关联。

那是汉灵帝中平五年（188 年），青、徐二州爆发了声势浩大的农民起义，由于这些农民起义军一律用黄巾包裹头部，所以历史上又称这次的农民起义为黄巾起义。

黄巾起义的矛头所指，是推翻汉王朝的封建统治，汉灵帝意识到，如果不迅速地将这些农民起义军坚决彻底地镇压下去，后果将不堪设想。于是，朝廷任命了一位新的徐州刺史，他的名字就叫陶谦。

陶谦是一位卓越的军事将领，他的部下也一个个英勇善战，黄巾起义很快就被镇压下去了。此后的一段时间里，徐州境内因无战事而处于暂时的安定阶段。而北方洛阳、关中一带，由于董卓进京而导致的军阀集团之间的疯狂掠夺和血腥屠杀，大批避乱的人们纷纷向徐州及南方逃奔而来。随着这些逃难人群的大批南徙，早已在北方形成的佛教氛围也开始影响到南方的广大地带。本文所要叙述的，就是一个名叫笮融的人的故事。

笮融本是丹阳（今安徽宣城）人，后在洛阳为官。董卓之乱后，笮融因是陶谦同乡，遂率数百人投靠陶谦。陶谦任他掌管广陵、彭城（含今安徽东北部）、下邳三郡的粮食运输。

笮融虽然出身江南，但长期的北方生活，尤其是北方浓郁的佛教氛围，使得他很快成为一名虔诚的佛教信徒。虽然是动荡的军旅生涯，但笮融一天也没有间断他的奉佛生活。每到一地，他必斋僧供佛，每有余暇，即在佛像前烧香礼拜，祈望着佛能够保佑他平安吉祥。

一天夜里，笮融做了一个奇特的梦，梦醒之后他

《黄巾叛》：出自元刻本《至治新刊全相平话三国志传》。东汉末年，因政治腐败民不聊生，巨鹿（今河北平乡）人张角创建太平道，汉灵帝中平元年（184年），太平道徒众于冀州、南阳等地发动起义。因起义军头裹黄巾，史称黄巾军，张角领导的农民起义称为“黄巾起义”。

佛像

佛之形象。泛指菩萨、罗汉、明王、诸天等像，有雕塑像、画像（绘像）二种。印度古代认为雕画佛像乃是冒渎神圣之事，故中印度山琦、巴赫特等之古雕刻，仅止于以法轮、菩提树、佛足迹等标记象征佛。其后，随大乘佛教之兴起，佛像之雕刻始盛行，故诸大乘经典中有甚多关于造像因缘及其功德之记载。

雕塑像有铸像（金佛）、锤鍱像（押出像，用金属板模型压成之像）、木像（木佛）、石像、塑像（泥像）、夹纻像（干漆像，以漆固定麻布）、纸泥像、砖像、蜡像等。图像有绢本、纸本等。其他尚有壁画、刺绣（绣佛像）、编织等之佛像。铸像依材料有金像、银像、金铜像、俞石像、铁像等类。木像依其造法而有一木造与寄木造之别，材料以旃檀（香木之一种）为贵。至于石像，有利用崖壁雕成之摩崖像，以及用宝石雕成之宝石像；其雕刻手法有圆雕、半圆雕（半肉雕）、浮雕、毛雕（筋雕）等多种。有时尚为佛像镀金，或贴金箔，或着金泥、彩色等。

依佛像之形态，可分为立像、坐像、倚像、卧像、飞行像等。依其高度而有丈六像

惊奇地意识到，他的这个梦，竟然与当年的汉明帝所做之梦如同一辙，他的梦中所现，同样也是一尊高约十尺，浑身散发着烁烁金光的佛。这个梦让笮融兴奋难禁，他辗转在床，对这样的梦境百思不得其解。他并非帝王，而且仅只是一个小小的屯粮官员，那么，那梦中所现，究竟兆示着什么呢？最后，他得出结论，正因为他长年虔诚供佛，所以佛出现在他的梦中。笮融暗下决心，一旦条件成熟，他一定要塑造一尊真正的金佛，而不是一张描绘在画布中的佛像。

笮融无论如何也没有想到，青、徐二州的战事会这么快就平息了，而他的手中，仍然屯集了价值数亿计的粮食和军饷。忽然，一个梦寐以求的愿望开始在笮融的心中大胆地形成：利用军粮军饷，塑造一尊真正的金佛。笮融被自己一刹那间的念头兴奋着，他分析这计划的可行性以及万一事件败露而给他带来的被动局面。战事业已平息，昏庸的朝廷不再会对这些军粮和军饷过多地追问。奉佛已成为汉时大部分人的普遍行为，即使事情败露，也会有人替他开脱，他的老乡兼上级陶谦也一定会对他网开一面。

笮融开始了他的计划，他召来当时最有名的画师，很快绘出金佛的图纸，接着，他派人在民间大量收集纯铜，从而开始了金佛的浇铸工作。在工匠们的努力下，仅仅用去一年的时间，一尊高约十尺的铜佛终于塑制成功。接着，工匠们又用 100 斤黄金化铸成金水涂饰在铜佛的周身。于是，一尊真正的金佛就这样矗立在洛阳郊外的一座寺庙里。这尊中国第一尊金佛的塑制成功，立即轰动了整个的洛阳。前来瞻仰的人络绎不绝，原有的寺庙显然不能容纳越来越多的信众，于是，笮融又利用余资进一步扩大寺庙。不久，一座能容纳 3000 人的寺庙终于在洛阳郊外建成。宏伟的寺庙内重楼阁道，雕饰精美，一批批在国内外有影响的僧人来到这里，他们开设佛经讲座，带领信众诵读佛经。为了吸引更多的人前来从事佛事活动，官员们规定，但凡前来奉佛的人，都可以免除一定的徭役。每年到了四月初八浴佛节的日子，前来参加浴佛活动的人们更是将洛阳郊外的道路挤得水泄不通。

笮融利用军粮军饷制成中国第一尊佛像的事虽然

后来还是败露了，但正如他当初所料，他的这一行为并没有受到当局的惩处。

具有讽刺意味的是，笮融等人利用军粮军饷塑造了中国第一尊真正的金佛，但他们并未能得到佛的庇佑。汉献帝初平四年（193 年），曹操带兵攻打陶谦，攻下彭城及傈阳等城，“凡杀男女数十万人，鸡犬无余，泗水为之不流”（《后汉书 · 陶谦传》）。兴平元年（194 年），曹操再次攻打陶谦，兼并了琅琊、东海诸县。陶谦逃到故土丹阳，不久病死在那里。与此同时，笮融也率男女民众上万人，马 3000 匹，逃到广陵，与扬州刺史刘繇结盟，但不久这种结盟便宣告破裂，笮融被刘繇打败，后逃入山中，被山民杀死。

（佛之高度为常人之倍，故像长一丈六尺）、半丈六像（丈六之半，即八尺之像）、大佛像（丈六以上之大像）、等身像（与愿主同等身长之像）、胎内等身像（在各种大型佛像，如丈六像之内安置一拃手半之小佛像，亦即一尺二、三寸之像）等。

西行求法第一人——朱士行

说起中国唐代玄奘三藏西去取经的事，中国无论大人小孩应该说是无所不知。一部《西游记》自问世以来可谓家喻户晓。其实，开创中国第一个西去求法先河的人并不是玄奘，而是一个叫朱士行的人。

迎面刮来的风中带着一丝潮润的气息，朱士行知道，无边的沙漠就将走到尽头了。

他摇了摇随身携带的竹筒，那里面还剩下最后几口水。他现在所处的位置离他要到达的于阗（现新疆和田一带）已经不远了，他揭开竹筒的盖子，用干裂的嘴唇轻轻地抿了一口，牵着他的骆驼，继续向沙漠的尽头走去。

朱士行记得，他是于甘露五年，也即是魏元帝景元元年（260 年）从雍州（现甘肃、陕西地区）出发的。一路上他穿山越水，迎风接浪，在这条布满了死亡阴影的道路上，他一次次巧妙地与不期而遇的强人周旋，一次次躲过狂风和沙尘暴的袭击，然而无论遇到怎样的凶险，朱士行却从来没有停止他前进的脚步。

很少有人知道他西行的目的，就像很少有人知道他是一个出家的沙门一样。那是三年前的一个偶然的日子，他从河南禹县老家来到京都洛阳，在一个寺庙里，一部由西竺僧人支谶翻译的《德行般若》改变了他一生的命运。他这才知道，世界是如此辽阔，人生是如此广大。他在认识这部经典的同时也结识了几位西域来的僧人，在随同那几位僧人一同诵读、一同讲经的日子里，西域僧人超凡脱俗的生活深深地感染了年轻的朱士行，他终于作出一生中最重要的决定，于甘露二年（257年）依法受戒为汉地第一位出家的僧人。

随后的日子里，朱士行在洛阳的一些寺庙里应邀为前来求法的平民和贵族讲授《德行般若》。随着对这部经典渐趋深入的研读，经中的弊端也随之暴露。这应该是一部十分伟大的著作，但由于翻译者对经典的理解局限，因而显得删略不当，文句艰涩，脉络不清等。他想起当年佛陀的弟子阿难尊者所说的一句偈子：若人生百岁，不解生死法，不如生一日，而得了解之。于是，他决定亲往西域，寻找原本，重新翻译，从而让汉地百姓能够完整地领略大乘佛法所表达的真实意境。

经过11700里的长途跋涉，用了将近一年的时间，朱士行终于于甘露六年（261年）来到大乘经典集中地于阗。然而眼前的现实却让朱士行明白，要想得到一部大乘佛典原本并非易事。狭隘的民族观，使于阗的僧人们对这位汉地的沙门有着本能的敌意。他们不仅不让朱士行阅读一部经文，甚至连任何一所寺庙的大门也不让朱士行迈进。朱士行下定决心：我今不得大乘真经，决不回汉地。于是，他一身于阗人的服装，混迹于于阗的街头巷尾，他长久地等待着，等待着机会降临的一天。

浮雕：《朱士行取经》，描绘了朱士行取经时的情形。位于浙江杭州飞来峰造像第47龛，是北宋时期作品。

人类在漫长的岁月中度过了一个又一个年头，20年过去了，朱士行终于等到了他成功的一天。这一年的四月初八，于阗国最庄严的大乘佛寺瞿摩帝寺举行盛大的浴佛典礼。朱士行得到消息，这一年的浴佛节，于阗国王要亲临瞿摩帝寺礼佛诵经。那是一个万众欢腾的日子，无数的彩车聚集在瞿摩帝寺的山门前，等待着国王的到来。朱士行带着他的数十位弟子也来到瞿摩帝寺前，在嘈杂的人群中，朱士行等人几乎未被阻挡，就被放行到寺内。二十四声礼炮响过，当尊贵的国王礼过佛后，早有准备的朱士行突然走上前去，大声地说："尊敬的国王陛下，我是中国僧人朱士行，目睹今天盛大的浴佛典礼，作为一名中国僧人，我深感悲切，因为东方那一片广大国土亿兆生灵，至今尚未领略大乘佛法的真实意趣，这不能不是慈悲广大的佛陀的一个莫大的悲哀。所以，我今斗胆请求，尊敬的国王陛下，请你能把瞿摩帝寺内的大乘经典梵文本赠给中国。东方文明大国会在自己的历史上刻下国王陛下尊贵的名字的。"

当国王得知朱士行为了大乘佛法而远涉沙漠，在于阗生活了20余年的情况后，十分感动，当即下令，把存于瞿摩帝寺内的部分大乘经典赠与朱士行带回中国。

得到大乘经典的朱士行并没有被胜利冲昏头脑。他知道，于阗那些狭隘的僧人们决不会让他把这些经典带回中国。果然，朱士行的居所周围突然开始游离着一些不三不四的人群，他们一边做着小本生意，一边用密探样的眼睛盯着朱士行和他的弟子们。

这天晚上，朱士行大声地吩咐他的弟子弗如檀说："给你三天时间的准备，三天过后，你带着十人车队，护送大乘经典启程回国。"

接连三天，朱士行和他的弟子们在居所大张旗鼓地做着准备，三天过后，一支车队浩浩荡荡向边境走去。当车队接近于阗边境的时候，突然冲来一队人马，说接到命令，不准朱士行出境。然而这一行车队中又哪里有朱士行的影子。气急败坏的于阗人连忙掉转马头向朱士行的居所包抄而去，却正看到朱士行和他的于阗朋友在客厅里悠闲地下棋。明知上当的于阗人随即又去追赶那支车队，好不容易追上了朱士行的弟子弗如檀，经过一番强行搜查，车队的行李中除了一些于阗的商品和几本不相干的书籍，又哪里有大乘佛典的影子。于阗人这才知道中了中国人的调虎离山之计了。原来朱士行在热热闹闹准备的掩护下，早就暗中派一个干练的弟子挑着佛经抄小路离开了于阗国境。

太康三年（282年），朱士行在于阗生活了20多年，经千辛万苦得到的《放光般若经》梵本90章、60余万字（200余颂）终于由他的弟子弗如檀等人送回到洛阳。元康元年（291年），《放光般若经》由于阗人无叉罗和竺叔兰等译出，计20卷。这是继安世高、康僧会等人译出的一批小乘经典后，汉地译出的第一部大乘经典。

而朱士行却终身留在了于阗。关于他的行踪有多种版本的传说，一说朱士行散形于于阗市井，后不知所终；一说他在于阗继续佛典的汉译工作，直到80岁时无疾而终。于阗的门徒们按照佛家的仪规，为他举行了盛大的葬礼，然而直到火化的柴薪熄灭，朱士行的身体仍然端坐在灰烬之上。

方外丞相佛图澄

清代线刻图：《晋佛图澄尊者》，佛图澄（232—348年），西域人，本姓帛（以姓氏论，应是龟兹人），晋代高僧。

有人说，中国佛教之所以能延续2000多年，至今仍处不衰，是因为佛教的大师们不仅坚持三教圆融，蓄纳兼收，更在于他们能巧妙地利用统治者对佛教敬畏的心理，取得统治者的信任，从而为开辟自己的佛教事业打开一条顺利的通道。

这里所说的佛图澄就是其中的一个例子。

晋咸和三年（328年），前赵刘曜大败石勒部下大将石虎，并乘胜围困洛阳。兵临城下，人心惶惶，石勒连忙召集部下议事，然而部下一个个耷拉着脑袋，说不出任何话来。这时，部将郭黑略启奏石勒说，我今向大王推荐一位神僧，或许他有办法让我们脱离困境，转败为胜。

石勒问是怎样的神僧，郭黑略说，此人来自西竺，名佛图澄，他9岁出家，不仅精通佛理，又通阴阳，晓地理，会巫术，且多有谋略，是一位不可多得的神僧。石勒知道郭黑略崇信佛教，于是想起郭黑略从前才能并不出众，但近年来却常常能在军中出奇制胜，该不是因为有这所谓神僧做其军师之故？

石勒的推测并没有错，晋怀帝永嘉四年（310年），佛图澄来到中土洛阳，当时他已是一位80多岁的老人，然而却身轻如燕，健步如飞。更难得的是，他能眼观六路，耳听八方，所以很快就在洛阳城里人人皆知。其实，佛图澄看中的并非这虚名俗利，他来东土，正是要把西竺的佛教传入内地，并在洛阳建立几座宏大的佛寺。然而，连年的战乱，使得佛图澄愿望始终不能实现。后来，他认识了石勒部将郭黑略，且知道他是一位信奉佛教之人，于是，他便时时教化郭黑略，并为他的军旅生涯出谋划策，使其不断获得成功，受到石勒的赏识。

处于困厄之中的石勒听到部将郭黑略的述说，便想一睹这位神僧的容颜。他倒要看看，这所谓神僧到底有着怎样的神通。

佛图澄深知石勒是一个乱世枭雄，杀人如麻，毁城如豆，但石勒同时也有着非凡的军事才能，若能让他信奉佛教，并在佛理的熏陶下杜绝杀生，以德以仁治理国家，说不定也能成为一位于国有利、于民造福的明君。于是，佛图澄应约前往。

出现在石勒面前的佛图澄气宇轩昂，风度翩翩，石勒那不可一世的骄狂之气先自去掉几分。石勒说，请问先生，佛道究竟是什么？

佛图澄说，佛道是非杀之道，正所谓众善奉行，诸恶莫作。

那么，佛道究竟有什么神通，能让我一见吗？

佛图澄于是让人取来一盆清水，又燃起一炷清香，他于清水前合掌念咒，突然间大喝一声，但见那盆中出现一枝青色莲花，那青莲在微风中摇曳着莲枝，放出一股迷人的清香。石勒见了，当下对佛图澄佩服得五体投地。从此，但凡军中大事，都要请佛图澄给予断定。佛图澄也的确帮助石勒扭转了时局，一步步获得战局的胜利。因此，有人称佛图澄为“方外丞相”。

然而，石勒毕竟是一位偏执独断之人，而对佛图澄，也总是将信将疑。一天夜里，石勒披挂在身，枕戈待旦，说要征战，并且派人去请佛图澄。这等雕虫小技又如何糊弄得过通晓战事的佛图澄，当来人告诉佛图澄，大王即将出兵，请大和尚立即前往时，佛图澄却依然专注读经。来人催急了，佛图澄才说，平安无乱，何来出兵。来人把佛图澄的话告诉了石勒，石勒对佛图澄的崇敬又进了几分。

石勒这位杀人如麻的暴君虽然在佛图澄的劝谏下时而戒杀，但有时性起，还免不了有人遭殃。这一天，石勒的杀性又起，并且其矛头竟然是对准了佛图澄。佛图澄的风范早已感动了石勒无数的部下，佛图澄得到消息后，连夜逃进了郭黑略的府中。临行前他告诉身边的人说，如果石勒派人找我，就说我已回到西竺。是夜，

石勒果然派人前来捉拿佛图澄，当然地扑了个空。石勒想不到自己的这个秘密行动竟然被佛图澄察个一清二楚，顿时心生后悔，觉得不该对这位神僧乱下杀令，竟然一夜未眠。第二天，佛图澄突然来到石勒府内，石勒大惊，连忙离座顶礼，说先生不是回西竺去了吗？我正要派人去请先生呢。佛图澄说，是啊，昨天大王心情狂乱，我不得不避及一时，今天我在定中察得大王心境平和，所以就又回来了。

不久，石勒又灭前赵刘曜，自称帝王，定都洛阳，而对佛图澄更是恭敬顶礼，口必称“大和尚”。

石勒称帝后，佛图澄利用自己的威望一边不时劝谏石勒禁杀戮，施仁政，同时也利用这大好时机在洛阳发展自己的佛教事业。他广立寺庙，教化百姓，受到一国人的尊敬。

石勒死后，石虎废石勒之子石弘而自立为王。一日，石虎最疼爱的儿子因病亡故，石虎伤心欲绝，怎么也不肯让人葬埋其子。正好佛图澄来了，佛图澄观察那孩子虽然没有了呼吸，但生命的游丝却并没有了断，于是，他运作内功，为石虎之子暗中发力，并且让人取来杨枝和水，在石虎幼子的脸上不断地滴洒。过了一会儿，那个差一点被人葬埋的男童竟奇迹般地活了过来。从此以后，石虎对佛图澄的崇拜比当年的石勒更是有过之而无不及。石虎下了一道命令，今后宫中上下，一律称佛图澄为大和尚，若是佛图澄进宫，朝侍们必须传唱“大和尚到”。

没有不散的宴席，乱世中的政权更是如此。建元元年（343 年）七月，石虎发兵征讨前燕，结果却遭到大败，死伤 8 万余人。十二月，石虎又发兵征战前凉，又大败而归。接连的失败，让朝廷内外一片哗然，石虎恼羞成怒，他让人把佛图澄叫来，当众责问佛图澄说，我自从信佛以来，斋僧供佛，然我却一次一次遭到失败，这佛究竟有何灵验？

佛图澄不动声色地说，怎么就说佛没有灵验呢，当初我们同在灵山会上聆听佛法时，佛就曾抚摸着你的头顶说，你供养罗汉，颇有功德，来世一定能够成就国王，你现在不是真做了国王了吗，怎么能说没有灵验呢？你忘了当时你还感动得哭了。

佛图澄当着满朝文武说出的话让石虎听来十分受用，既然曾在灵山会上听闻佛法，那么他的前世就一定是一位罗汉，既然曾为罗汉，今生今世成就国王，也就是顺理成章的事了，还会有什么人敢说一个不字吗？就是这样，佛图澄以其独特的智慧在朝廷内一次次让统治者心悦诚服，从而使得统治者戒除了一次次杀戮无辜的暴行。

后赵建武十四年（348年）十二月八日，佛图澄走完了他117年的佛旅人生，于邺宫寺圆寂。石虎闻讯，呆立良久，接着便扶棺大哭，为失去这样一位方外丞相悲痛欲绝。

道安与淝水之战

这是东晋永嘉年间的一个盛夏时节，常山扶柳（今河北省冀州境）附近的一座寺庙里人头攒动，经声朗朗。正是佛教中的结夏安居日，按照这一佛制，一切僧人须在这段日子里足不出户，唯以认真读经来打发这难耐的炎炎夏日。然而在寺旁的一处山田里，仍有一些僧人顶着烈日，足插热泥，挥汗如雨地耕作着。

午饭后的那段短暂的休息时间里，一个双脚糊满田泥的小沙弥走进了当家和尚的寮房，小沙弥睁着一对怯生生的眼睛说，师父，那片田里的草我都耘完了，能借一本经书给我读吗？当家和尚抬起头来，眼前说话的小沙弥人高马大，但却相貌丑陋，再加上他连日在烈日下的劳作，那脸上的颜色就像是被人用漆炭涂抹过一遍似的。当家和尚很不高兴，说：好好做你的活计，你这样的人也想读经？闻听当家和尚如此言语，小沙弥面露委屈，但他仍然倔强地站在那里，说：师父，我来寺里已有三年，至今你也没让我读过一页经书。

正是午间犯困的时刻，当家和尚有些烦了，于是便随手从案上取出一本《辩义经》扔到这小沙弥的面前说，快快去吧，我要午睡了。小沙弥捧着经书，像是捧着什么宝贝似的跑出了当家和尚的寮房。

第二天同一个时候，当家和尚正要午睡，小沙弥又来了，手里捧着的正是昨日扔给他的那本经书。小沙弥说：师父，能否再借我一本经书读读？当家和尚火了，说：你这小沙弥，昨天吵着要读经，不是借给你一本了吗，怎么今天又要借经？小沙弥说，师父，这本书我已读完了。当家和尚听了这话很是恼火，心想这小东西存心搅我老和尚的好觉，一本五千言的经书，最有学问的人也要少则十天，多则半个月才能读完，你一天就读完了？你这不是存心耍我吗？但他瞌睡来了，也不及细想，就又随手取下一本更厚的经书扔给小沙弥说，去去，我要午睡了。那是一卷《成具光明论》，七千余言。

到了第三天的中午，老和尚正要午睡，小沙弥又来了，仍然吵着说：师父师父，这本经书我又读完了。老和尚这一次真的发起火来，说：佛门中不打妄语为五戒中之第四条，你这小东西二次三番和我打起妄语，不给你点厉害你也不知道佛门戒律是为何物。说着取过戒板就要打人。小沙弥连忙说：师父师父，我没有打妄语，两本经书我真的都读了，不信我可以背给你听。说着，小沙弥真的仰起脑袋，哇啦哇啦地背了起来，居然背得一字不差。老和尚觉得神了，睁着一对老眼努力地要看清这小沙弥究竟是谁。他终于看清了，眼前的小沙弥名叫道安，来自于常山（今河北正定南）一个世代为儒的家庭，据说他 7 岁而读儒学经典。由于父母早亡，三年前被人送到寺里出家，因他相貌丑陋，在寺中被人轻看，于是就被当值和尚放在大田里作了一名耕夫。

当家和尚知道眼前这个貌丑内秀的年轻人将来必成大器，再也不敢另眼看他。于是，道安开始和其他僧人一起读经诵课。这样又过了几年，道安已是一名 20 岁的青年了，他离开了这座小庙，开始了云游生涯。

当时，正是佛图澄在北方大兴佛教之时，道安遂拜佛图澄为师，研修佛学。仍有人见道安相貌丑陋，对他很是看轻，佛图澄说，他的将来，非你等人能及耳。

道安跟在佛图澄身边，当时佛图澄已经年老，道安就常常代替佛图澄解惑释疑，受到人们的赞扬，于是有人便说：墨漆道人，语惊四座。几年后佛图澄圆寂，道安继续他的游学生涯并开始弘法。至 45 岁回到冀州，住受都寺，门下云集数百人。在古城襄阳，四方学士集结在道安的门下，以致所住白马寺显得狭小。道安于襄阳开始建寺造塔，据说当时的凉州刺史杨弘忠献铜万斤，前秦王苻坚赠黄金倚像，东晋孝武帝遣使赞扬他的高德，著名的学者习凿齿也主动要求与道安交往。道安开始成为一代名僧。

前秦建元十五年（379年），道安得到苻坚的赏识，因而有了优越的地位和修学的环境，在此期间他得以专心研究佛经，撰写了大量的经典和序文。如果说在此之前佛教还是一个外来的文化，经过道安的努力，佛教开始了中国化的进程。不仅如此，像他的老师佛图澄一样，道安利用统治者对自己的信任，为自己的佛教事业开创了崭新的局面。这一期间，道安实际上成了苻坚的高级顾问，苻坚但凡有重要的国事，必事先问他。

在基本平定了北方以后，苻坚又企图南下灭晋，进而统一中国。东晋太元七年（382年）十月，苻坚召集群臣商议伐晋之事，但座上鸦雀无声，谁也不肯发表意见。之后，一些大臣找到道安，说主上意欲讨伐东晋，这是一场不义的战争，和尚难道眼看着无数苍生葬于水火而不顾吗？其实，道安早从苻坚的骄奢淫逸中看到前秦人心相背，气数已尽，现在众臣又希望他充当说客，他便决定去见苻坚。

道安说，陛下啊，天下为你所用，你应实行仁政，以“示德”来感化天下，以招致天下尚未归顺者。现在我听说你要用武力攻打东晋，东晋虽然兵力薄弱，但我观其上空云象逶迤，一片祥瑞之兆，其国运正兴，皇上这时去攻打他们，是很危险的啊。

苻坚伐晋决心已定，又哪里肯听他的。苻坚说，自我起事以来，一直以平定天下、统一六合为自己的最终目的，现黄钟为我而鸣，大吕为我所运，我岂能放弃此次南征，坐失统一天下之大好良机。

道安见苻坚讨伐之心不可逆转，于是只好说：“如果你一定要坚持东征，陛下只可坐镇洛阳，千万不要远涉江淮，否则凶多吉少。”

苻坚自恃兵多将广，说：“我只要投一只鞭于江中，就足可以断其江流。”

道安无法劝阻苻坚，于是便长叹一声，扬长而去。第二年八月，苻坚强征各族青壮年为兵，率步骑兵87万人众，号称百万，从长安出发，前后旌旗相望，千里不绝，开始围攻东晋在淝水西

东山报捷图：东晋丞相谢安在东山松树下下棋，等候淝水之战的捷报。清苏六朋绘。

岸的重镇寿阳（今安徽寿县）。

决战之时，晋军要求苻坚稍稍后退，让出一片场地以便晋军过河。苻坚自恃强大，果然后退半里。不料苻坚刚一向后移步，人心不稳的苻坚大军有人大呼：秦军败了呀，赶紧逃跑呀。苻坚军队顿时阵脚大乱。晋军乘机全力渡过淝水。

这是中国历史上一次著名的以少胜多的战役，溃不成军的苻坚军队渡过淮水后仅剩千余人。苻坚悔不该没有听取道安的意见，但悔已迟矣。不久苻坚被杀，前秦短暂的统一随之土崩瓦解，北方再度陷入分裂和混战的状态。而在此前的三个多月的东晋太元十年（385年）二月八日，道安逝世，享年74岁。

道安之所以竭力劝阻苻坚不要去攻打东晋，是与其师佛图澄“戒杀”的理论一脉相承的。就像当年佛图澄也曾劝谏石氏集团不要滥杀无辜一样，道安的行为，同样表现了他作为佛教徒的“慈洽苍生，拯救危苦”的佛教思想。

东吴第一僧

247年，东吴都城建业的街头出现了一个身材高大、相貌奇特的西竺僧人。此人自称名叫康僧会，只见他口必说佛陀，言必称佛教，甚至有人看见他经常利用一些奇怪的方法替一些大人孩子治疗疑难杂症。知道康僧会的人越来越多，找他治病或是聆听佛法的人也越来越多。于是，康僧会在建业的郊外建造了一间茅屋，茅屋里供设了一尊佛像，康僧会也就在这里开始了他佛经的翻译活动。佛教，开始在东吴的一些普通百姓中间悄悄流传开来。

其实，早在很多年前，来自西竺的佛教已在北方的大地上广为流传，地处江南的吴国虽然在当时也已有了道教俗神的祭祀活动，但真正知道佛教的人并不是很多。吴主孙权是一个道教的信奉者，对神仙道俗之类的民间祭祀更是情有独钟。尤其到了晚年，他的这一行为更是愈演愈烈。一些热衷于神仙方术的人便乘机利用孙权的这种迷信心理，以达到自己的目的。被认为最成功的是一个叫王表的异人，此人神出鬼没，言语无定。孙权很崇拜他，竟然封他为“辅国将军”，并在宫门外为王表建立豪华的“第舍”，经常派人前去陈说境内的自然灾害，祈求神灵的帮助。

那个西竺人的到来，无疑会在吴国掀起一阵不大不小的风浪。于是有人便把西竺人康僧会的情况向吴主孙权汇报了。孙权决定见见这位西竺僧人康僧会。

孙权问他，请问佛教究竟为何物？

康僧会说，佛教是智者佛陀所创立的学说，佛教让人了脱生死，由此达到无生无灭。

孙权显然对这些陌生的词语半点也不感兴趣，说：中国的道士们有很多的灵验，佛教是否也有什么灵验？

康僧会说，所谓灵验，对于佛教来说实在是小道，不足一说。

孙权说，道家可炼金丹，金丹可助人长生不老，佛教又有什么呢？

康僧会知道，唯有先让吴主孙权在心理上认同佛教，才能让来自于西竺的佛教在东吴的大地上落地生根。于是他说，金丹又值几何？释迦如来寂灭千年，然而其佛骨舍利仍神曜万方。昔阿育王为供养佛骨舍利，起塔八万四千，凡有塔处，大地生辉。

孙权打断了康僧会的叙述，说：你说的是西竺的事，你若能在东吴炼得舍利，我必信佛。

康僧会说，我若能炼得舍利，你又如何对待？

孙权说，你若炼得舍利，我会像阿育王一样起塔造寺，虔心供养。

康僧会请求吴王给他七天的时间，七天之内，如若炼不出舍利，愿受任何处置。

吴王倒要看看这位来自西竺的僧人到底有着怎样的本领，他让人为康僧会打扫了一间屋子，于是，康僧会在这间屋子里燃香诵佛，于案上置一铜瓶，对铜瓶默语道：佛法兴否，在此一举，请佛助我。

七天的时间里，康僧会默默诵咒，祈望奇迹的出现。然而七天很快就过去了，在那间小小的屋子里没有任何奇迹发生。这时孙权派人发话：七天过去，再炼不出舍利，将以军法处置。康僧会说，西竺离此路途遥远，若要舍利到来，须再给七天时间。孙权于是答应再给他七天时间。然而又一个七天过去了，康僧会的屋子里仍然

清代线刻图：《吴康僧会尊者》，康僧会（？—280年），三国时期译经僧，交趾（今越南北部）人，其先世出自康居国（今新疆北部），世居印度，至其父因经商始移居交趾。

悄无声息。孙权又派人来催，说如若再炼不出舍利，必以妖言惑众惩处。康僧会说，舍利已至东土国门，再有七天时间，舍利必会降临宫中。

第三个七日很快又过去了，这天拂晓，随着东方一轮红日的喷薄而出，奇迹终于发生了，只见那铜瓶中突然发出一声锐利的声响，一道赤亮的金光将屋子照得霞光万道。康僧会知道，他终于成功了。

天明之后，无法掩饰胜利喜悦的康僧会带着那只铜瓶前去会见孙权。康僧会将那只铜瓶呈于吴主，满朝文武皆见五色之光在殿内闪烁。孙权手执铜瓶，将舍利倾向盘内，随着又一声锐响，铜盘被舍利击碎，随着一声落地的声响，那落入方砖地上的舍利发出千万道灼人的光芒。孙权大叹：这真乃稀有之物啊。也许是惊叹于舍利的惊人的硬度，接着，有人又拿来一副铁锤和一只铁砧，将舍利置于铁砧之上，铁锤砸下，舍利无损，而铁锤却陷裂了。

这很可能又是康僧会仙道术的一种，但是，他总算是成功了。对康僧会佩服得无以复加的吴主孙权终于为这颗舍利建造了一座塔寺。寺名为“建初寺”，其寺的所在地定名为“佛陀里”，由此吴地的佛法开始大兴。

康僧会在吴地的弘法活动顺利地进行了9年之久，太平元年（256年）帝室发生内乱，孙琳废又一任吴主孙亮而为会稽王，立琅琊王孙休为吴主，并控制了吴国的朝政大权。不仅如此，孙琳控制下的吴统治者开始在境内毁灭宗教，并进而“坏浮屠寺，斩道人”（《三国志·吴书·孙琳传》）。康僧会的传法活动自然也就受到一定程度的破坏。但孙琳的横暴统治并没有维持多久，同年十二月，孙琳即被吴主杀死，毁灭宗教的活动因而得到了控制。

逍遥园里不逍遥

弘始三年（401年），姚兴出兵凉州，灭前秦苻坚余部吕隆，第二年，姚兴于长安登殿称帝，史称后秦。

姚兴即位后的第一件事就是将被吕氏幽禁了达16年之久的译经大师鸠摩罗什迎请入关，安排在长安城里一处风景如画、四季如春的逍遥园里。这时，鸠摩罗什已是一位58岁的老人了。

逍遥园位于长安城北，渭水之滨，占地十顷。园内一年四季绿竹婆娑，芳草萋萋，溪水环绕，曲径通幽，是一处绝好的皇家园林。而鸠摩罗什的译经场也就安排在离此不远的西明阁内。于是，鸠摩罗什和他的一帮弟子们开始了他史无前例的译经事业。

鸠摩罗什像：鸠摩罗什（梵语Kumārajīva）（344—413年），音译为鸠摩罗耆婆，又作鸠摩罗什婆，简称罗什。其父名鸠摩罗炎，母名耆婆，属父母名字的合称，汉语的意思为“童寿”。东晋时后秦高僧，著名的佛经翻译家。与真谛（499—569年）、玄奘（602—664年）并称为中国佛教三大翻译家。这座雕像位于新疆库车县克孜尔千佛洞前。

面对这前所未有的译经条件，鸠摩罗什不禁对天长叹：苍天啊，现在终于到了自己施展宏图的时候了。

58年前，鸠摩罗什出生在西域龟兹国（今新疆库车县一带）的一个婆罗门旺族之家。他的父亲鸠摩罗炎曾被龟兹王迎为国师，但由于其仰慕出家的生活，毅然辞相位而出家为僧。后来，龟兹王强行将王妹嫁给了他，于是，中国的历史上就有了这位不可多得的杰出译经大师鸠摩罗什。

鸠摩罗什7岁随母出家，在东奔西走的那些日子里，鸠摩罗什学习了大量的佛教经典以及天文算数等知识。12岁那一年，幼年的鸠摩罗什第一次以自己出色的辩才战胜了前来挑衅的一批外道，成为当时轰动一时的人物。前秦建元十五年（379年），笃信佛教的苻坚为了得到鸠摩罗什，不惜以战争的方式强兵西域，终于俘获时年已36岁的鸠摩罗什，然而，由于苻坚部下吕光不懂佛法，不识鸠摩罗什的人文价值，迟迟不送鸠摩罗什入关。吕光是一个变态狂，经常对鸠摩罗什百般凌辱。一次，吕光将鸠摩罗什放到马背上，吕光则在马屁股上猛抽一鞭，马狂奔，鸠摩罗什也就重重地摔了下来。后来，吕光又把鸠摩罗什与一个龟兹女人强行关进一间房子里，第二天吕光则又拿鸠摩罗什的这件事当作开心的笑料。就这样，鸠摩罗什在郁闷和无着中度过了16年生涯。

鸠摩罗什记着母亲很早以前对他的教导，母亲说，唯有东土汉地才有大乘佛法的气象，将来一定要设法到那里去施展自己的才华。鸠摩罗什终于实现了久有的梦想，姚兴不仅为自己创造了这么好的居住条件，并且还设立了中国历史上第一个由国家资助的译经道场，现在，正是自己大展宏图的时候了。

鸠摩罗什的门下集中了三千弟子，他们都是当时杰出的译经大师，而其中最著名的有后来被人们称为“四圣”的道生、僧肇、道融、僧䂮等人。短短的十数年时间里，鸠摩罗什等人译出了包括《摩诃般若波罗蜜经》、《妙法莲花经》、《金刚般若波罗蜜经》以及《中论》、《百论》在内的七十四部、三百八十四卷经。为佛教的中国化开拓了前所未有的进程。

鸠摩罗什不仅开创了中国历史上的译经之最，同时他还开辟讲经道场，向人们宣讲佛法教义，一时间听者如云，包括姚兴在内的一大批皇室成员也时常地来到鸠摩罗什的译经场，感受他雄辩的才能和聆听他新颖的理论。

鸠摩罗什的讲经深入浅出，不时有一些插科打诨，从而使得数千人的道场始终生气盎然，妙趣横生。一次，鸠摩罗什在讲经中忽然说到，昨天夜里做了一个梦，梦中我的肩上有两个可爱的小儿嬉戏，看不清小儿的面目，若想得其究竟，还得借助于妇人。姚兴听了，不禁哈哈大笑。第二天，姚兴亲自将十位美女送到逍遥园中，请鸠摩罗什纳用。姚兴说，如此国才，不可没有后人。鸠摩罗什二话不说，拥着那十位美女进了内寝。

陕西户县草堂寺鸠摩罗什塔：鸠摩罗什舍利塔俗称八宝玉石塔，是后秦高僧鸠摩罗什的舍利塔。塔建于唐代（618—907年）。玉石结构，单檐亭阁式，高2.33米。

老师开了头，学生们自然也不例外，一时间，长安的佛家弟子们色欲盛行，肉欲成风。谁都知道，自释迦牟尼于竹林精舍创立佛教僧团开始，色戒被当作一条重要的戒律用来约束出家僧人的行为，现在，长安城里的出家人口诵弥陀，怀拥妇人，这在外界所造成的影响可想而知。鸠摩罗什知道，是到了非整治不可的时候了。

这一天，鸠摩罗什把他的三千弟子全都召集到逍遥园中，只见鸠摩罗什的案桌前放着两只瓷碗，一把锋利的匕首。鸠摩罗什说，听说最近长安城里刮起了僧人纳色之风，有人说这是为了效仿老师鸠摩罗什，似乎讲得颇有道理。但是，我现在要说，我鸠摩罗什的行为，是一般的凡夫所能效仿得了的吗？

鸠摩罗什说着，端起面前的两只瓷碗，那碗中所盛不是食物，而是尖锐的银针。鸠摩罗什说着，以匕首为筷，将那银针一把一把地挑入口中，像是吞食什么珍馐美味。鸠摩罗什吃完了一碗银针，用袖子抹了一把嘴，接着又端起另一只瓷碗示于场下说，我已食一碗，另有一碗，谁来食呀？当下三千弟子面面相觑，一个个吓得面如土色。鸠摩罗什说，非非常之人，难为非常之举。莲花生于污泥，污泥却不改莲花之洁，我劝大家，但采莲花，勿纳污泥。

从此以后，长安城里的僧人再也没有人效仿老师鸠摩罗什纳女采色了。

东晋义熙九年（413 年），后秦弘始十五年，鸠摩罗什走完了他 71 岁的人生道路，于长安逍遥园内溘然长逝。逝前鸠摩罗什说，我所译经卷字字珠玑，句句真言，我之寂后，愿留金刚不坏之舌以作证明。果然，荼毗后的鸠摩罗什肉身全毁，火烬之处，唯留一舌，以手击之，当当之声类似金属。

一枝白莲出尘来

东晋安帝元兴元年（402 年）七月，庐山西侧五老峰下的东林寺香烟缭绕，佛号绵绵，池中的莲花绽放出阵阵迷人的清香，慧远法师与他的道友刘遗民、雷次宗等 18 位当今名贤发愿创立白莲社，于无量寿佛前建斋立誓，专心念佛，共期死后往生西方阿弥陀佛净土世界的日子。

誓词是刘遗民写的，这位有着名士风范的文豪在誓词中写道：

> 夫缘化之理既明，则三世之传显矣，迁感之数既符，则善恶之报必矣，推交臂之潜沦，悟无常之期切，审三报之相推，知险趣之难拔，此其同志诸贤，所以夕惕宵勤，仰思悠济者也……

刘遗民是写骈文的大家，他的文风继承了汉魏六朝以来词章工整、词面华丽的特点，然其意蕴深远，音韵幽切，是一篇不可多得的传世之作，更是一篇佛教莲宗的发刊宏论。誓毕，白莲社的倡导者慧远发话说，当今社会，满目疮痍，人心不古，世风日下，唯有西方净土，清净安逸，其一草一木，无不令人向往。于是，当下 18 人对着阿弥陀佛像共同发誓，口中念佛，心中观想，期望久而日深，必能往生西方净土世界。

这时的慧远已是一位68岁的老人。

后来加入白莲社的人又陆续增加到120余人。中国佛教之净土宗自始开宗，而其开创者慧远成为净土宗的开宗人，庐山东林寺也成为中国净土宗的发源地。从兹以往，净土宗成为生活在苦难世界中的人们一种崇高的精神追求。慧远后来又进一步倡导以罪福报应导俗和以禅观念佛的见解，这些见解对于后世净土宗的发展有着十分深远的影响。

慧远第一次认识佛教，是在他21岁那一年。以此之前，他随着舅舅令狐氏从他的家乡山西楼烦（今山西崞县）游学来到洛阳。在此期间，他得知著名隐士范宣子正在江西南昌的一座深山里过着隐居的生活，这种不问世俗的生活使他十分向往，于是，他计划南下，与范宣子一同隐居。中原战乱，交通不畅，慧远不得不暂时滞留在太行恒山。而此时道安法师正在那里宣讲《般若经》，于是慧远便决定暂时留在这里，聆听道安的讲授。谁知一堂课听完，他被道安法师渊博的学识和《般若经》的博大精深以及深邃的意境深深地打动，慧远顿时感到，过去所学的儒道与佛法相比，实在如同秕糠一般。于是，他拜倒在道安的膝下，成为道安的一名出家弟子。由于他天资聪颖，很快得到老师的赏识，道安逢人便夸他的这位弟子，说将来能让佛教流布于全中国者，非慧远莫属矣。

清代线刻图：《莲社初祖晋庐山慧远法师》，慧远（334—416年），山西楼烦（今山西崞县）人，俗姓贾，东晋高僧，中国净土宗初祖，庐山白莲社创始者。

孝武帝太元三年（378年），前秦苻坚部将攻入襄阳，道安为苻坚所拘，只得将弘佛的重任寄托在追随自己25年之久的慧远身上。慧远决定前往罗浮山一带弘法。途经浔阳（今九江），偶见庐山雄姿，顿时生爱，再加上友人的盛留，于是便滞留于庐山脚下的西林寺，并开始倡导以观想之法念佛。

慧远的名声很快在浔阳传开，一批批当今名士前来西林寺拜访慧远，其中不乏达官贵人，此时的西林寺已不能容纳这越来越多的来访者。不久，江州刺史桓伊特意在西林寺东为慧远建一座新的寺院，名东林寺。慧远有了自己弘法的道场，从此他足不出山门达30年之久。在此期间，他除继续倡导观想念佛外，并开创译经道场。他亲自译经、写经和讲经，还专门延请一些在当时很有名望的译经师前来东林寺来共同探讨佛经中的学术问题。

由于佛教开始在中国境内大范围推广，敬佛附佛之风盛行，僧人的社会地位迅速攀升，这就必然引起关于沙门是否可以凌驾于王者之上的一场大争论。慧远认为，沙门并非朝中之人，沙门穿着也非朝中之服，因此可以不必致敬王者。

慧远善于与各种人打交道，每有来访者，必热情相接，客人走时，必热情相送。不过，每次送客，脚步必止于山门前的虎溪一侧。

据说有一次来访的客人是道士陆修静和不为五斗米折腰的陶渊明。三人就儒释道的一些问题展开争论，不觉已至黄昏。陆、陶二人起身告辞，慧远起步送行。走到山门口，三人仍在激烈争论，不觉过了虎溪。忽然一只猛虎从山门后窜出，一声咆哮，陆、陶二人猛然惊。慧远笑说，二位莫惊，这是我的门头，因见我今天送客过了虎溪，故此咆哮。三人不禁同时大笑。于是，这一幕也为后人留下了“虎溪三笑”的典故。今东林寺内有“三笑堂”，内供慧远法相，两边联曰：虎溪聚三人，三人三笑话；莲池开一叶，一叶一如来。

晋安帝义熙十一年（415年）岁末，慧远念佛入定，直到17天后方才出定。人问他定中境界，慧远说，定中到了西方极乐世界，并亲见到阿弥陀佛。人便知道，慧远离世之日已不远了。果然，半年之后，慧远往生西方净土，享世寿82岁。

《虎溪三笑图》：描绘东晋儒者陶渊明与道士陆修静一同访问在庐山修行的高僧慧远，归途中三人谈笑而行，送客之慧远不觉间跨越其自我禁足之虎溪，虎辄号鸣，三人因之相视大笑。此画为宋代作品，绢本设色，纵26.4厘米，横47.6厘米，台北故宫博物院藏。

皇帝僧人梁武帝

中国皇帝兴佛者十有八九，但像梁武帝这样身体力行地做一名皇帝僧人的，全世界历史上绝无仅有。

梁武帝的兴佛，是从他的一篇舍道归佛的诏文开始的。

梁天监三年（504年）四月初八，是又一个释迦牟尼的圣诞日。东方晨曦未露，武帝萧衍早早地就从床上爬了起来。他打开早就拟好的一份诏文认真地阅读了一遍，觉得已是天衣无缝，再无修改的必要，于是，他来到佛堂，点燃一支清香，接着就在佛像前跪了下来，开始宣读那份他自己拟定的舍道归佛的诏文。

诏文的大意是说，弟子梁朝皇帝兰陵人萧衍，以前沉迷于老子，致使一个国家染此邪法。我今愿发菩提之心，弃道从佛，从今以后，宁在佛法中沦为恶道，也不再依附老子得生天堂。也就是说，从这一天开始，武帝萧衍开始正式舍弃他信奉了30多年的道教，改信佛教。可以说，这份诏文既是他个人附佛的誓言，也是他作为梁朝皇帝向全国公开发布的一道以佛治国的宣言。

说起梁武帝附佛的决心，还得从三位僧人说起。这三位僧人就是在当时名噪梁朝的法云、云光和宝志。据说梁武帝第一次怀着将信将疑的态度请三位法师讲《法华经》时，天空突然降下缤纷的鲜花。于是，梁武帝开始相信，这三位僧人都是证得果位的高僧。有一天夜里，梁武帝独自在宫中焚香默颂，遥请三位高僧明天进宫应供素席。到了第二天，只有宝志独自前来，梁武帝因而知道，三人中唯有宝志得到天眼通。从此他对宝志更加敬仰、更加推崇。

天监十三年，宝志圆寂。临寂前，武帝问他：国有难否？宝志以手指指喉和颈，有人据此认为，这是暗示日后暴发的侯景之乱。可惜武帝没有对宝志的暗示以足够的重视，以致弄得个国破身亡的悲惨结局。

宝志圆寂后，梁武帝为他重金买地，并亲自驾车送宝志入塔。这时天空出现一团云彩，形象极似宝志，僧俗人等连声欢呼。从此，梁武帝对佛教敬仰更是达到无以复加的程度。

宝志圆寂后，梁武帝又认识了另一位僧人智藏。

智藏是一位刚直而不拘小节的法师，常常对武帝的国事直陈现实，梁武帝对他唯命是听。有一次，智藏竟然坐到了皇帝的龙椅宝座上。左右吓坏了，大声喝止，让他下来，智藏却说，我前生就是定光佛，这样的位置坐又何妨？有人将此事禀报武帝，武帝只是笑了笑，让人不要过问。

智藏如此，其他僧人当然也就在宫中为所欲为，甚至侵扰嫔妃的事件也时有发生。武帝觉得这些现象是到了该严加管制的时候了，他于是向智藏提出，自己想亲自担任僧正，来管理僧人的事务，约束僧人的戒行。那一天他召见所有宫内的僧人，却唯独不见智藏的到来。梁武帝知道，他想做僧正的想法并不被智藏所认同，梁武帝只好作罢。

继天监三年梁武帝拟舍道归佛文诏不久，梁武帝又拟断酒肉文。文中写道："弟子萧衍，从今以后，决心断除酒肉，假若再饮酒食荤，杀害生灵，愿受一切鬼神制裁，将堕阿鼻地狱。"

梁朝以前，僧人虽有素食的习惯，但并不要求严格。因为释迦牟尼的时代是一个托钵行乞的时代，托钵行乞是没有什么选择的，更不要说素食了。只是到了梁武帝以后，僧团内才开始严格了素食的规定。以至今日汉传寺庙的僧人有了"独身、僧装、素食"的三项规定。

拟断酒肉文后，梁武帝不仅不再饮酒食肉，也不再听宫乐，甚至连女色也索性禁了，从此过着苦行僧一样的生活。他效法当年苦行林中的释迦牟尼，日中一食，过午不再。而所吃的东西不过是一些豆羹与和着蔬菜的米饭而已。他穿着布衣，盖着布被，脚下则是一双用苇叶编制的草履。一顶帽子戴了三年，一床被子盖了两年。除了必不可少的国事，他整天的工作就是著作佛教论疏。有时候，过了四更他才入睡，而不等天亮，即起床写作。冬天一双手冻得开裂了，渗出丝丝鲜血也不肯停下笔来。到他 86 岁死去，一生中著述通史六百卷、金海三十卷、五经义注讲疏共二百卷，此外还有大量的序、诏、颂、铭等约一百二十余卷，真可谓著作等身。

建寺立像是一切奉佛者的主档项目，梁武帝在建康除建有放光明寺、大爱敬寺和智度寺外，大通元年（527年）又斥巨资在宫城北掖门外建同泰寺。这座寺庙有大

《舍身佛寺》：南梁武帝为表忠心事佛，四次舍身入同泰寺，大臣前后耗费几亿钱将其赎出，出自明刊本《帝鉴图说》。

殿六所，小殿及堂十余所，寺内建有九层佛塔，东西般若台各三层，供有十方金铜像和十方银像。仿照释迦牟尼的竹林精舍和祇树给孤独园，寺内辟有大片园林，林内建有禅窟、禅房等，禅窟禅房分布柏树、山石和流水之间，从而营造一种禅乐的氛围。

建寺、立像、斋僧、供佛，梁武帝觉得还不过瘾，皇帝干脆也不当了。同泰寺落成的这一年，梁武帝舍身入寺，做了一名皇帝和尚。这一着让群臣着了慌，一国之君，岂能为僧。无奈之中，群臣以一万亿钱将这位皇帝菩萨赎回宫中。

中大同元年（546 年），武帝到同泰寺讲般若经，并举行无遮大会。无遮大会结束后，武帝仍没有回宫的意思，于是，太子和群臣不得不又拿出一万亿钱将他赎回宫中。然而，梁武帝的奉佛行为并没有感动神灵，就在他回到宫中的当天晚上，同泰寺九层佛塔被一把大火化为灰烬，引起建康僧俗一片哗然，但武帝认为，“道高魔盛，行善障生”，接着他又在同泰寺建了一座十二层佛塔。

二次舍身的又一年，梁武帝完成了他的第三次舍身。不用说，这次同泰寺又得到了一万亿钱的赎金。

梁武帝在奉佛的路上越走越远，从而酿成严重的国内危机。太清三年（549 年），终于爆发了侯景之乱。叛军很快攻进了建康，侯景自称丞相。幽禁于台城的梁武帝忧愤成疾，连死前想要一口蜜吃竟不能得到。当时，这位 86 岁的老人举着干枯的老手，已不能说话，只是发出一声声的“嗬嗬”的噫语，谁也不再理他。

法显西行求法记

太阳差不多已收尽了它最后的光线，寺院前的那片田里的稻子也差不多收割完了。望着那些堆集在大田里金灿灿的稻谷，沙弥们抹着脸上的汗水，一个个露出轻松的面容。

忽然，从对面的山坳里冲来十几个汉子，那些人一个个用锅灰抹着脸，大叫着，向稻田冲来。又是谁叫了一声：不好，强盗来了，快跑呀！

这些日子，不时有饥民抢人稻谷的传闻，说是如若遇到反抗，他们就会拔刀相向，甚至不惜取人性命。说时迟，那时快，眼看着那些人已经冲进了稻田，小沙弥们在刹那间全都逃得无影无踪了，唯有一个十二三岁的小沙弥仍站在那里，像是不明白眼前所发生的一切。

一个汉子逼到小沙弥的面前，将一把明晃晃的刀子抵到他的胸口。小沙弥明白发生什么事了，他双手叉腰，轻松地说："你们不就是要拿稻谷吗？尽管拿就是了，何必弄把刀子吓人呢？"

那些人见这小沙弥站在那里无动于衷，先就觉得奇怪，现在又听这人小鬼大的小孩子竟然说出这番话来，一个个反而站在那里不知所为了。只听小沙弥接着又说："如果你们真是闹饥荒了，可以稍许运几袋稻谷去。"

那几个人又开始装运稻谷，小沙弥又说："不过你们不能全都拿走，你们都拿走了，我们吃什么呢？"那几个人相互看看，就又从马背上丢下几袋稻谷。正要赶着马离去，又听到小沙弥在叫他们，这些人站住了，不知这孩子到底还要说些什么。

小沙弥说："过去你们有稻谷的时候，从来不肯施舍半点给别人，这是你们今世受饥荒的报应。现在，你们受穷了，又不肯劳作，却来抢夺别人的，我真替你们担忧，说不定来世你们还要受更大的饥荒。"小沙弥说着，像什么事也没有发生一样，拾起镰刀从从容容地走了，丢下稻田里一帮强人站在那里你看着我，我看着你，不知怎么办才好。说来也怪，这些抢夺惯了的人发一阵愣后，忽然自觉地把装在马背上的稻谷一袋一袋卸下来，牵着几匹空马，就这样离开了稻田。

这个小沙弥，就是后来被后世称作旅行家兼翻译家的东晋僧人法显。而人们每每说到法显，总不会忘记他十二三岁时在稻田事件中的不凡表现。

20岁时，法显正式成为一名比丘僧人。他在长安大寺里一住就是几十年，然而谁也不会想到，一个无法排解的梦想总是驱之不去地萦绕在他的心中。由于当时律藏的不全，虽然不时会有人有违戒行，却又找不出合适的律条来加以约束。法显想起佛在寂灭时说过的话：

清代线刻图：《梁宝志公长老》，宝志，金陵（今南京）人，俗姓朱，南朝梁代高僧。

佛灭度后，以戒为师。可见戒是致使僧团不败的法宝，就像一道铁箍紧紧保证木水桶的不散。可惜古印度的律藏至今没有完整地传到汉地来，这不能不说是一个极大的遗憾。

在长安大寺里，法显与一个名叫道整的僧人十分投契。有时候，当谈到汉地律藏不全的问题，二人感受几乎相同。谈到希望有一天能西去印度取回律藏的愿望时，二人更是一拍即合。

时光在不知不觉间流逝着，法显很快就由一个青年跨入60岁的门坎。他开始意识到，如果再不把西行的计划付诸实施,今生今世就再也没有希望西去印度了。然而有人告诫他说，西去的路途漫长而艰辛，不仅有号称杀人魔窟的大沙漠，更有连鸟也难以飞过的大雪山，你一个60岁的老人，又何谈西行求法？就像当年他在那片稻田里面对一批强人一样，法显从容不迫地做着西行的准备。他与道整约了慧应、慧嵬以及慧景一行5人，于晋安帝隆安三年（399年）自长安出发，开始了漫长的西行征程。一年后，他们到达甘肃的张掖，与另外5名西行的僧人会合，于是，10人结伴而行，继续开始漫长的行程。

西行之路，步步维艰，沙漠之险，雪山之寒，一道道险隘非常人所能跨越。眼看着横陈在沙漠中一尊尊前人的白骨，宝云、僧景等6人先后退却，在翻过一座小雪山时，先是慧景被冻死，接着，慧应又因病而殁，等终于到达中印度时，就只剩下法显和道整二人了。

终于踏上心目中的圣地，然而让他们始料不及的是，这里的僧人千百年来一直是口口相传，并无佛经可写。为了把这些存留在印度僧人腹中的律藏带回国内，法显不得不在摩诃衍僧寺暂时居住，一边学习天竺语，一边与这里的僧人进行密切的接触。15年的时间很快就过去了，异地的生活并没有改变法显西行的初衷，带着抄写完整的《摩诃僧祇阿毗昙》以及《十诵律》等律藏，法显开始做着回国的准备。他去找道整，道整却说，我若再回中国，只怕也会像慧景和慧应一样，把一条僵尸留在那片沙漠或是雪山了。

道整的话令法显意识到，要想把这批律藏完整地带回国内，他必须选择另外的归途。

义熙五年（409年）秋天，法显在狮子国搭乘一条商船泛海东行，开始了他回国的征途。海上的航行的确别有一番风味，法显陶醉在大海那绮丽的风光之中。然而天有不测风云，海有旦夕变幻。一片海面上，商船突遇风浪，眼看就要颠覆，偏偏商船上有一位排佛的外道，外道说，要想商船不致沉没，必须要把这个和尚扔到海里去。商人们听信了巫师的煽动，一些人一哄而上，就要将法显扔进大海。这些人的行为遭到另一位商人的反对。原来这位商人在国内时曾做过僧人的施主，这位商人一边用身体护住法显，一边大声地说，大家都不要听信巫师的妖言惑众，法师为人天师范，和这场风浪没有一点关系。如果大家一定要把这位法师扔进海里，就请先把我杀了吧。法显对天默祷说，如果我带回去的是真正的大乘佛法，就请让这场灾难尽快过去吧。过了一会儿，风浪果然渐渐地止了，于是商船继续向东航行。

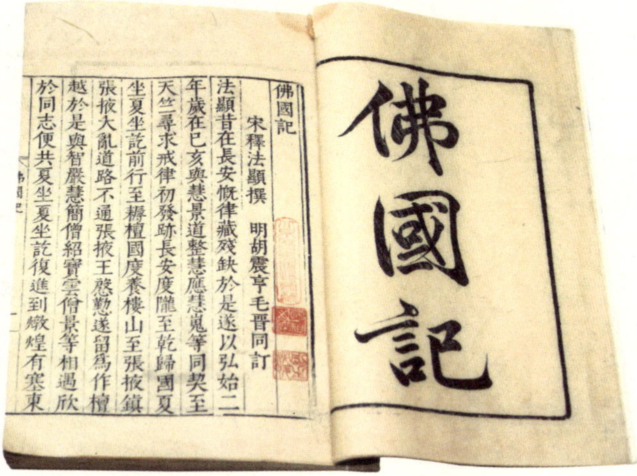

《佛国记》：东晋法显著。其中记述了东晋时期西域及天竺地区的地理、人文等情况，是研究当地古代文化、社会、历史的重要资料。摄于中国国家博物馆文物。

90多天的海上航行，商船终于到达一个海岸，当看到岸上的岩石上刻着“青山无恙”的汉字时，法显知道，自己已经踏上青州（今山东青岛）的土地了。法显再也抑制不住自己，他扑到那块岩石上，顿时老泪纵横。想想15年前他和道整等人从长安出发开始西行，途中五人而成十人，后来十人而成二人，现在就只剩下他一人回到国内，而此时他已是一个75岁的古稀老人了。所幸的是，他所带回来的四十多卷律藏完整无缺。中国的大乘佛法，终于又增添了一批无价之宝。

在青州，法显受到太守李嶷的热情款待，他在这里休整了一年。

义熙九年（413年），法显继续南下，经过彭城来到晋都城建康，住进了道场寺，恰好在这里遇到了印度僧人佛陀跋陀罗，于是，二人合作，共同译出了他千辛万苦从印度带回来的所有律藏。

生公说法，顽石点头

晋安帝义熙十四年（418年）九月，位于建康城北郊的译经场里集中了上百名来自南北的义学高僧和学术泰斗。经过多年的努力，一部由长安名僧法显九死一生从印度取回的《泥洹经》终于被翻译出来了。这是佛教史上的大事，高僧们聚集在这里，正是要对这部重要的大乘经典的翻译进行最后的校正。

六卷本的《泥洹经》早在几天前就被分发到高僧们的手中，现在，正是大家集思广益、公开发表意见的时候。正如主持者一开始所预料的，这样的会议其实并没有多大的意义，召集权威们聚一次会，无非是对这部经典的问世唱一些赞歌，从而对这部大乘经典的出世做一种热烈的铺垫。

预定的程序已经结束，主持者正要宣布会议的圆满，忽然，一个声音从会场的一角传来："我有不同的意见！"

高僧们扭过头去，那发出一声断喝的是一位五十出头的僧人，只见他神清目定，气宇轩昂。有人认出，他就是青园寺的义学僧人竺道生。不久前，竺道生曾因提出"顿悟成佛"的观点遭到建康许多人的反对。反对者认为，既然刹那间的顿悟就可以成佛，那还要修行做什么，成佛的"果位"还有什么意义？现在，他居然又对译经大师们的鸿篇巨制提出不同意见，这个人也太狂妄了吧。

见大家都在看着自己，竺道生接着又说："我认为，这部经中有一处重要的错误，经中说到除一阐提人以外的众生都有佛性，请问，一阐提人算不算众生？如果说一阐提人也算众生，为什么一阐提人就没有佛性呢？这不是与释迦牟尼当初所提出的一切众生皆有佛性的观点相抵触相矛盾吗？"

短暂的静场后，很快就有人叫起来，说："一阐提人是什么人？是善根断尽之人，是不具信之人，是不死之僵尸，这样的人如果还有佛性，岂不是说那些杀人越货者都可赦免吗？杀人越货者都可赦免，国家岂不是要乱套吗？"

"是啊是啊，一阐提人本来就不能算人嘛，何来佛性而言？一阐提人都有佛性，人还有差别吗？”一时间会场内气氛热烈，几乎所有的人都对竺道生所提出的观点表示反对，有人甚至就说，你竺道生算什么，尽来些歪言邪说，该不是你没有参加这部经典的译制，你心生嫉妒吧？

没等批评热浪高潮结束，竺道生又大声说：“早在一千多年前佛陀就曾说过，佛性平等，了无差别，请问为什么要把一阐提人与其他人做一种分别呢？你能否认一阐提人不是众生吗？你能否认一阐提人就没有佛性吗？显然，这是译经人的错误，是一个不容忽视的错误。”

《醍醐灌顶》，《敦煌变文集·维摩诘经讲经文》：“令问维摩，闻名之如露入心，共语似醍醐灌顶。”佛教用“醍醐灌顶”指灌输智慧，使人彻底觉悟，比喻听了高明的意见使人受到很大启发。换句话说，也就是“顿悟”。竺道生首先提出“顿悟”这个说法。

主持者是建康城里有名的学术权威，也是这部经典的主要翻译者之一。听了竺道生这样的话，他实在是忍不住了，于是站起来说：“这位生公前番曾说顿悟即能成佛已让我等长了见识，今又一番妙论否认经中所说‘除一阐提人外众生皆有佛性’的说法，那么说，这部经是一部伪经吗？是我们假托佛言，欺世盗名吗？这可不是小问题，今天，当着大家的面，就请这位生公把话说清楚。”

在场者大多数都是主持者的学生，老师一副委屈的面孔，更是让学生们一个个义愤填膺，于是，一片斥责之声像狂风一般向竺道生刮来。其中不乏“道生邪说”、“妖言惑众”等激烈言词。在强大的舆论面前，竺道生觉得再申辩下去已无意义，于是不得不以沉默处之。

主持者知道竺道生的挑战已被挫败，现在是他乘胜追击的时候了，他说：“在建康这样的佛法气氛里，竟然会有如此蔑视道法的行为，试想这位生公的谬论一旦成立，我们的道场会是一种怎样的局面？也就是说，如果对一阐提人都能宽恕，国家又将会是怎样的局面？我认为，除非竺道生对今天的错误言论表示道歉，否则，我们就只能将他开除教籍，逐出道场。”

竺道生过去就曾对建康思想界的狭隘有所感觉，今天更进一步认识到，由一些所谓泰斗们把持的学术界竟然会是如此霸道。他觉得再无申辩的必要，于是他走到那尊佛像前，当众发誓道："佛祖在上，如果我竺道生的言论有违佛法，就请让我暴病而亡，如果以后有人证明我竺道生的观点符合教义，我会在世寿尽了的一天于法座上寂灭。"

建康再也呆不下去了，竺道生不得不前往苏州投奔好友法纲。

九月的苏州风和日丽，站在虎丘的山顶上，整个苏州都笼罩在一片淡淡的烟云之中。竺道生在虎丘山上漫步走着，剑池还在，试剑的巨石还在，可是，又在哪里能找到吴王的踪迹呢？在苍茫的历史面前，人不过是匆匆的过客，唯有不变的佛法，才是永恒存在的真理。

朋友出门去了，竺道生便坐在虎丘的那一堆乱石丛中细细地梳理着自己的思绪。他想起15岁时登坛讲经，被人们夸为"吐纳问辩，辞清珠玉"；他想到追随老师鸠摩罗什的那些日子，由于他出色的译经活动，被人们称为京都"十哲"、"四圣"。几十年来，高踞于

苏州虎丘剑池：竺道生就是在这里，"讲阐提成佛之义"，而至"石皆点头"。"虎丘剑池"四字，原为唐代大书法家颜真卿所书。

法座之上，他魅力四射的演讲总是令无数听众激情盎然。

忽然，他眼前的石头全都活了，它们不再是冰冷的石头，而是一个个翘首以待的僧众，他们睁着渴望的眼睛，等待着他为他们说法。于是，他清了清嗓门，开始向这些陌生的僧众说法。“一阐提人也有佛性。”他高声地说着。刮起一阵风来，四周的草木在风中发出呼呼的声响，像是对他的说法报以响应，而那眼前的石头更是在不住地点头，仿佛是对他的“一阐提人也有佛性”的观点表示赞同。

这所有的一幕，都被前来寻找他的好友法纲看得真真切切，记得分分明明。于是，“生公说法，顽石点头”的典故被一代一代地传了下来。

宋文帝元嘉七年（430年），竺道生来到江西庐山，过起了隐居的生活。也就在这一年，昙无谶所译四十卷《涅槃经》传到建康，经中所述“一阐提人有佛性”的观点与竺道生十几年前“一阐提人皆有佛性”的观点不谋而合。竺道生的理论被人们承认，竺道生也成为名满天下的高僧。

四年以后，竺道生在庐山为僧众再讲《涅槃经》。讲经结束，人们发现竺道生已于法座上进入禅定，这一入定，就再也没有醒来，实现了他当初所发誓言：若我观点符合教义，会在世寿尽了的一天于法座上寂灭。

北魏太武帝灭佛

北魏太平真君七年（446年），一场空前的浩劫在京城长安发生了。

那天黎明，法性寺里的僧人们刚刚结束了他们的早课，还没等走出大殿，一队扛着长矛的士兵冲进了寺内。他们一部分人包围了那座大殿，另一部分人则用长矛捅开一间间寮房和佛殿的木门，开始翻箱倒柜地搜查起来。

战战兢兢的僧人们大部分不知道究竟发生了什么事，但还是有一部分人猛然想起前几天发生在另一座寺庙里的事来，那天拓跋焘的军队因搜捕盖吴起义军的残余而冲进了那所寺庙，意想不到的事情发生了，全副武装的士兵并没有搜到一个盖吴的叛军，却在好几个寮房里发现了正与女人淫乱的僧人。在他们的零乱的床榻旁，是杯盘狼藉的酒具和散落在地的动物骨头。其实，在这座有着三千僧人的大寺庙里，偶尔有几个僧人不守清规并不算什么稀奇的事情，但是，另一些士兵的发现就让太武帝无法容忍了，士兵们分别在一些暗室和库房里发现了大量的兵器和数以万计的钱财。本来，僧人应以解脱道为终身奉持行状，谁能想到，他们竟私藏了大量的武器，其目的不是很明显吗？联系到这些日来搅得拓跋焘心神不宁的盖吴叛军，以及不断发到北魏朝廷的关于僧人谋反的奏折，不能不让这位刚刚做了北魏皇帝的北方民族的首领震惊而又震怒了。于是，一场灭佛的浩劫终于发生了。

北魏太武帝下达了灭佛的诏书：长安沙门一律诛杀，所有经卷一律焚毁，但凡寺庙分给王公贵族作为宅第。这样的诏书连太子也看不过了，太子说，父皇只可诛杀私藏武器的僧人，如果滥杀无辜，那是要遭致因果报应的。太武帝当然不会听他的，这时，曾被太武帝尊称为国师的僧人玄高和慧崇当廷向太武帝提出交涉，盛怒之下的太武帝当即下令勒死两位僧人。

法性寺前的广场上燃起了熊熊大火，那是成堆的经卷和一尊尊佛像。大火已经燃烧了三天三夜，大火引起的浓烟使整个长安城的上空笼罩在一片灰暗的烟云之中。长安的1000多座寺庙里，未及逃走的僧人或被斩杀，或被关进了牢狱，连一些年老体弱者也未能幸免。太武帝接着又下了一道诏书，自王公以下，凡私养僧尼者，限期不交者一律斩杀九族，沙门处死。一时间，这座昔日寺庙遍布、佛塔林立的长安城顿时陷入一派混乱之中。

然而，这场祸乱仅仅是僧人造成的吗？让我们回过头来，重新审视这一段历史。

426年，拓跋焘结束了十六国以来北方的长期战乱，统一了黄河流域，完成了他的统一大业。这个北方游牧民族的头领出于对汉民族黄土地的虔诚膜拜，所做的第一件事就是将一向流行于中原地区的佛教作为国教来加以公认，以此来作为取得中原民心的一条主要措施。佛教界当然不会放过这一难得的历史机遇。沙门法果当即作出反应，他说：“太祖明睿好道，即是当今的如

北魏泥塑比丘头部残像：河南省洛阳市北魏永宁寺遗址出土。摄于考古中华——中国社会科学院考古研究所成立60年成果展。

山西大同云冈石窟第16窟（昙曜五窟之一）造像：北魏文成帝即位之后，一改北魏太武帝灭佛之政，开始重兴佛教寺院、造像等；并下令沙门统昙曜开凿5个大石窟（现为云冈石窟第16—20窟），后人称为昙曜五窟。这5窟也是云冈石窟中最先完成的。

来。”他一反东晋慧远法师的“沙门不敬王者论”，认为“现在的皇帝即是现在的如来，敬皇帝和敬如来是一回事”。佛教界的积极反应，理所当然地受到皇帝的欢迎，而政治与佛教界的相依相容，是双方利益的共同获得。一大批有才华的僧人集中在北方，所译经、律、论三藏1900余卷，出现了自鸠摩罗什以来第一次佛教界各派纷呈、百家争鸣的繁荣景象。

就像南朝的梁武帝一样，北魏朝廷同样认为造寺建庙是一种最大的功德，他们最热衷的事情便是大兴寺庙，普养僧尼。短短几十年间，仅东西二魏，皇帝造寺47所，王公贵族造寺800余所，到宣武帝时，各州郡有寺13700余所，这实在是一个相当庞大的数字。杨衒之的《洛阳伽蓝记》不仅是一篇不可多得的文学作品，而且也是一篇历史的实录。作者对洛阳当时的许多寺庙的铺陈描述实在是美不胜收。这些华丽的寺庙名义上是佛教徒举行佛事活动的场所，实则是那些王公贵族骄奢淫逸的宫廷。高阳王元雍有男奴六千，使女五百，吃一顿饭花费数万。河间王元琛与之比富，骏马十余匹用金槽喂养，招集王公宴饮，食器均为水晶盅、玛瑙碗、赤玉壶等。章武王元融见了心中懊恼，卧床三天不起。尽管如此，王宫贵族们为了平衡心理，建立“功德”，更是大兴土木，建造寺庙。一时间，洛阳上下，贵族们之间一场新的竞赛开始了，造寺建庙成了他们争宠斗富的内容，成了他们挥霍钱财的手段。在这种大繁荣的背景下，祸

三武一宗法难

指佛教四次法难，是我国历史上皇帝迫害佛教最严重之四次事件：

（一）北魏太武帝，听信司徒崔浩、道士寇谦之之言而压迫佛教。太平真君七年（446年），尽诛长安沙门，破坏一切经典图像，北魏佛教遂遭毁灭。至文成帝复兴之际，始告恢复佛教地位。

（二）北周武帝，信纳道士张宾与卫元嵩之论，有意废佛；其时甄鸾、道安、僧勉、

静霭等曾为佛教辩护。建德二年（573年），帝即下令废佛、道二教，毁坏经像，并令沙门、道士还俗，仅选名德者120人安置于通道观。六年，北周灭北齐，其时虽有慧远排众抗辩，然武帝仍对北齐之地行排佛政策。翌年，帝崩，佛道二教始告复兴。

（三）唐武宗时，宰相李德裕等人排佛，会昌五年（845年），帝乃下敕留置若干寺及僧30名，余皆废弃，并令僧尼还俗。将佛像、钟、磬改铸为钱币、农具等物，史称会昌法难。翌年帝崩，宣宗时再兴佛法。

（四）后周世宗，显德二年（955年），帝实行排佛政策，诏令废止寺院30336所（《佛祖统纪》作3336所），又下诏毁佛像，收钟、磬、钹、铎之类铸钱。其时，镇州有观音铜像，灵应颇验，故虽有诏下，人莫敢近。帝闻之，亲往其寺，以斧破铜像面胸，观者为之颤栗。显德六年，帝于北征途中，胸发疮疽而殂。其后，宋太祖统一天下，下诏复寺立像，佛教始告复苏。

上述四次法难中，前二次主要系基于思想上之原因，后二次则系基于经济上之理由。宋朝志磐之《佛祖统纪》卷四十二将此称为“四大法难”，或“三武一宗之难”。

乱的种子也同时种下了。

佛教的空前繁荣首先引起中国固有的道教的不满和排斥，北魏太武帝即位不久，新天师道的创始人寇谦之即来平城献道经一部以示归顺。对佛教一向表示不满的宰相崔浩便趁机对太武帝说，真正中国的教义是道教而不是佛教，佛教是外来宗教，陛下是中国的皇帝，应当推崇道教而鄙视胡教。这样的阿谀正中欲做中国皇帝的胡人太武帝的心中隐病，于是，太武帝开始在中原大兴道教，于平城设立天师道坛，接受封禅，表示已受天命，有权来做中国的皇帝。尽管如此，太武帝拓跋焘并没有要对佛教采取什么措施的意思，当时的佛道之争，也仅仅是学术之争，并没有可能发展到相互仇杀的地步。直到太武帝拓跋焘的士兵们按照崔浩的建议进攻长安讨伐叛军盖吴，在长安的一些寺庙里发现大量弓箭矛盾，酿酒器具，大量钱物，以及僧人与贵家妇女淫乱的密室。如果说在这之前北魏太武帝已经对佛教没有了多少感情，但他并未下定废佛的决心，或者说，他即令早有废佛的思想，但他一直找不到废佛的理由和借口，而此刻，面对长安佛寺中所见一切，被激怒的太武帝终于找到了他认为可以昭示天下的理由。于是，一场大规模的废佛运动就这样开始了。

后来的历史学家们总结说，这就是中国佛教史上“三武一宗”四次灭佛事件的第一次。

第五章　辉煌篇章誉中华

辉煌篇章誉中华

首创中国佛教宗派的智者大师

梁大同四年（538年）初冬的一个下午，荆州华容（今湖北潜江西南）的一户陈姓人家热闹非凡，原来，这户人家在一年前产下一名男童后，又降生了他们的第二个男婴。据说这男婴降生之时，产妇的房内神光洞明，这神光甚至映射到邻居的家里，于是一村的人都知道陈家降生了一个非凡的男婴，前来贺喜的人也就络绎不绝。

大家都争着抱看这名男婴，一个个说着吉利的话儿。忽然，一个瘸脚道人闯进了屋门，说也要见见这个男婴。这要求没有什么过分，于是，有人就去了屋里，将那个刚刚降生的男婴又抱了出来。谁知那个瘸脚道人张口就说，善哉善哉，恭喜你家有了一个出家人，这孩子将来必是一个佛门大德。

智者大师像：智者大师（538—597年），名智顗，字德安，俗姓陈，颍川人，中国天台宗（法华宗）的祖师。

一般的人家，谁也不愿自己的儿子去做和尚，听了这瘸脚道人的话，男婴的父母都隐忍着心中的不快，不表露出来。待客去室空，男婴的父亲陈起祖抱过孩子在灯下仔细观看，想看看儿子究竟有什么异相，看着看着，陈起祖不觉惊叫起来，呵，我的儿子生有重瞳。

孩子的母亲也凑过来看，果然如此，这孩子重瞳在目。重瞳者，非凡之人相也。想当年楚国霸王项羽即为重瞳之人，但项羽虽曾叱咤一时，到底最后还是落得个自刎乌江的悲惨命运。面对眼前这重瞳的儿子，夫妇俩内心复杂，真是说不出是喜是忧。陈起祖曾在梁元帝萧绎身边做过散骑常侍这样的小官，深知官场的险恶。陈起祖并不指望孩子将来出官为相，只希望他将来能延续香火，让这个家红红火火地发展下去也就罢了。

世有动荡，家有不幸，这孩子长到16岁时，父遭厄运，母又身亡。小小少年感叹人生的无常，一心就想出家为僧，无奈兄长千方百计加以阻拦。兄长说，现父母均不在人世，你我双为孤儿，你若再去出家，岂不等于又割我一块肉吗？但是，在一个矢志出家的青年胸中，亲情不过是过眼烟云，而无常的痛苦却是永久的阵痛。最后，他终于还是投到湘州果愿寺法绪的门下，成为一名年轻的沙弥，取法名智顗。在师父的指导下，智顗开始潜心研读《法华经》，并以此作为终身研读的主要经典。

浙江天台县国清寺大雄宝殿：国清寺是中国佛教天台宗的发源地，隋开皇十八年（598年）晋王杨广承智顗大师遗愿建成，初名天台山寺，隋大业元年（605年）炀帝赐国清寺额，唐、宋、元、明诸朝曾多次整修，现存建筑为清雍正十二年（1734年）所建，1973年曾进行全面修缮。

佛教是一门博大精深的学问，但它又不仅仅是文字上的功夫。在长期研读的过程中，智顗知道，要想成为一名真正的大师，没有脚踏实地的修炼是万万不行的。不久，他闻听在当时名满天下的义学大师慧思正在大苏山为人讲经，于是便决定投奔慧思。

慧思的弟子很多，这些弟子大多是很有造诣的佛门精英。然而当慧思在一见智顗的当下，就立即觉得，眼前的年轻人将来必是佛门大器。慧思突然说：“呵，上次我们曾在灵山会上同闻佛陀的教法，不想今日又在此相见，真是佛缘不浅啊。”

慧思的弟子们都听得莫名其妙，智顗也觉得慧思的话显得突然，但他很快意会到慧思的寓意，于是接过话头说：“是啊，怪不得觉得面熟，记得那次在灵山会上，佛陀还曾为你摸顶，说你将来必是东土佛门的将才。”于是，满座的人都知道这位新来的和尚不是一般的人物，都将他看作是一位异人。

追随在慧思的身后，智顗的学业有了很大的长进，没过几年，已成为慧思之外佛门中举足轻重的人物。忽然一天，慧思把智顗叫到面前，郑重交待他说，我之住世将不久矣，你与陈国有缘，你可先去陈国弘法。

依照师父的嘱咐，智顗带着30多位弟子来到陈都金陵，在瓦官寺开讲禅学。在此期间，上至皇室成员，下至黎民百姓，无不对智顗讲授的《法华经》若痴若醉。智顗的名望也在短短的时间内家喻户晓，一时间，金陵出现人人出言必赞智顗，个个言词必论法华的浓郁氛围。

天台宗

又作法华宗、天台法华宗、台宗、圆宗、台家。我国十三宗之一，日本八宗之一。六朝时，智顗大师栖止天台山，倡立一宗之教观，世称天台大师，遂以所立之宗称为天台宗，或台教。天台宗之僧徒，即被称为台徒；天台宗之道法，称为台道。又此宗依《法华经》以判一代时教，且最尊崇《法华经》，故又称法华宗。本宗即是以天台智者大师为开祖，以《法华经》教旨为基础判立五时八教之教相，提倡三谛圆融之理，依观心之法以期"速疾顿成"的大乘宗派。

俗话说，树大招风，出名必遭人妒，终于有一天，一个叫慧荣的名僧来到瓦官寺，声称要与智顗一论高下。于是，一场唇枪舌剑在所难免，辩论的结果当然是以智顗的大获全胜而告结束，但智顗也从此事中意识到，陈都金陵是非太多，绝非久留之地。一天夜里，智顗做了一个奇特的梦，梦中境界，据说正是会稽（浙江）天台山。于是，他结束了瓦官寺八年的讲学生涯，带着他的学生们来到梦中的天台，在天台北峰创寺院，植松柏，引泉水，一时间天台佛法大盛。在这山水清幽的环境里，智顗一边继续他的弘法生涯，一边开始修习禅观。被后人传颂的所谓天台三大部的《法华经玄义》二十卷、《法华经文句》二十卷、《摩诃止观》二十卷即在此完成。这些著作除一部分为他自己亲撰，大部分为弟子根据他的讲授整理成篇。据此，中国佛教中第一个宗派"法华宗"开始形成。因法华宗是在天台山完成了它的全部理论，人们又称其为"天台宗"。

一天，智顗临海眺望，见有渔人围网捕鱼，便生怜悯，力劝渔人改渔为耕。并以重金买下这一片海岸，以阻止渔人作业。第二年，智顗在天台山的一座大殿即将落成时，无数黄雀围在他的四周叽叽喳喳，有的甚至就落在智顗的头上肩上，智顗向人说，但凡善心，必有后报，你看，那些获救的鱼儿幻化为雀，是前来向我报恩的啊。

隋文帝开皇十一年（591 年），智顗接到晋王杨广的一封书信，力邀他前往扬州主持千僧大会。当时，智顗已看到隋朝的天下必为杨广所取而代之，他分析了释迦牟尼以来的佛教历史，尤其是从前辈的实践中得出教训，佛教的兴盛，离不开现实政治的推助，更需用强大的经济为援。智顗随即下山前往。在扬州，智顗为杨广授菩萨戒并赐法名"总持"，杨广也回赠他为"智者"。从此，人们便称智顗为"智者大师"。

开皇十七年（597 年），智者大师自知将不久于人世，虽只有微病，却不再进药，这一年十一月二十四日，智顗端坐于佛像前一心称念阿弥陀佛，吉祥西归。

净土宗的先遣者昙鸾

昙鸾（476—542年）：或作昙峦，俗名不详，自号玄简大士。梁时山西雁门人，家居五台山附近。

经过半个多月的旅途颠簸，昙鸾终于到达江南茅山。刚下过一阵雨，此刻，茅山被笼罩在一片浓浓的雨雾之中。

他向一个打柴人询问进入茅山的路，那打柴人看了看他说，山中本无路，你走过了，便是你的路。昙鸾觉得这个打柴人很有意思，便指着面前的几条荆棘小路说，你不是沿着这其中的一条走过来的吗？怎说山中本无路呢？打柴人又看了看他说，先生采药还是炼丹？昙鸾回答说，既非采药，也非炼丹，我此来是要寻找一个高人，他姓陶，名弘景，是一位大道仙人，想你对此人也有所耳闻。打柴人笑了笑说，就是嘛，我看先生既非采药，也非炼丹，所以才向你说出那一番话。于有路而走路者，那就是些平庸之辈了，而于无路中去寻路，这才是非寻常之人。先生说我于此路中走出，先生看我不过一砍柴人罢了，而先生一看便知非寻常之人，先生要寻找的人，也是非寻常者，所以我要对先生说，你只管向那云深不知处，定可寻找到你要寻找的人。

砍柴人说着，便唱着小曲，背着一捆干柴，快快乐乐地下山去了。昙鸾望着他的背影，觉得到底是茅山，藏龙卧虎之地，连一个砍柴的农人说出的话来也这样字字珠玑，句句真理。

这时，有一缕阳光钻出了云层，远处，茅山的山顶在一缕白雾中似隐若现，昙鸾便沿着砍柴人走出的小路，向那云雾缥缈之处一步步走去。

其实，昙鸾对山并不陌生。还是在他十多岁的时候，有一次他从别人处借得一本闲书，书中说到五台山的文殊菩萨智慧，顿时使他生起无限的向往。于是，他瞒着家人，独自爬上了五台山。那是他第一次领略山的神韵，也是他第一次与佛教结缘。昙鸾也正是在这次的五台山之行中完成了他一生中最大的宏愿，在五台山披剃出家，做了一名出家的僧人。

此后，昙鸾跟随师父走过了很多的大山，见闻了很多的大善知识，他也因此阅读了大量的佛典，如龙树菩萨的三论：《中论》、《大智度论》和《十二门论》等。大约是在他20多岁的时候，他第一次接触到《大集经》。

此经为后汉时期西竺僧人支娄迦谶先译三十卷，后又由鸠摩罗什译出同名经三十卷。此经内容说大乘法义，内容广泛，而以中观实相为其宗旨。经中讲说了许多大乘的修行法门，而均以般若性空的思想加以贯穿，一方面演说禅法，另一方面又包含了很多的密教的色彩，因而一般人很难理解。昙鸾于是决定对这部经典进行注解。然而他的工作还未进行，突然一场暴病，使他差一点断送了性命。病好之后，他便常常气喘吁吁。他不得不停下笔来，他知道，他的定力或是功力都使他无法把这件宏伟的工程进行下去。

有人劝他说，须先治好疾病，一个多病之躯，是什么事也干不成的。于是，他决定寻找名医。

他在秦川大地漫无边际地走着，他不知道他要去哪里，也不知道他要寻找的名医究竟在何处。那一天，他忽然走到汾州秦陵，那是当年秦始皇的墓葬之地。走进秦陵，似乎也就走进了那个飞扬跋扈的时代，走进了一个强悍专制的时代。站在那高高的秦陵东门，昙鸾遥望着南天，这时，有股强烈的光线从云层中钻了出来，照在这浩浩的秦川大地上。奇迹发生了，就在那时，他感到神清气爽，感到生命的无比浩渺。他的气喘病也说好就好了。

陶弘景像：陶弘景（456—536年），字通明，号华阳隐居、华阳真逸、华阳真人，丹阳秣陵（今江苏南京）人，南朝齐梁时著名道士、医药学家、炼丹家。

昙鸾决定返回住地，重新开始他注解《大集经》的工作。忽然，一个念头在他的胸中升起：生命是如此匆匆，人生是如此短促，而他所要做的事情却刚刚开始。那不可一世的秦始皇曾使出无数的解数，希望求得长生不老的仙方，然而却始终未能得成。世上一定有长生不老之方，只是秦始皇因残暴而遭天下人所恨，没有人肯真正为他寻觅罢了。

很早以前，昙鸾就曾听说过道士陶弘景的事情，人们都说，陶弘景已经300多岁了，但至今依然鹤发童颜。一个突发的念头让昙鸾激动不已，何不前去拜访道士陶弘景，向他学习长生不老之方术，尔后再来从事佛经的注释工作岂不更好？

昙鸾就是这样不辞辛劳地来到江南茅山，来寻找道士陶弘景的。

他在茅山的深处攀爬了一天又一天，饿了，

摘几颗野果，渴了，掬一捧甘泉。终于在一个山洞前见到了正在打坐的陶弘景。果然正如人们所传说的，陶弘景鹤发童颜，声如洪钟，就像是一个翩翩少年。陶弘景对昙鸾也早有耳闻，于是，二人一见如故。道童奉上一杯刚刚烹制的新茶，揭开杯盖，一股清香先自让人精神为之一振。陶弘景说，早就知道法师要来，所以小道我几天前就已经“整拂藤榻，具陈花木，端襟敛思，贮聆警惕”。昙鸾说明了来意，陶弘景立即取出十卷《仙经》交与昙鸾，嘱他好好阅读。陶弘景说，一切三昧，尽在经中。

在茅山住了半月，昙鸾手不释卷，将那十卷《仙经》日夜阅读。半月之后，昙鸾归心似箭，此刻，他迫切希望也能像陶弘景一样，在一座人迹罕至的深山之中认真修炼不死之术。陶弘景也不留他，于是，昙鸾辞别陶弘景出了茅山。

途经洛阳，昙鸾寄住白马寺中，恰好遇到北印度三藏法师菩提留支在此开讲《涅槃经》。听完菩提留支一堂讲授，昙鸾觉得大有受用，于是登门求见。昙鸾开门见山地问道，西方佛法中是否有让人长生不老之术？菩提留支说：“岁月有时，草木荣枯，人命即在呼吸之间，一切众生都逃脱不掉生死的轮回，唯有佛法能了人生死。”菩提留支送给他《涅槃经》一部，嘱他好好阅读。菩提留支说，佛法乃人生大法，唯有一声佛号，才能让人了生脱死。

半个月后，昙鸾一把火烧掉了陶弘景送给他的那十卷《仙经》。此后，昙鸾于魏都时时为人开讲《大般涅槃经》，所到之处，教人念佛。他自己则一句阿弥陀佛圣号从不离口，终于达到神清气远的境地，一时名闻魏都。东魏静帝因感佩于他的念佛法门，遂称他为“神鸾”，并敕住汾州石壁山大岩寺。

昙鸾晚年著作《往生论注》竭力提倡净土法门。在这部著作中，昙鸾阐述了处在五浊恶世的无佛时代的人们了脱生死的根本方法，他认为，此时的人们因无他力可依，且又秉性愚顽，唯有一心念佛，凭借阿弥陀佛弘誓愿力往生净土，才是通往解脱之门的易行道。

昙鸾的念佛法门简单易行，因此信众如云。他也被人们称为净土宗的先遣者。

净土宗

以往生极乐净土为目的之宗派，我国十三宗之一，日本八宗之一。净土乃指清净国土、庄严刹土，即清净功德庄严之处所。其又称莲宗，盖东晋慧远在庐山结白莲社，取义生西方净土者皆由莲花所化生，而极乐国土亦名莲邦。本宗特别以称念佛名为主要修行法，藉弥陀本愿之他力，祈获生于西方极乐净土，故又称念佛宗。

清代线刻图：《十五祖迦那提婆尊者》，迦那提婆，南天竺国人，姓毗舍罗，为十四祖龙树尊者的弟子，以智辩著称。三论宗因据印度龙树《中论》、《十二门论》和提婆《百论》三部论典创宗而得名。又因其阐扬“一切皆空”、“诸法性空”而名空宗或法性宗。

三论宗的开创人吉藏

梁敬帝绍泰年间，建业兴皇寺的讲经堂里聚集了不少听经的人，大家都在专注地听法朗法师宣讲《中论》、《百论》和《十二门论》。听法的人几乎全都是头皮光光的僧人，唯有一个六七岁的小男孩也煞有介事地坐在那里。一般说来，六七岁正是一个孩子最好动最调皮的年龄，但这个孩子不但像大人们一样坐在那里一听就是几个时辰，而且似乎还听得津津有味，两只小眼睛炯炯有神。

当下有人好奇了，说这是谁家的孩子，怎么也坐在这里听经呢？知情的人就说，那孩子是前两年出家的道琼法师的儿子。道琼原姓安，原是安息国人氏，因祖上避乱而移居汉地。因他经常到寺里听智药三藏讲经，受此影响，终于剃度出家。却又不放心儿子，于是就常常把儿子带在身边，也好让儿子一同接受佛法的熏染。

智药老法师对这个孩子自然也十分喜爱，有一天，他摸着孩子的头说，孩子，你愿不愿意像你父亲一样出家呢？小孩点了点头，说早就想出家了。听的人就都笑了起来，说你早想出家，早是什么时候呀？就这样，这孩子就拜在法朗的门下做了一名小沙弥，取法名吉藏。

法朗是当时有名的三论师，吉藏的耳濡目染，当然也都是《中论》、《百论》和《十二门论》了。有一天，出家不久的小沙弥吉藏见师父闲着，就走到师父的身边问道：“师父，你把三论的由来说得够详细了，你说三论是为了破除人们的迷茫和执著，申明佛法正信的道理，那么，怎样才能破除迷茫和执著，怎样才能申明佛法的正信和道理呢？”

法朗惊讶异常，知道这孩子将来必成大器，于是就对他说：“佛陀的教义，从来就是自开自解，怎样破迷茫执著，怎样树佛法正信，那是你自己的事，你自己好好地思考吧。”法朗又说，三论是当年鸠摩罗什大师于东晋年间在长安译出，再由他的弟子僧肇弘化于大江南北，但三论的义理晦涩难懂，一般人很难理解，这就更需要一代一代的大德加以阐明。吉藏啊，将来阐释三论的人必然是你，你任重道远啊。

师父的话让吉藏意识到自己将来的重任，于是，他决心终身奉持三论，做一名三论宗的大师。

前来兴皇寺的人越来越多，奇怪的是大家都是冲着小小年纪的吉藏而来。这些闻风而来的人有的是出于对佛法的正信，有的则是为一睹吉藏的风采，都要看看，一个小小少年是怎样成为闻名遐迩的佛教大师的。这一天来的客人非同寻常，那是陈朝的桂阳王。桂阳王还未进寺，有人就报告了法朗，说桂阳王驾到。法朗说，他是来找吉藏的，让吉藏做好准备，快去迎接。

桂阳王是一个对佛法有着浓厚兴趣的王公贵族，他对佛法的了解，决不次于一个一般的僧人。这一次，二人就三论所阐明的“真俗二谛”进行了长时间的交谈。说到真俗二谛，吉藏说：“俗谛中人总执著于一个‘有’，真谛中人又执著于一个‘空’。佛祖为引领不同众生，采取方便施教，既说‘有’，又说‘空’。其实，空和有，都是相对的，正所谓‘此有即彼有，此生则彼生’，所以《心经》中说‘色即是空，空即是色’了。”

桂阳王怎么也没有想到，一个少年僧人，竟能这样引经据典，娓娓道来，如行云流水，若明月清风。一个多时辰的交谈，桂阳王对吉藏佩服得五体投地，他也终于明白，为什么一个十几岁的少年会有如此渊博的学识，为什么会有如此之多的南北学人望风披靡了。桂阳王说，看来果然名不虚传，吉藏法师的确不愧为我大陈的少年英才。桂阳王把随身带来的素肴珍品一一供奉在佛前，说这是皇上让我送给吉藏法师的，改日还要前来请教。

吉藏27岁这一年，师父法朗吉祥西去，吉藏也就当然地成为三论宗法统的衣钵传人，成为京城人人景仰的一代宗师了。

隋开皇二十年（600年），晋王杨广在国内建立了四大道场，其中的长安慧日寺就专请吉藏担任住持。杨广是一个弑父乱国的暴君，吉藏有心拒请，但他又想，三论由鸠摩罗什在长安译出，但却只弘扬于江南一带，如果能住持长安慧日寺，就能把三论的学说弘扬到北方的广大地带。住寺不久，吉藏在寺里开讲三论讲义。消息一经传开，前五天就有无数听众占据了经场所有的位置。第二天，听法的人继续增加，寺里不得不把经场的走廊也腾出来供听众席地而坐。而到了讲经的这一天，

江苏南京栖霞寺：栖霞寺，始建于南齐永明元年（483年），为江南三论宗的发祥地。

未等天明，整个慧日寺人山人海，一座大殿被围得水泄不通，寺方不得已又在大殿前的广场上另搭简篷，以满足数万听众闻佛生喜的愿望。人们说，这样盛大的法会，是自梁武帝以来未曾有过的第一次。

吉藏的名望越来越高，外界对他的议论随之也多了起来，其中即有人说到他“爱狎风流，不拘检束”。对于这些议论，吉藏只是一笑了之。终于，这些议论传到隋文帝的儿子齐王的耳里。这一天，齐王带领60位峨冠环佩的文人学士来到慧日寺，欲与吉藏展开一次论辩大会。那天又是一个人山人海的场面，辩论一开始，那60位文人学士便轮番上阵，一系列刁钻古怪的问题排山倒海般向吉藏轰来。吉藏一一给予应答。吉藏的应答引经据典，有理有据，60位文人学士很快就败下阵来。现在，该轮到吉藏施展宏才的时候了，他清了清嗓门，将今天的论辩做了番总结：

“以有怯之心，登无畏之座，用木讷之口，释解颐之谈……”因为今天所来的文人都是当今骈文高手，他也就把今天辩论的过程以骈文的形式一气呵成。言语中既有自谦，也有针砭，既有对这些文人学士的讥讽，也有对当今时世的愤懑。齐王听到这里不禁叹道，让吉藏大师去参加科举，新科状元非他莫属。论辩大会结束后，齐王拜倒在吉藏的座下，当下就说：“小王愿执弟子之礼，从今以后，我将皈依三宝，永托庇佑。”

晋王杨广杀父篡位，做了隋朝的皇帝。然而好景不长，隋朝很快就被李唐王朝取而代之。高祖对佛教的心理是矛盾的，这一年，高祖下诏天下高僧，针对当时的佛教现状进行咨询。长安僧人推选吉藏为代表去见高祖。于是，吉藏对当前佛教现状极尽分析铺陈，向高祖提出设立僧统的建议，以约束佛教内部的腐败势力。高祖李渊采纳了吉藏的建议，并下诏命名十大僧统，吉藏当然也为其中之一。

吉藏看出统治者内部的矛盾，当有人问到秦王李世民与当今皇上的关系时，吉藏回答说：“天命之赋于世事，是必须有所假藉，正好比春天藉薰风以催生，夏天藉气温以助长，秋季藉朔风以萧杀，冬天藉霜雪以促藏，一消一长，才能助成四时的运行。”吉藏的回答没有正面涉及统治者的矛盾，却预示着李世民日后将成气候。

高祖武德六年（623 年）五月的一天清晨，吉藏忽然嘱侍者为他准备净水沐浴。侍者说，这样的清晨，师父是不宜沐浴的。吉藏说，我今天要往生了。侍者大惊，说：“师父好好的为什么要说这样的话？”吉藏又说：“准备纸砚，我要作文。”吉藏从容沐浴更衣毕，便于座上开始作文。文毕，吉藏已寂于座上。所作之文原是一篇《不应怖死论》。

秦王李世民听说吉藏圆寂，当下就写了一封吊唁的信，信中说：“藏法师道济三乘，名高十地，业风飘世，长辞奈苑，迹留人往，弥用凄怆！”可见李世民对吉藏的推崇和敬仰。

三论宗

又作空宗、无相宗、中观宗、无相大乘宗、无得正观宗、嘉祥宗、提婆宗、般若宗、破相宗，我国十三宗之一，日本八宗之一。系以《中论》、《百论》、《十二门论》等三论为所依，宣扬空、无相、八不中道等义理之宗派。以着重阐扬诸法性空，故又称法性宗。

护法高僧法琳

唐高祖武德四年（621 年）九月，刚过了重阳节，京城长安就突然下起了一阵小雪，空气骤然寒冷，长安街头的行人立刻就少了许多。

这一天瑞雪暂止，但京郊济法寺里仍然是少有的宁静。没有了游人，没有了香客，甚至连寺里从来不曾断过的晨钟暮鼓也变得悄然无声。在那间空旷的讲堂里，聚集了当时数十位最有名望的高僧。与以往法会时的那种香烟缭绕、人声鼎沸的场面相比，今天这里却显得异常冷清，气氛也显得格外压抑，高僧们耷拉着脑袋，一个个愁眉不展。原来，就在不久前，太史令傅奕向皇帝上书一份废佛的奏折，在这份奏折中傅奕说：“释经诞妄，言妖事隐，损国破家，未闻益世，请胡佛邪教，退回天竺，凡是沙门，放归桑梓，则家国昌大，李孔之教行焉。”

傅奕在奏折中明确指出，佛教乃外来宗教，其为妖言邪说，于国于家均有不利，佛教自天竺而来，还是回天竺而去，建议将所有僧人放回民间，唯有如此，才能使老子和孔子的学说得以盛行。

李渊父子因自言系道教祖师老子李聃的后代，自执政唐王朝以来，对道教特别推崇，而对佛教这一外来宗教则大加贬斥。傅奕瞄准了李渊父子的这种心理，于是就上请了这样一份奏折。

一时间长安城里香烟冷落，长安佛界岌岌可危。一些僧人开始脱下那一领衲衣，做着返俗的打算；另一些僧人则忙着变卖寺庙的财产，准备来年成家立业。

今天来这里的几乎全是当今高僧，过去，他们凭借着在佛教界的威望，几乎就成了呼风唤雨的角色，然而今天却一个个垂头丧气，面对如此废佛的局面，谁也想不出什么办法来。终于，不知谁提出，既然他傅奕能写奏本，我们为什么就不能写奏本？他说佛教损国破家，我们为什么不能说佛教传入以来对安抚民心、稳定国家所起的作用？一番慷慨，大家都觉得言之有理，最后，大家决定推举一人代表长安佛界上奏皇上，力陈废佛的恶弊。于是，这历史的重任就落在了一名高僧的头上，这位高僧名叫法琳。

熟悉法琳的人都知道，此人原籍颍川，自幼出家，但却四海云游，如闲云野鹤。23岁这一年，法琳隐居在青溪山鬼谷涧，开始埋头攻读佛经典籍，并搜览儒道诸篇，通加细读，从而使得他博采众长，不仅精通佛理，也通晓老庄。法琳有着传奇般的经历，他身为沙门，却又不时头披葛巾隐身道观，但他最终还是回到了佛寺，成为长安城里冠盖一时的名僧。

唐高祖像：李渊（566—635年），字叔德，陇西成纪（今甘肃省秦安县北）人，隋炀帝的外甥，唐代开国君主，庙号"唐高祖"，谥号太武皇帝。

受着大家的重托，肩负着历史的使命，法琳不负众望，连夜写出奏本，并请人送达朝廷。不久，高祖读过法琳的奏本后，觉得法琳所言很有道理。佛教自汉代传入，迄今盛行数百年，如若蓦然废佛，必将造成社会混乱，这是任何一个朝廷所不愿意看到的事实。于是，朝廷终于将那一纸废佛的文诏扣压在那里。

废佛的浪潮虽然是被高僧们弹压下去，但由于傅奕的奏本在社会上流传很广，再加上长安佛界也的确有许多不尽如人意之处，一时间长安百姓对僧徒们的印象竟越来越差。市民的言辞中讥诮之风也时有流露。于是，高僧们再次聚集到济法寺的讲堂里，讨论如何应对当前的形势。

还是那位僧人提出，大家应该意识到社会舆论不可低估，之所以现在百姓对佛教多有讥诮，除了佛教界自身的原因，傅奕的奏本影响太大了，我们何不也书写一批檄文，讨伐傅奕，以正视听？大家觉得他说得在理，当下就有总持普应写出了《破邪论》二卷，居士李师政写出了《内德论》、《正邪论》等，针对傅奕的废佛言论，广述佛理的重要。大家都在文思泉涌地写着，唯有法琳沉思在座，半天也不见他落笔下文。于是就有人说，法琳大德，前次是你立了头功，今天大家都在写讨傅檄文，你为何无动于衷？

法琳终于站起来说：“各位的文章写得都很好，但却都未能切中时弊。大家知道，傅奕的奏本历陈道教的好处，我们何不来个针锋相对，利用老子的言教以证佛法的正信？”

法琳言罢，大家都觉得这主意好。得到大家的鼓励，当下法琳就提笔写下一篇《破邪论》。没想到此文一出，洛阳纸贵，长安百姓都在抢读这篇以道论佛的文章，市民们顿时改变了立场，从此便对佛教不再另眼相看。

这样平平安安过了两年，到了武德七年（624年），朝廷中又针对道佛之争展开一场大辩论。这次辩论不久，高祖下了一道诏书，宣布削佛，京师只留三座寺庙，僧人只允一千。其余寺庙分赐王公贵族作为宅地，僧人放回民间，以作乡民。好在这次的削佛为时不久，等到高祖退位，唐太宗即位，大赦天下，僧徒也得以各归其寺，佛教得到暂时喘息的机会。

贞观初年（627年），对佛教渐有好感的唐太宗舍南山太和宫为龙田寺，法琳因为护法有功，被推为该寺寺主。然而好景不长，一场突如其来的灾难降临到法琳的头上。贞观十三年（639年）九月，道士秦士英等人上书皇上，说法琳的《破邪论》等一批文章有影射朝廷之嫌。太宗听信了道士的谗言，于是再次下令削佛，并对法琳大加问罪。法琳自知劫难当前，乃因缘所致，于是从容自投公堂。这年的十二月，刑部对法琳进行了推问。法琳在公堂上据理力陈佛教在中国历史发展进程中所起的作用，痛斥了那些诋毁佛教的小人。法琳说，我的老师释迦牟尼，是名为佛，佛者，觉也，自

唐太宗像：唐太宗李世民（598—649年），唐高祖李渊次子，年号贞观。生于开皇十八年（598年）；唐武德九年（626年）发动“玄武门之变”，于东宫显德殿即位；贞观二十三年（649年）因痢疾病逝于长安含风殿。在位23年，终年51岁，谥号为“文皇帝”，葬于昭陵（今陕西醴泉县九宗山）。

觉觉他，觉一切能觉之人，乃至一切众生。

太宗下诏让法琳念观音七天，七天期满行刑，看他是否有临刑不伤的灵验。七天之内，法琳神思泉涌，镇定自若，对即将的临刑无所畏惧。七天过后，太宗问他是否在念观音，法琳说：“七天以来，不念观音，唯念陛下。”太宗问他，为什么不念观音，唯念陛下？法琳回答说，观音尘形六道众生，上下天地，皆人天师范；然大唐盛世，光宅四海，陛下英明，从不滥杀无辜，即是当世的观音，所以老衲不念观音，唯念陛下。

太宗听后龙心大悦，于是就赦免了法琳死刑，发配到益州为僧。

受此牢狱之灾，法琳的身心受到极大的摧残，当行到半路时，旧病复发，病死在途中。享世寿69岁。

玄奘西域取经记（一）

漫天的黄尘，席卷着西域的天空，风依然很猛，灰黄的天空中不时有一两只鸟儿掠过，丢下一片喳喳的叫声。古老的高昌城门前彩旗猎猎，人喧马闹，一派热闹景象。路边的胡杨树下停着一辆华贵的辇车，高昌国王就坐在那辆辇车上。昏黄的太阳渐渐从高昌城高耸的城墙垛上移出，国王不时手搭凉棚，向远方眺望，然而那无尽的尘路上仍只有空旷的天际，却不见有一个渐近的人影。

国王是清晨时分就来到这城门下的，已经大半天过去了，无论是他的护卫们还是那些一直站在路边迎候的高昌国民，都不曾吃一点东西。自从昨天有飞马报告，说玄奘法师西域取经，将路过高昌国时，高昌王就一直处在难奈的兴奋之中。佛教诞生于古印度，而高昌国正处在西域与内地的交通要道上，随着丝绸之路的开通，有关佛教的消息也不断传到与印度最近的高昌国，因此，高昌国自古就有信佛的传统。高昌国王更是一个虔诚的佛教信仰者，但凡得知有著名的法师路过高昌，国王总会热情相迎，盛情款待，并设法要在国内设无遮大会，请法师讲几日大乘经典。

傍晚时分，终于有使者飞马传驿前来报告，再过一刻，大唐的僧人玄奘就会到了。国王在侍者的搀扶下走出辇车，乐队奏起了梵乐，长长的欢迎队伍发起一阵欢呼之声。远处，一个背着行囊的人影一步步向这边走来。

眼前的玄奘衣履褴褛，面容枯槁，处处显现出长途跋涉的辛劳，但人们注意到，他的神情依然俊朗，人们从他那一双清澈明亮的眼睛里，更看到这位大唐僧人的坚毅与平和。

乐队高奏着欢迎的乐曲，高昌王行过跪拜之礼，玄奘就被请进了早就为他准备好的辇车，于是，车队在沿途居民高悬的火把和烛光之中驶进了城门，进入王宫。这时，国王之母以及后宫嫔妃数百人也一律手擎蜡烛，分列两旁，大家都怀着欣喜的心情，迎接着大唐法师的到来。

这是贞观三年（629年）的仲秋，自玄奘离开长安西行求法，已过去差不多半年时间。

玄奘说，贫僧发心西竺求经，路过贵国，给国王添麻烦了。

高昌王说，早就仰慕法师大名，今天得以相见，真是三生有幸啊，何谈麻烦。国王又说，从长安到西域路途遥远，一路上天高云绝，处处艰辛，法师为什么只一人前往呢？

玄奘说，说来话长，我很早就有西竺求法的愿望，无奈我国近年来制定的法统，禁止僧人私度出国，直到这几年国内饥馑，国家才放宽政策，允许僧人自由出行，自谋生路，我这才走出了长安。出长安时，也曾有一位护法随处跟随，可惜半途中他还是退却了。

高昌王于是大为感叹，称赞玄奘西域求法的意志是何等坚定。高昌王又说，西出敦煌，有一片漫漫大沙漠，不知有多少人葬身在那里，只留下躯躯白骨，法师是怎样过来的呢？

玄奘笑笑说，说起来，在那片大沙漠里，我正是凭着累累白骨，才判断出西行的方位。途中遇到一场风暴，漫天黄沙吹得人天昏地转，我急中生智，将头埋在马的肚子上，一边口中念着《般若心经》和观音菩萨，结果马死了，我却活过来了。当时食物全尽，饮水全无，以为必死无疑，多亏佛陀暗助，无意中于一片胡杨林中发现水源，这才走出了大沙漠。

玄奘像：陕西西安大慈恩寺前的玄奘塑像。

国王和国母听到这里，一个个流下感叹的热泪。于是，国王让人整理寝宫，安排玄奘好好休整将息，一边以高昌国最好的食物款待玄奘。第二天，国王又专程来到玄奘的寝宫看望玄奘。又谈了些一路上发生的新奇而惊险的事情，国王说，西域离此仍有不少路途，法师就不要去了。我国虽然也有国师，但比起法师您来，真可谓九牛一毛也不及矣。法师如愿长留在高昌国，小王愿以皇兄之礼相待。

玄奘说，我自幼出家，虽遍寻佛藏，但深感学贵经远，义重疏通，未成探颐。佛法生于印度，佛陀经教八万四千卷，而传入国内的，不过是凤毛麟角。大唐佛法方兴未艾，国内现流行两大学派，一为地论学派，一为摄论学派。地论学派奉持《十地经论》，摄论学派则奉持《摄大乘论》。由于两派对佛性的理解各不相同，各执一端，于是我一直就想西去印度求取总括三乘学说的《瑜伽师地论》，以探究竟。同时，玄奘久闻印度那烂陀寺佛法之盛，非长安佛寺可以相比，玄奘西竺求法的愿望就此而立，不可更改，请国王理解。

高昌王见玄奘西去决心如此坚定，也就不好再三挽留。又过了几天，玄奘应邀为高昌居民开讲了《摄大乘论》和《俱舍论》，国王和国母也欢喜受听。算来，玄奘在高昌国已逗留半月有余，讲经结束，玄奘终于向国王提出辞行。然而国王却不置可否，继续留玄奘为国民讲经。那天深夜，玄奘将拟好的一份书信留在寝宫，趁着人静，踏着月光离开寝宫。然而所有的城门都不肯为玄奘打开，守城的人说，已接到国王的命令，没有他的批准，任何人都不得放大唐僧人出城。

玄奘只得又返回寝宫。从这一天起，玄奘开始拒绝饮食，也拒见来人。

他想起他从 7 岁时就跟随早早出家的二哥长捷去寺院里听经，11 岁时就能熟练背诵《维摩诘经》和《法华经》。国家法令，不到 20 岁不能出家，但他 13 岁就被特别批准进入佛门。出家后，他系统地学习了《涅槃经》和《摄大乘论》等一批大乘经论。隋大业末年，由于战乱，他随着二哥长捷从家乡洛州（今河南偃师）到了成都，终于得到隋朝灭亡、唐朝开国的消息，而这时候，他已是一名 23 岁的青年僧人了。在此期间，他广泛地涉猎了包括《摄大乘论》、《阿毗昙论》以及《迦旃延论》在内的十几部大乘经典，然而越是感觉到佛法的殊胜，越是觉得国内现存大乘经典的不足。他也就是这样坚定了决心，不论千辛万苦，也要去西竺求取更多的佛经。

三天过去了，侍者将玄奘绝食的情况报告给国王，高昌王这才明白，玄奘西行的决心像顺泻而下的恒河一样不可更改。国王大为惭愧，亲自上门向玄奘道歉，并送玄奘黄金百两，银钱三万，绫帛 500 匹，另配快马侍从 60 余人，以作玄奘的侍从。高昌王又给西去的二十四国一一写了介绍的文书，拜请这些小国给予关照，一路放行。临行前，高昌王又与玄奘结拜兄弟，国母也与玄奘结为母子。母子俩流着眼泪，一直把玄奘送出城门。

玄奘西域取经记（二）

离开高昌国的玄奘再也不是从长安出走时的那种孤雁单骑，有了高昌王的经济后援，再加上那 60 余人的一路护卫和沿途各国的悉心关照，余下的路程顺利得多，也快捷得多。

贞观七年（633 年），玄奘终于住进了西行求法的目的地那烂陀寺，这时，距他离开长安，已过去三年。

那烂陀寺中的庵没罗园是当初释迦牟尼剃度的所在，寺中也一直存留着佛陀的毛发等舍利，因此，庵没罗园也是全印度佛教信仰者朝拜的中心。经过一代代国王的兴建，如今的那烂陀寺已是全印度最大的寺庙，寺中有僧侣四千余众，其中 9 名为最有学问的“三藏法师”。玄奘来自东方大国，加之西行成功，早在印度成为传奇，而在印度的这些日子，玄奘所到之处讲经说法，更是成为印度社会人人皆知的人物。那烂陀寺以最高的规格迎接着玄奘的到来，寺中的最高长老“正法藏”戒贤长老派出 40 人的队伍迎候在通往那烂陀寺的大道旁，那烂陀寺的山门旁僧俗人等 1000 余人手持鲜花等候在那里，迎头一人手捧戒定真香，在缭绕檀香烟雾里，玄奘走进了他早就向往的那烂陀寺。

戒贤长老时年 106 岁，然鹤发童颜，声如洪钟。

法相宗

又作慈恩宗、瑜伽宗、应理圆实宗、普为乘教宗、唯识中道宗、唯识宗、有相宗、相宗、五性宗。广义而言，泛指《俱舍宗》、《唯识宗》等以分别判决诸法性相为教义要旨之宗派，然一般多指唯识宗，或以之为唯识宗之代称。为中国佛教十三宗之一，日本八宗之一。即以唐代玄奘为宗祖，依五位百法，判别有为、无为之诸法，主张一切唯识之旨之宗派。本宗总取《华严经》、《解深密经》、《如来出现功德经》、《大乘阿毗达磨经》、《入楞伽经》、《厚严经》等六经及《瑜伽师地论》、《显扬圣教论》、《大乘庄严经论》、《集量论》、《摄大乘论》、《十地经论》、《分别瑜伽论》、《观所缘缘论》、《唯识二十论》、《辩中边论》、《大乘阿毗达磨杂集论》等十一论为所依，又特以解深密经及成唯识论为凭据，以成一宗之旨。

印度比哈尔邦那烂陀寺遗址：那烂陀寺建于5世纪，又叫那兰陀寺、阿兰陀寺，意译施无厌寺，全称那烂陀僧伽蓝。为古代中印度摩揭陀国首都王舍城北方的大寺院。

玄奘先行礼毕，禀告长老说，弟子从东土大唐而来，前来贵国，欲学瑜伽师地论。戒贤听罢，忽然泪如雨下，一边就说，三年前老衲曾有一梦，一金身人飞报我说，有一东土大唐僧人正欲前来求学，已在途中，三年之后即到那烂陀寺。请问法师，你自离开长安，已经几年？

玄奘说，我自贞观四年从长安出发，途中经过我国秦州、兰州，再抵达边境凉州，迄今正好三年。

戒贤三年前的梦，那烂陀寺人全都尽知，如今东土圣僧终于到来，全寺的人都觉得新奇，从而对玄奘更是敬佩之至。当下戒贤向全寺宣布，那烂陀寺原定十名“三藏法师”却只有9位，现在玄奘法师来了，那烂陀寺10位“三藏法师”也就全了。

玄奘在那烂陀寺受到最高的礼遇，生活待遇几乎就与戒贤同等。利用这优厚的条件，玄奘加紧学习《瑜伽师地论》，同时兼学婆罗门书以及印度地方历史和地理、生物等知识。戒贤长老也时常为大众讲解《瑜伽师地论》。每到讲解的日子，那烂陀寺总是人山人海，旁听者将一座那烂陀寺围得水泄不通。

虽然印度的社会是一个大小乘并举的社会，而大乘学派中的般若空宗与瑜伽有宗作为大乘学派的两大分支，在理论上也存在着明显的分歧。这就使得小乘学派有可乘之机。这一天，戒贤长老接到印度最高宗教领袖戒日王的通知，让那烂陀寺与南印度小乘论师们进行一次学术论辩。原因是小乘学派们写出了一部《破大乘论》，欲与大乘学派一比高低。戒贤长老派出四位论师作为应战的一方，其中即有玄奘。玄奘连夜写出《制恶见论》一千八百颂，对小乘学派们进行了鞭辟入里的驳斥。戒日王在读到玄奘此论后大为感叹，立即将《制恶见论》拿给小乘论师们看，小乘论师们读罢一个个噤若寒蝉。戒日王说："日光既出，则萤烛夺明，天雷震响，而锤凿绝响。"

此后，戒日王在曲女城举行盛大的无遮大会，参加此次大会的有天竺十八个国王以及婆罗门代表，再加上外道义解各派僧俗人等一万余人，推举玄奘作为大会的论主，以此弘宣大乘的教义。玄奘将自己所写的《制恶见论》和《会宗论》在大会上进行阐释。大会一共进行了半个多月，竟然没有一人对玄奘义论提出一字反驳意见，甚至会后，一向对大乘怀有偏见的小乘论师们也把玄奘尊称为"解脱天"。此时的玄奘已经声闻全印度，其实已经超过了他的老师戒贤长老。直到很多年后，印度的一些寺庙里仍收藏着玄奘穿过的衣物和鞋袜等。一些人把收藏着玄奘的片纸只字作为几代人的骄傲。

冬去春来，玄奘在印度已度过十几年的异国生涯，随着一个个日子的逝去，玄奘思乡的情绪也愈加浓烈。戒日王看出玄奘归心似箭，便也说："人命如露，非旦则夕，为使大法弘化，即可还也。"

玄奘在印度的这些年，正是李世民在长安大展宏图的日子。唐太宗从隋朝的迅速灭亡中汲取了教训，并接受了魏徵"偃文息武"的意见，意识到要想建立永久的大唐盛世，必须先建立一个开放性的唐代社会。玄奘欲返的消息传到长安，唐太宗十分高兴，说希望能与他早日相见。同时太宗命令于阗王备足鞍马，前往迎接玄奘归来。

贞观十九年（645 年），离别故国 17 年的玄奘终于踏上祖国的土地。17 年后的长安，已经与他当初孤雁单骑离开时不能同日而语。正出征东辽的太宗命留守长安的宰相梁国公房玄龄等朝廷要员代表他出城迎接玄奘的归来。听说玄奘西域归来，长安百姓摩肩接踵地拥堵在长安的街道上，都想一睹这位为法忘躯的法师尊容。铺满鲜花的长安街头展览着玄奘从西域带回来的一部分实物，其中佛舍利一百五十粒，金檀佛像七尊，经论五百二十夹，六百余部。

几日后，玄奘前赴洛阳与太宗见面。太宗对玄奘的才华及风度大加赞赏，太宗提出，希望玄奘能弃佛从政，玄奘说："我冒九死一生，往返十七年，行程五万里，亲历了一百多国，终于迎回大乘法宝，人命无常，我正要利用余生，将这些经典认真翻译出来。"

太宗为玄奘的懿行感动，即命宰相房玄龄等人为玄奘提供一切费用，设立译经场，以实现玄奘译经的宏愿。

此后的20多年里，玄奘主持译经75部，1335卷。后人把鸠摩罗什的译著称为"古译"，把鸠摩罗什以后的译著称为"旧译"，而玄奘的译著则被人称为"新译"。古译和旧译与新译不同的是，玄奘的译著在考校上更加严谨，也更多地保持了原著的特色，所以后人评价说，玄奘的新译也更有价值。除去以上经卷，玄奘还把自己在西域沿途各国的见闻写成《大唐西域记》十二卷。这十二卷著作对后人研究印度以及尼泊尔、巴基斯坦等国的历史和文化提供了重要的文献资料。

高宗即位后，对玄奘同样十分推崇。显庆二年（657年），高宗前去洛阳，敕玄奘陪同。四月，高宗前往明德宫避暑，仍敕玄奘作陪。玄奘不敢懈怠自己的译业，随行随译，日夜操劳。麟德元年（664年）正月初九，玄奘自知死期临近，让人将所有译著名录读给他听。在侍者的朗读声中，玄奘露出欣慰的微笑。

《玄奘取经回长安图》：描绘唐贞观十九年（645年），玄奘取经抵长安时受到盛情迎接的场景。

不爱江山爱袈裟
——善无畏的神秘世界

一场宫廷内部的权力之争，让年轻的国王善无畏身心俱焚。

那是不久前发生的事情，事情的起因是善无畏的一位兄弟企图以武力夺取他的王位，于是，一场王家卫队与叛军之间的交战便不可避免地爆发了。叛军很快就被制服了，战争也很快宣布结束了，然而年轻的国王善无畏却并没有从胜利中获得安慰，相反，一种从未有过的困倦让善无畏只想钻进一座山林，好好地休整自己疲惫的身心。

善无畏是中印度乌荼国佛手王的儿子，也是释迦牟尼的叔父甘露饭王的后代。其先祖因国难而从本国出走，后来就做了乌荼国王。善无畏的父亲佛手王生前十分喜爱他的长子善无畏，经常带着他出门打猎，并以种种方法考验儿子处事的能力。善无畏 10 岁的时候，父亲就让他统领兵马，而到了他 13 岁这一年，父亲终于一病不起。按照乌荼国的惯例，长子善无畏继承了父亲的王位，做了新一代乌荼王。当时他并不知道，觊觎这王位的还大有人在，这个人不是别人，就是他的某一个兄弟。一次又一次暗中的密谋，终于导致了一场背信弃义的叛乱。手足同心的兄弟成了人心相背的敌人，现在，等待那个叛乱者的，只能是被诛杀的命运。

善无畏像：善无畏（637—735年），甘露饭王的后裔，13岁继承乌荼国王位，后出家，向达摩掬多学习密法。玄宗开元四年（716年）到长安。先住兴福寺，后住西明寺。为唐代密宗胎藏界的传入者，与金刚智、不空合称开元三大士。

那是一个阳光灿烂的下午，乌荼国传来一个爆炸性的新闻，国王善无畏向国人宣布，他将把王位让给那个企图叛乱的兄弟，当母亲惊讶地问他：孩子你呢？他轻轻地说了两个字：出家。母亲流泪了。母亲说，那王位原本是你的啊，你不杀他倒也罢了，怎么把王位也给了他呢？善无畏说，本是同根生的兄弟，却因为这场战争而手足相残，现在我把王位让给他，是为了不至于亲情断绝。母亲见善无畏让位决心无可更改，便把一颗价值连城的传国宝珠暗中给了这仁慈的儿子。

放弃了王位的善无畏来到南海之滨的殊胜

寺，开始修习法华三昧，不几年，他又与一群同伴乘着商船游历了诸国，拜见了不少名师，获得了不少的知识。一次，他乘坐的商船在海上遭遇到海盗，善无畏暗诵密咒，危难之际，忽然又来了另一群海盗，两股海盗相互残杀，善无畏他们乘坐的商船乘机逃脱。

不久，善无畏来到中印度的那烂陀寺。那烂陀寺曾是佛陀剃度的所在，寺中至今仍收藏着佛陀的毛发舍利，因此，那烂陀寺也是全印度佛教的中心。善无畏到了那烂陀寺，立即就把母亲传给他的那颗晶莹耀眼的传国宝珠系在了佛像的颈脖上，以作为他献身佛陀的决心以及对那烂陀寺的布施，那尊佛像顿时就大放光彩，那烂陀寺也因此而白昼如月，黑夜如日。寺中的住持达摩掬多精通禅密，据说他当时已是800多岁的老人，而他的相貌却如同一个40多岁的中年人。善无畏于是就拜在达摩掬多的门下，跟随他学习禅密的功夫。达摩掬多不仅亲自为善无畏灌顶，并把总持瑜珈的三密和各种印契都一一地传给了他。善无畏遇到了这样的高僧，功夫有了很大的长进，不久就成了这寺里的“三藏法师”。我们记得，当年玄奘就曾是这寺中的“三藏法师”之一，那是那烂陀寺赐给一个有成就的僧人最高的桂冠。又过了几年，达摩掬多嘱咐他说，你应该到东土大唐去，大乘佛法将在那里大兴。

遵照达摩掬多的吩咐，善无畏经过无数的颠簸和劳顿，终于在唐玄宗开元四年(716年)踏上中国的土地。据说唐玄宗曾在一次梦中见到一位圣僧，后来玄宗让人按照他梦中所见，绘制一幅圣僧的画像悬挂在宫内。当他终于与善无畏见面的时候，惊讶地发现善无畏与那幅画像竟如此相像。善无畏受到朝廷的热情接待，并被敕住在兴福寺南塔院。这时，他已是一位80多岁的老者了。

开元五年（717年），善无畏完成了他毕生的著作《无畏三藏禅要》，接着，他又开始着手翻译他从西竺带来的一批经卷，其中的《虚空藏菩萨求闻持法》是中国最早的密藏之一。与此同时，善无畏开始按照密藏中的描绘，着手浇铸密藏中的金铜灵塔以及曼荼罗佛像。

有一次善无畏决定在兴福寺铸铜造塔。因为当夜刮着大风，需要熔化的铜汁又太多，寺僧们都担心夜半刮风引起火灾。善无畏说，担心是多余的，到时候你们就知道了。半夜里，当铸铜熔解的时候，大风突然而止，漫天大雪席卷着长安，映照着炉中通红的铜汁，呈现出一派壮观景象，僧众们无不称叹不已。

这一年夏天长安奇旱，玄宗知道善无畏有禅密功夫，就让高力士急召善无畏进宫求雨。善无畏说，旱或雨，都是天数，天命不可违。由于天旱得太久，长安居民急盼下雨，玄宗说，即使不下雨，来点儿疾风也是好的。善无畏推托不过，只得让人拿来一只大碗，又在碗中盛满清水。不一会儿，人们看见那只水碗里腾空而起一条蛟龙，刹那间长安街头暴雨倾盆。

《苏悉地羯罗供养法》拓片：北京房山出土的善无畏译的《苏悉地羯罗供养法》正背拓片，此供养法惟《契丹藏》有之。

开元十二年（724 年），善无畏奉诏来到洛阳奉先寺主持译经。在此期间，善无畏又与一行法师等一起译出了《大毗卢遮那佛神变加持经》（即《大日经》）等一大批密典。

开元二十年（732 年），善无畏思念故园，请敕归国。但玄宗未予诏准。开元二十三年(735 年）十月，善无畏溘然长逝，享年 99 岁。僧徒们将他的遗体安放在龙门西山广化寺的庭院里供人礼拜，很多年过去了，他的遗体仍然保持着不坏的颜色。

师徒相承，华严大兴

唐太宗贞观十四年（640 年）六月的一天夜里，京城长安的上空一颗巨星瞬间陨灭，第二天，长安街头传来一个惊人的消息，一代宗师、华严宗的创立者法顺于京师南郊义善寺无疾而终。据说当时在他坐化的那一刻，一对大鸟飞抵他的屋顶一声声悲恸啼鸣。人们说，这是法顺生前饲养的一对乌鸦。

遵照他生前的嘱咐，僧徒们将法顺的遗体放入一方岩穴里，一个月后人们前去看他，只见他肉身颜色鲜明，似刚刚入睡，整个岩穴布满奇香。

关于法顺的传闻还不止这些，据说隋末唐初的一个夏天，法顺和一群道友来到骊山深处结夏安居。此处山林幽静，溪水常流，人迹罕至，正是栖息和修学的好

清代线刻图：《华严初祖帝心杜顺和尚》，杜顺（557—640年），唐代雍州万年（陕西临潼县北）人，俗姓杜，法号法顺，华严宗初祖。

清代线刻图：《华严二祖云华智俨法师》，智俨（602—668年），甘肃天水人，俗姓赵，号至相大师、云华尊者，唐代高僧，华严宗第二祖。

地方。没想到住处附近有一只大蟒，时常窜进僧人们栖住的茅蓬。同来的道友吓得再也不敢住在这里，而法顺却独自留在那茅蓬里研习《华严经》。那只大蟒仍是每日都来，每当法顺诵念《华严经》的时候，那蟒便盘成饼状，上半截身子摇摇晃晃，似乎听得津津有味。一个月后，他的道友们不见他的消息，以为他被那蟒吃了，于是便结伴前来察看，正好看到他与大蟒和谐相处的一幕，道友们一个个惊得目瞪口呆。

法顺一生奉持《华严经》，研习华严，他的著作有《华严法界观门》、《华严五教止观》等。他的这些阐释华严的著作，使得中国佛教华严宗在他这一代奠定了基础，于是，人们有理由将他奉为华严宗的创立者和一代宗师。

法顺逝后，华严宗在他的弟子智俨手中得到了进一步的丰富和发展。关于他们师徒二人两代相承，共同奉持华严的故事，后来被人们传得神乎其神。

据说还在智俨 12 岁的时候，有一天他的家里来了一位僧人。那是他父亲的朋友，后来知道，这僧人就是法顺。法顺在一见他之下，便喜欢上了这个孩子，认为他将来必是禀承华严一宗的法器，于是，法顺请求智俨的父亲赵景将这个孩子让他带走。孩子的母亲还有些不舍，但父亲赵景却一口答应了。

由于法顺自己行踪无定，不久，他便把智俨托付给一位西域僧人学习梵文，后来智俨又跟随另一位僧人学习《摄大乘论》。这样，智俨长到了 14 岁，法顺便让他完成了剃度大礼。然而没等到智俨形成自己研究方向的时候，法顺就离开了人世。

20 岁时，智俨求取了具足大戒，成为一名正式的比丘僧。虽然这些年来他在佛法的大海里遨游了很长时间，但是毕竟佛经繁杂，浩如烟海，智俨认识到，古人说三十而立，虽然离 30 岁还有一段距离，但如果现在还不能确立一生中行持的方向，到时候就来不及了。那一天，智俨在一堆经籍前焚香礼拜，遥对天曰：我之一生奉持即在此刻。言毕，伸手在那一堆经籍中随意地抓取了一本，却是一本《华严经》。他这才知道，当初法顺师父把他引到佛门，并不是一次随意的行为。

不久，他得知华严论师智正在至相寺开讲《华严经》，便立即前往学习。智正对这位年轻学子的努力给予了充分的肯定，鼓励他沿着他师父法顺的道路一直走下去。智俨在至相寺跟随智正学习了将近一年的时间，已对《华严经》的意蕴深有所得。接着，他又努力搜取历代大师们有关华严的解文。其间最大的收获便是得到北魏僧人慧光所著《华严经疏》。经过数年的学习和比较，智俨已对《华严经》有了很深的研究。不久，他完成了他一生浩瀚的著作《大方广佛华严经搜玄记》以及后来的《华严一乘十玄门》、《华严五十要门问答》等。

晚年的智俨一直就住在至相寺，几十年的时间里，他除了向僧众讲授《华严经》，同时也讲授《摄大乘论》，一时华严宗风大盛。

法顺、智俨师徒两代人的不懈努力，为后来《华严经》的研究者法藏奠定了坚实的基础。为此，人们尊称他们师徒为华严宗的初祖和二祖。

华严宗

又称贤首宗、法界宗、圆明具德宗。为我国十三宗之一，日本八宗之一。本宗依大方广佛华严经立法界缘起、事事无碍之妙旨，以唐代杜顺禅师（557—640年，即法顺）为初祖。本宗依《华严经》立名，故称华严宗。《华严经》系如来成道后，于菩提树下为文殊、普贤等上位菩萨所宣说之自内证法门。佛陀入灭后七百年顷，龙树于龙宫中见此经有三本，以上、中二本非凡力所能持，乃诵下本十万偈四十八品（或谓三十八品），流传印度民间，且作《大不思议论十万偈》以释其文义；复作《十住毗婆沙论》，以注释《华严经》释十地品。

净土宗的承前启后者善导

漫天飞舞的大雪伴随着呼啸的寒风已下了三天三夜，大雪把石壁山带进了一片银装素裹的世界。清晨，石壁山玄中寺的小和尚打开山门，迎面而来的寒风使得小和尚不禁打了个冷颤，他在手心里哈了一口热气，挑着一担水桶，踏着积雪向山门一侧的虎突泉走去。

通往山外的小道上不见一个人影，小和尚裹紧了棉衣，一步一步向前走去。忽然，小和尚身子一歪，摔倒在雪地里。他正要骂一句什么，却见那雪路上横着一个白色的东西。他知道这条路上并没有大石，那么，那横在路上，并将他绊倒在地的究竟是什么呢？小和尚小心地走过去，他用扁担扒开积雪，不禁大吃一惊，那横在路上，并被厚厚的积雪覆盖着的，分明是一个人。那人显然已经冻僵，小和尚把手试到那人的鼻子前，似乎还有一些气息。于是小和尚便放开喉咙大叫起来：快来帮我呀，这里有一个冻坏了的人。

从寺里跑出几个他的师兄弟，大家七手八脚地就把那人抬到了寺里，好不容易把那人的衣服脱了，硬梆梆地塞进被窝里，这时有人又端来一碗热水，一口一口地灌到那人的嘴里。终于，那人睁开了眼睛，像是刚刚

善导像：善导（613—681年），临淄（今山东淄博）人。唐朝专弘净土法门的一代高僧，净土宗的实际创始人，被尊为净土宗第二代祖师。

从一场梦呓中惊醒。大家这才发现，这人原来也是一个和尚。只听那人说：我这是在哪里啊？小和尚就说，这是玄中寺呀，你怎么到这里来了？那人听到玄中寺三个字，一下子就从被窝里坐起来，说：“请问，这是道绰大师的玄中寺吗？”小和尚们忙说是呀，我们的师父就是人称无量寿佛的道绰啊。

那人长舒了一口气说，总算找到道绰大师了。

当下就有人把情况报告给了道绰。过了一会儿，道绰来了。问过情况，终于知道，来人名叫善导，原是临淄（今山东淄博）人，自幼出家，拜密州明胜法师为师。几年前，明胜圆寂，善导因仰慕东晋慧远结社念佛的遗风，于是便风尘仆仆地前往庐山东林寺。在东林寺住了几年之后，并州（今山西太原）玄中寺道绰大师弘传净土法门的种种传闻几乎就传遍了大江南北。玄中寺是昙鸾初开净土法门的所在，寺内至今仍保存着昙鸾不坏的肉身。昙鸾往生后，道绰继承昙鸾的遗风，在玄中寺一边劝人以记豆法念佛，一边不时开讲《观无量寿经》。一些人对道绰的念佛法门不以为然，甚至恶言恶语加以诋毁，但他们在见到道绰之后，对道绰俊朗的神采以及他念佛不止的风范大加感动，再也不敢对净土法门加以诋毁。常年不辍的念佛，使得道绰的身体发生了奇特的变化，70多岁时不仅容光焕发，满面红光，而且还长出了新牙。

于是，玄中寺成了善导心目中的一块圣地。经过一个多月的长途跋涉，行程1000多里，善导终于从江西赶到并州。谁知正遇到大雪封山，他又在山中迷路，失去了方向，也不知道是什么时候，冻僵在玄中寺的山门前。

道绰听完善导的叙述，想起前人慧可雪夜中断臂求法的传说，顿时大为感动，又见善导虽貌不惊人，但却气度不凡，好好调教，将来必是这一门的一员法将，于是，玄中寺的学僧中便又多了一个名叫善导的人。当年昙鸾倡导净土法门，是因为感叹五浊恶世中的人秉性顽劣，而念佛法门易弘易学，依附阿弥陀佛的愿力，只需一声佛号绵绵不断，即可到达西方净土。对于矢志净土的人来说，除了对西方净土庄严世界美好的正信，以及一心往生西方净土的恳切心愿，最要紧的就是绵绵不绝的念诵。道绰从善导的身上看到他的这种信念和决心，同时也看到了净土一宗承前启后的希望所在，于是，便时常地将《阿弥陀经》的要妙宏旨倾囊而出地传授给善导。

河南洛阳龙门石窟奉先寺卢舍那大佛：卢舍那大佛，是按照武则天的形象塑造的，作于唐高宗咸亨四年（673年），位于洛阳龙门西山南部山腰奉先寺，通高17.14米，是龙门石窟中艺术水平最高、整体设计最严密、规模最大的一处。

贞观十九年（645年），道绰正念往生（逝世），善导也结束了他在玄中寺四年的学习，来到京城长安，于实际寺大收门徒，继续弘传净土法门。在此期间，他几乎每天都要给信众们讲授《阿弥陀经》，又与弟子们书写了几万卷《阿弥陀经》分送给前来求学的人们，同时，他又亲画《净土变相图》，以艺术的手法将西方净土的美妙庄严以形象的图画展现在信众的面前。净土信仰很快在京都一带得以盛行。

洛阳龙门石窟是北魏以来的浩大工程，沿着龙门石壁，十万尊造像再现了佛国世界的美妙庄严。这一年，唐高宗为延续这一工程，准备在奉先寺建造最大的一尊佛像卢舍那大佛。看到善导的《净土变相图》后，高宗十分欣赏，于是，特别敕准善导督造卢舍那大佛。

唐高宗永隆二年（681年），69岁的善导自知世寿将尽，他嘱门徒说，某月某日，我要到一棵大树上去往生。到了这一天，善导果然向寺前的一棵柳树走去，没等爬到树上，善导即往生于树下。

南山律宗的创始人道宣

隋文帝仁寿四年（604年），道宣还是一个9岁的孩子。这一天他的父亲钱老先生从外面回来，正看到儿子伏在桌上写着什么。父亲伸头过去，这一看做父亲的真是大吃一惊，他的儿子正在写一篇赋体散文。那散文词章华丽，对仗工整，最难得的是，一个9岁的孩子在文章中所表达的人生感慨竟至于那样老到。他正要夸奖儿子几句，没想到儿子却突然把那篇刚刚写就的文章一把扯了，说："文章好有什么用，还不是照样要死，要烂掉。"父亲又是大吃一惊，不知道儿子为什么竟说出这样的话来。老先生想起前几天带儿子去参加一个人的葬礼，也许那个躺在尸榻上的人给了儿子这样的感伤吧。一丝阴影掠过老先生的心头，他知道儿子是一个早慧的孩子，早慧的儿子一般不太好养，于是，老先生一把将儿子搂在怀里，问儿子说："儿子，将来你想做什么？"儿子说："我早想好了，做和尚，去了生脱死。"父亲更是大吃一惊，本以为小孩子说说罢了，没想过了几天，他竟看到儿子正捧着一本《华严经》在聚精会神地读着。老先生又一次感叹起来，这个儿子，将来也许真是一个做和尚的材料。好在老先生自己是一个佛教的信徒，他想，要是儿子将来真做了一个人天师范的僧人，那也是他一门的造化。

清代线刻图：《律祖唐终南道宣律师》，道宣（596—667年），浙江吴兴人，一说江苏润州丹徒人，俗姓钱，字法遍，又称南山律师、南山大师，唐代律僧，为南山律宗之祖。

隋大业七年（611年），道宣已是一个16岁的少年。这一天，他正式向父母提出要去做和尚。做母亲的当然舍不得，但钱老先生却满口应承了儿子。就这样，道宣于建康（今南京）日严寺正式剃度，他的皈依师为智律师。

智律师是一位修律的僧人，也是一位被人称为"钞疏山积，学徒云涌"的大学者。经过一段时间佛门生活的磨练，智律师正式向道宣讲授律宗的代表作《四分律》。对于这样聪慧的少年来说，无须花去多少时间，就能把师父要求的部分熟练诵出。道宣说："师父，我已经背会了，现在，请教我习禅吧。"

道宣轻率的态度让师父大吃一惊，他知道，但凡早慧的孩子都是骄慢而好高骛远的，而骄慢和好高骛远于一个欲求一番大事业的人来说，是一桩致命的毛病。师父狠狠地责骂了他一顿，师父说：“禅是明心见性的功夫，而律是立身处事的根本。没有立身处事的根本，又何谈明心见性的功夫？一个人连自己的色身肉体也难以约束，又何谈制约一颗浮躁之心？”接着，师父又罚他背二十遍《四分律》。道宣觉得有些委屈，但他还是照办了。到了晚上，师父把他叫到自己的寮房，耐心地向他说：“戒律是佛陀为保证僧团处于不败而制定的大法，是一个出家的僧尼守身制恶的根本。僧团在一天天扩大，僧尼的成分也一天天复杂，如果没有一部根本大法用以约束僧尼的行为规范，佛教一天也不能存在下去。”

师父的话让道宣热汗淋漓，他确乎意识到自己的身心浮躁，这样下去，也许真会像师父所说的，虽穿着一领衲衣，只能是一个衣架饭袋，白白地糟蹋了这一钵千家饭。

就这样，道宣在日严寺度过了他自出家到30岁的这一段人生中最为重要的阶段。他也从一个颖然天慧的少年变成一位学贯东西、足历南北的律僧。有一天智律师说：“道宣，你还记得你刚开始学律的时候我教训你的话吗？当时我说，禅是明心见性的功夫，而律是立身处事的根本。这些年来，通过你的努力，你已经成为一个‘披阅累于初闻，缘构彰于道听’的律僧，现在，你可以一边去修持定慧的功夫，一边去做你的学问了。”

这是师父对自己的嘉许，也是师父对自己的鼓励。为了进一步磨练自己的毅力，同时也为了悉心于自己的研究，道宣选择了绵延八百里，有着“天下隐乡”之称的终南山仿掌谷作为自己进一步修学的所在。

据说他刚到仿掌谷时，因住地缺水，难以生存，忽一天夜里，一位白衣老者对他说，水就在你脚底下，掀开一只石缝即可。第二天，道宣果然就掀开脚下的一块大石，一股清泉滹然而出。因此，道宣便把在此处所建的寺庙叫作“白泉寺”。道宣在白泉寺一边修学定慧的功夫，一边潜心著述。在此期间，他又结识了在终南山隐居的大学问家孙思邈，二人很快成为忘年莫逆。道宣问他，以你的学问，为何隐居深山？孙回答他说，不为良相，当为良医，以法师的智才，将来必是一个医国治民的大医王。原来孙思邈隐居深山，并非只为淡泊世俗，而是为了更好地出世疗疾。道宣大受启发。

《传戒图》：清任熊绘。戒师端坐在莲花座上，座下分站受戒僧众，皆为中华人物形象。图题“莲花中座魏戒师右肩袒”。

在终南山，道宣以大乘教义解释《四分律》，认为古译《四分律》过于繁琐，不利于今人研习，于是对其进行了一系列删繁补阙，至武德九年（626年），终于完成了他的第一部著作《四分律删繁补阙行事钞》三卷。接着，他又撰出《四分律删补随机羯磨疏》二卷和《四分律比丘含注戒本注》三卷，后来学者将此称为南山三大部，包括后来完成的《四分律拾毗尼义钞》三卷以及《四分比丘尼钞》，合称为五大部。

唐太宗贞观十九年（645年），玄奘从西域求法回到长安弘福寺建译经场，开始翻译他从印度带回来的大量经卷。受唐太宗诏谕，道宣从终南山回到长安，协助玄奘进行译经工作。在协助玄奘译经的过程中，道宣受玄奘法相唯识的影响，从而对自己的律学研究又有了新的见解。一年之后，道宣再次回到终南山，在丰德寺，他不仅把以往所撰著作进行重新修订，使其更符合现代人的修持，同时他又开始了僧传的写作，不久就写出《释迦方志》等一批传记著作。

高宗乾封二年（667年），道宣于终南山清宫精舍正式创立戒坛，亲制戒律，为僧徒说戒，并为前来求戒的僧徒授具足戒。道宣的南山律后来又经过弟子道岸等人的弘扬，南山律宗开始形成。

这一年的十月，道宣在一次法会完成之后将弟子唤到面前说：“我就要入寂了，请把坛谷石室打扫一下。”弟子们觉得十分奇怪，但还是依照吩咐将那间久无人住的石室认真地打扫了一遍。过了两天，道宣自行沐浴后，走进那间石室，然后就坐在那里圆寂了。

道宣寂后，唐王朝历代皇帝都对他的功绩进行了一系列的赏敕，在他示寂110周年之际，代宗下诏书说："每年由内中出香一合，送西明寺道宣律师堂，为国焚之祷祝。"

到了穆宗的时代，皇帝专门作了一篇诏赞，以称颂道宣的功绩："代有完人，为如来使，龙鬼归降，天神奉事，声飞五天，辞惊万里，金乌西沉，佛日东举，稽首归依，肇律宗主。"

文宗太和初年（827年），丞相韦处厚在为道宣所建造的纪念塔上题词："宣之持律，声振竺乾，宣之编修，美流天下。"

懿宗皇帝为道宣追赠谥号"澄照"，并为道宣纪念塔题额曰："先所居久在终南山，故号南山律宗。"

律宗

依《五部律》中之《四分律》以弘通戒律之大乘宗派。为我国十三宗之一，日本八宗之一。其宗旨系奉持《四分律》之净戒，而以一乘圆顿之妙理为旨归。分为三家：一相州日光寺之法砺，造《四分律疏》十卷，号为旧疏，宗依《成实论》。二终南山之道宣，作《四分行事钞》三卷，宗依大乘《唯识论》。三西太原寺东塔之怀素，造《四分开宗记》十卷（又曰《开四分律宗记》），号为新疏，盛斥前之二宗，宗依《说一切有部》。此三家在唐代各立异义，门叶互争，此名律之三宗。

菩提本无树

月黑风高的夜晚，一只小船悄悄地驶离江北的岸边，开始向对岸划去。船上二人，正是刚刚从湖北黄梅东山禅宗五祖手中秘密接过衣钵的慧能和他的师父弘忍。

这是发生在大约唐高宗咸亨初年的某一个夜晚的事情。

显然，船上二人都不识驾船，船在江心滴溜溜地转了几圈后，开始顺水向下游驶去。

弘忍说，还是让我来划吧，度你的本来是我啊。慧能则说，不，弟子迷时，由师父度我，弟子悟时，应该自度。就这样，小船顺风顺水，终于艰难地靠到了江南的岸边。弘忍挥手与弟子作别，并嘱咐说，小心啊，在我未寂之前，千万勿弘此法。慧能说，师父放心，衣钵只是一种信物，而真正的传承，是师父的以心传心。弘忍点头默许。于是，师徒二人就此分别。不久，弘忍示寂，慧能经过一番生与死的磨练，终于在曹溪登坛说法，成为高举禅宗革命大旗的一位法将，人们公认他为禅宗六祖。

说起慧能的接法，其中还有一段惊心动魄的故事。

慧能俗姓卢，先世为河北范阳人（今河北涿州），后因父亲吃了官司，被贬至岭南新州（今广东新兴县），并在此生下了慧能。然而生下不久，父亲病殁，于是慧能与母亲相依为命，母亲老了，慧能只得以打柴和卖柴供母子二人的生活必需。

一次，慧能卖柴到一个镇上，在一个客店里听到有人在朗朗诵读，慧能当下就觉得这是一本好书，遂问这是何书，那人说是《金刚经》。慧能爱不能忍，便问此书是从何处得来？那人说，是从湖北黄梅东山寺弘忍大师处得来。弘忍大师正在那里宣讲此经，你若想作佛，可去他那里受听佛法。那是一个作官不如作佛的时代，但凡听说什么地方有高僧说法，便会有一批一批的人舍弃一切，从四面八方前来问佛。慧能说，可惜我家一贫如洗，老母还等我卖柴的钱买米度日。那人听罢十分感动，遂拿出一些钱，让慧能去供养母亲。慧能安顿好母亲，立刻往湖北而来。路过韶州曹溪，又听到一个尼姑在念一部经，慧能问是什么经，尼姑回答说是《大般涅槃经》。慧能说，你有一处念得不对。尼姑不服，说你念念试试。慧能说，我不识字。尼姑奇怪了，说：你不识字，又怎么知道我念得不对呢？慧能回答说：诸佛妙理，非关文字。慧能的意思是说，但凡真理，都是一致的，明白人谁都知道，这与文字有什么关系呢？那尼姑对慧能敬佩得了不得，认为他是个奇才。这件事到处传开了，都知道有个不识字的农夫懂得佛经，于是，有座寺庙的住持就把慧能请去了，慧能就在那里住了下来。

然而慧能的心思只在湖北黄梅东山寺，他在这寺庙里住没多久，就继续往湖北黄梅而来，经过一些日子的长途跋涉，慧能终于到达目的地。

五祖弘忍问他，你从什么地方而来，你来这里欲求何物？慧能回答说，弟子从岭南而来，弟子不求什么，但求作佛。弘忍故意逗他说，岭南人一般都野蛮得很，如何能作佛呢？慧能说，人分南北，佛也分南北吗？岭南人的佛性与和尚的佛性又有什么区别呢？

弘忍知道这个看上去有些粗鄙的岭南农夫是一个可以造就的人物，就像一切有识见的前辈一样，让慧能去后院的碓房做了一名舂米的伙夫。

弘忍一天天老了，像一切佛门大德一样，在他的晚年，他希望能选好自己的接班人。弘忍的门下，有弟子七百，有才能有作为的弟子少说也有几十人。这一天，

清代线刻图：《三十二祖弘忍大师》，弘忍（602—675年），湖北黄梅人，得四祖道信大师正法眼藏和衣钵相传，为中国禅宗第五代祖师。

弘忍让他的所有弟子都作一首偈子，通过偈子看其开悟的程度以作为接班人的备选条件。

这件事在寺里传开了，但是，谁也不敢做什么偈子，大家都知道，神秀大师是弘忍最推崇又是最有学问的弟子，衣钵的传承，非他莫属。然而神秀对自己并不自信，因而迟迟没有写出师父要求的偈子。经过一再的斟酌和反复的推敲，神秀终于把他的偈子贴到了墙上，那首偈子是：

身是菩提树，心如明镜台；
时时勤拂拭，勿使惹尘埃。

这首偈子做得好啊，谁能做到其身体像菩提树一样端庄，一样正直呢？谁能让自己的一颗冥顽之心像明镜台一样纯净无染呢？就是这样的人，他还是要时时检查自己，免使自己惹上世俗的尘埃。大家都说，到底是神秀大师，师父的衣钵必是传他无疑了。

慧能已在碓房舂米半年之久，弘忍传法的事虽然闹到沸沸扬扬，但一直就没有传到碓房里来。那天慧能路过那面壁前，见很多人都在看热闹，于是便问那墙上写的什么。多数的人都不屑地走开了，只有一个小沙弥告诉慧能说，那是神秀大师写的偈子，神秀大师要做弘忍师父的接班人了。慧能让小沙弥把神秀的偈子读给他听，慧能听罢，连连摇头说，这首偈子没有见性，我做一首，保证比他的这首见性。小沙弥说，你斗大字不识半篓，你也能做偈子？慧能说，我来口授，你替我写上去就是了。于是，慧能当下就口占一偈，小沙弥依言写到了那方墙上。慧能的偈子是：

菩提本无树，明镜亦非台；
本来无一物，何处惹尘埃。

大家都说，奇了奇了，不识字的人也能做出偈子来。这事很快就被弘忍知道了，弘忍来到那方墙下，当他看到这首偈子后，不免大吃一惊，这个岭南农夫果然非同寻常啊。他看了看四周，便脱下鞋子将慧能的偈子擦去了，并说，这首偈子也没有什么，大家做自己的事去吧。

就在这天夜里，弘忍用黑布遮

六祖慧能真身像：慧能（638—713年），俗姓卢氏，唐代岭南新州（今广东新兴县）人。佛教禅宗祖师，得黄梅五祖弘忍传授衣钵，继承东山法门，为禅宗第六祖，世称禅宗六祖。摄于广东韶关南华寺。

严窗户，把《金刚经》的妙旨细细地讲解给慧能听。当慧能听到其中“应无所住而生其心”时，顿时就开悟了。于是，弘忍把衣钵传给了慧能，并嘱他赶紧逃离黄梅东山寺，免得别人加害于他。于是，便有了本文开头的那一幕。

躲过争夺衣钵的追杀，逃过一次次险情，慧能来到一处深山老林，混杂在一群猎人中间。又过了几年，慧能听到弘忍圆寂的消息,知道该是自己出山的时候了，于是便来到广州法性寺，正遇上那里举行盛大的法会，一代禅宗巨匠印宗法师在法会上开讲《涅槃经》。讲经间歇的时间里，有两个僧人为一面幡旗的飘动展开了争论，一人说，那是幡动，非是风动；一人说，那是风动，非是幡动。二人争得面红耳赤，不分上下。因为这是一个很有意思的话题，其他的僧人也加入了这场争论。慧能见大家争论不下，于是就说：“不是风动，也不是幡动，而是仁者的心动啊。”大家听到这样的解说，顿时感到非同寻常，印宗法师早知六祖南逃的消息，现在见到慧能，便知道这位说出如此惊人言语的人一定是慧能了。于是问过经过，当下就为慧能举行了剃度，接着又为他传授了具足戒。慧能被推上了法性寺的法座，由此，慧能正式向外宣讲他的禅宗大法。此后的三十几年里，慧能一直就住在韶州曹溪宣传他的禅宗大法，由此又被人称为“曹溪六祖”。

弘忍之后，禅宗开始分为南北二宗，南宗以慧能为首，北宗以神秀领班。后又由于慧能弟子神会的北上进京，匡正了南宗的正统地位，从此，中国禅宗开始书写它崭新的一页。

丢掉衣钵又何妨
——禅宗北派创始人神秀

清晨，神秀从当阳他寄住的小旅店出发，不到半天的时间便来到玉泉山地界。

突然间来了一阵暴雨，神秀不得不在路边的一家茶棚躲雨歇脚。毕竟是六月天的阵雨，雨下了不到半个时辰便住了。神秀伸头朝玉泉山方向望去，一缕云雾缥缈在远处的山间，玉泉山恰似一只停泊在雾海中的大船。他这才明白，为什么人们把玉泉山称作覆船山了。

他问店家，此去玉泉山还有多少里？店家说，望山跑死马，我这里距玉泉山还有十来里呢。店家又说，早上刚从玉泉山烧香回来，今天那里十分热闹，听说是有一位大和尚要来呢。神秀“呵”了一声，谢过店家的茶，背起行囊，接着赶路。

其实，玉泉寺早在几年前就向他发出邀请，希望他能去那儿弘法，他也早有离开黄梅，去玉泉寺弘扬他的“佛尘看净，方便通径”的“渐悟”意愿。只是当时师父弘忍尚且住世，眼看着师父渐渐老迈，他实在不好做出离开东山寺的打算。一个月前，弘忍终于舍报西归，虽然东山寺一再地挽留他，但他还是坚持离开他修学了近30年的黄梅东山寺，前往湖北当阳玉泉山。

有人说，神秀离开东山寺，是因为那场衣钵之争。说者也不是没有一点道理。那场世人皆知的衣钵之争，对于神秀确实是一次刻骨铭心的记忆。

早在武德八年（625年），神秀即在洛阳天宫寺受具足戒，直到50岁这一年，他才在偶然间见到五祖弘忍，弘忍的卓尔不凡当下就吸引了他，于是，他决定投奔蕲州黄梅双峰山东山寺，参谒五祖弘忍求法。在东山寺的那些年里，他做过杂役，从事打柴汲水达6年之久。他不辞劳苦的精神受到弘忍的赞赏，他对禅法的不懈追求也感动了师父，师父公开称他为“悬解圆照第一”，他也被推上“首座”的法位，做了一名“教授师”。弘忍向大家说：“我度过的人很多，至于说到开解悟圆，没有一个人能超过神秀的。”当时东山寺里没有人不说，将来六祖的衣钵必是神秀无疑。

谁也没有想到，慧能的到来，使师父突然改变了要把衣钵传承给他的打算。那一天，师父让寺里的人各做一首偈子，视其开悟的程度来确定衣钵的传承者。在经过一段时间的思考之后，神秀在那方壁上写下了这样一首偈子：

身是菩提树，心如明镜台；

时时勤拂拭，勿使惹尘埃。

更没有想到的是，一字不识的农夫慧能竟然在墙上写出了另一首偈子：

湖北当阳县玉泉寺山门：神秀后来一直在玉泉寺弘法。

菩提本无树，明镜亦非台；
本来无一物，何处惹尘埃。

显然，慧能的偈子是冲着神秀而来。弘忍当时虽然脱下鞋子抹去了慧能的偈子，说慧能的偈子也没有见性，但却又在半夜里将衣钵秘密地传给了慧能，于是，慧能也就在一个月黑风高的夜晚带着五祖的衣钵离开了黄梅东山。

衣钵虽然传给了慧能，但弘忍后来还是称赞神秀的偈子，让大家好好学习，说一般人如果依照神秀的偈子去做，也能达到“即不堕落处”的好处。

平心而论，慧能的偈子显出了他见性成佛的功夫，从这一点来看，慧能的偈子要比神秀的更直指人心，更直揭心性。自从佛陀灵山会上拈花示众，摩诃迦叶发出微笑后，禅就这样产生了。禅，说到底是人心的直悟，是心与心的交流。禅的智慧就在于不落实处，于“空”中求解求悟。空着空着，最后自身都不见，又何来菩提树，又何来明镜台呢？但不管怎么说，似乎是到了手的衣钵还是丢了，神秀自己倒没有什么，对于一个出离尘世的僧侣来说，了脱生死才是根本，衣钵毕竟是身外的东西。一切佛法都自在本性，人如果只一味向外求法，就好比一个守着自家的金树，却一味向世人乞讨的人一样，那是十分可悲的啊。但是，慧能夜半带着衣钵出走的消息还是在寺里掀起轩然大波。神秀的弟子们不服这口气，他们瞒着神秀，去追杀慧能，抢夺衣钵。这些愚笨的弟子们啊，即使抢夺到了衣钵又能怎样呢？师父传承给慧能的智慧是能抢夺到手的吗？

慧能毕竟是走了，后来他在广东韶州大弘他简便易行的“顿悟”法门，很快就得到天下的响应。而东山寺里对神秀丢失衣钵这件事，在一阵舆论哗然之后，也迅速归于平静。

神秀走进了玉泉山，走过那一眼清澈的泉源，站在桥上朝泉下看去，巍峨的玉泉山倒映于泉，从泉底涌出一串串泉水，就像是一串串晶莹的珍珠。古老的玉泉寺最初由晋王杨广于隋开皇初年（581 年）请诏为智者大师建造，因了这一眼泉水，寺名为玉泉寺。目睹眼前一切，神秀那疲惫的身心忽然像是被这泉水重新荡涤过一样，有着一种说不出的清爽。

神秀大师来到玉泉寺弘法的消息像长了翅膀一样飞遍了大江南北。人们并没有因为神秀丢失了六祖的衣钵而对他有半点轻慢，相反，正如弘忍所说，对于一般的人来说，依照神秀的禅法，时常地打扫自己的心性，让自己时时沉浸在一种洁净而无染的状态里，的确能够达到“即不堕落处”的好处。毕竟大部分人都是凡夫俗子啊。对于一个凡夫来说，能像一棵菩提树一样正直而圣洁，像明镜台一样纯净而无染，那他应该就是一个人中至人了吧。

在很长的一段时间里，弘忍的两位弟子慧能和神秀一南一北，他们像一眼泉源中流出来的两股清泉，分别以他们不同的禅法化导着芸芸众生。神秀教导他的弟子，“住心净观，常坐不卧”，而慧能却说：“生来坐不卧，死来卧不坐，一具臭骨头，何必文章做。”

对于南宗慧能这不同的修持方法，神秀的弟子们不以为然，甚至讥笑说：“他一个农夫，懂什么禅法？”神秀当即斥责说：“慧能大师自有天生的智慧，有着深悟佛法的天性，我是自愧不如。更何况弘忍师父传法于他，难道这会有什么错吗？你们不可诋毁大师，如有方便，可前往听慧能大师说法，回来后说给我听。”

时光如白驹过隙，神秀在玉泉寺一晃就过去二十几个年头了。二十几年里，神秀化导的人无数，前来请益的人更是络绎不绝。久视元年（700 年），武则天在京城听到有关神秀的消息，当即下诏，希望能见见这位不凡的老者。第二年，神秀终于以 99 岁的老迈，北上洛阳，觐见武皇。四位壮夫抬着神秀乘坐的轿子缓缓进

禅宗

又称佛心宗、达摩宗、无门宗。指以菩提达摩为初祖，探究心性本源，以期“见性成佛”的大乘宗派。中国十三宗之一，日本八宗之一。中国自古以专意坐禅者之系统为禅宗，兼含天台、三论二系，而不限于达摩宗；唐中叶以降，达摩宗兴盛，禅宗遂专指达摩宗而言。五祖弘忍之下，有慧能、神秀二大师，慧能之禅，行于南地，故称南宗；神秀之化，盛于北地，故称北宗。而北宗不免如来禅之迹，南宗得祖师禅之神髓。六祖慧能之下，生南岳青原两系。南岳传于马祖，青原传于石头。马祖之下独盛，转传而分沩仰曹洞临济云门法眼之五家。至宋朝，临济之下又附杨岐黄龙之二流。总是五家七宗。案禅宗之称，始于李唐。

殿，当武则天远远看到一位身长八尺，庞眉秀耳的老者健步向她走来时，当即觉得，这是一个不可多得的佛门领袖。不可一世的武皇往前三步，向神秀执弟子之礼。

武则天问他，大师的禅法源自何处？神秀说，依东山弘忍法门。武则天又问：东山法门又依何典？神秀回答说：依《文殊般若经》。

武则天欲以佛教图治天下，希望神秀能推荐更多的法师进京弘法。神秀当即向武皇说到南方的慧能，并将当初与慧能各做一偈的过程又复述了一遍。武皇听后十分感动，当即希望神秀写信请慧能进京。神秀十分高兴，立即写信转达皇上的意思，希望慧能一同在京弘扬禅法。然而慧能却以身材矮小，相貌丑陋，恐会坏了武皇对南宗的印象为由谢绝了武皇。由此也可见出两位大师不同的性格特点。

玉泉寺玉泉铁塔：原名“如来舍利宝塔”，又称“千佛塔”，建于北宋嘉祐六年（1061年）。塔身全为生铁铸造，高17.9米，共13层，重10.66万斤，是中国现存最高、最重、最大的铁塔。全国重点文物保护单位。

神秀逝后，皇帝赐他“大通禅师”的谥号以示褒奖。

江山社稷尽在一算
——天文学家一行

四月初八是一年一度的浴佛节。这一天嵩山嵩阳寺的山门前人山人海，旗幡飘扬，一派热闹景象。这一天也正是普寂禅师所主持的无遮大会的开幕式。就像我们今天的许多隆重的大会一样，出席开幕式的人照例是很多的，既有当地的政要，也有远道而来的名人，更有学富五车的文人。

人们注意到，坐在主席台正中的除了主持者普寂禅师，还有一位须发飘逸的老者，知情者说，那就是长期隐居在嵩山的名隐卢鸿。卢鸿的学问受到外界尊重，朝廷曾屡请卢鸿出山，可卢鸿却屡屡称病，今天，却被普寂禅师请到了这个大会现场。人们都说，他今天一定会有重要的文论面世。但熟悉他的人都知道，卢鸿患有喉疾，难以发声，但凡重要的文论，卢鸿总是请人代读。不知那今天代读的人究竟是谁。

大会开始，梵钟敲响，卢鸿果然从袖中取出了他今天面世的文论交与普寂禅师，并且说，今天写好了一篇文稿，虽只有千字，但字义深僻，文义古奥，请寺里派一个出众的人替我宣读，事先我要指点一下。普寂禅师叫来一个年轻的沙弥交待了一通后，只见那年轻的沙弥接过卢鸿的文论只草草地看了一遍，然后就微笑地把文稿放回到桌上。卢鸿的脸上露出一丝不快，他觉得这个年轻人也太轻率了，且看他今天如何朗读。

大会例行的节目开始了，只见那年轻的沙弥走到台前，拿起那篇文稿大声地朗读着，竟然字字准确，丝毫不错。卢鸿看着这个年轻的沙弥，不禁向普寂禅师赞叹说，这个年轻人不是你这里能够培养成材的，赶快让他出外游学。

普寂禅师不敢不信，于是就打发那年轻沙弥出门参学去了。临行前说，学好了务必要回来。

那个年轻的沙弥就是后来被人们称为天文学家的一行。这一年，一行 20 岁。一行开始了他遍参名师，广泛求学的游历生涯。几十年里，他经、律、论、疏，天文历算无所不学，无所不精。这一日，一行来到浙江天台山国清寺。一阵暴雨过后，天台山雨后方晴，天空中彩虹斜挂，空气异常清新。站在山门前的一棵古松前，但见门前溪水轰鸣，声如洪钟，一行凝神良久，一时竟被美景诱惑。忽听到寺内一老僧与人说话。老僧说："今天当有弟子从远方来求算法，我算出他已经到了山门口了。为什么没有人引他来见老僧？"老僧去除一子，接着又说："门前水往回西流，他该到了。"此时一行正被溪下的水流突然的转向而感到惊奇，但他又知道这是大雨后水流不畅的原故。

老僧话毕，一行连忙走进山门，纳头便拜。老僧说，呵，你终于来了。这时，门前的溪流又恢复东流。今天，人们在国清寺山门前看到那方石碑上刻有"一行到此水西流"，即是这个典故。

在国清寺，一行跟随老僧学习历算和天文，几年间就成了远近闻名的历算大师，慕名前来求教的人络绎

一行像：一行（683—727年），唐代著名的天文学家和佛学家，本名张遂，魏州昌乐（今河南南乐县）人。

不绝。从此一行名声大振。

朝廷曾多次请一行前往京城，但都被他婉拒了。开元五年（717年），玄宗派一行的族叔、礼部郎中张洽前来国清寺请一行前往京城。一行不能再推脱了。几天后，玄宗在长安召见了他，但玄宗似乎看不出这位相貌平常的僧人有多大的能耐。玄宗问他，禅师有怎样的才能？一行说，没有什么才能，不过略能记诵罢了。玄宗想考考他，于是让人拿出一本朝廷名册给他。一行只略看了一眼，就将那记录着上千人的花名册背得滚瓜烂熟，好像事先曾无数次背过一样，又好像他就是管理这些人的领班。这一下，玄宗不得不对他刮目相看了。至尊的皇帝走下了龙榻，向一行稽首行礼，并且说："你真是圣人啊！"玄宗诏旨，让一行住在兴福寺译场，协助善无畏的译经工作。几年之后，一行与善无畏等一起译出了《大毗卢遮那成佛神变加持经》（即《大日经》）。当时京城有一个叫郭和璞的高人说："汉代的落下闳造历时曾说，八百年要误差一天，到时会有圣人出来修正，今天正好到期。"这一年，一行果然根据《周易》大衍之数，撰出《大衍历》七篇，纠正了这一日的误差。

玄宗仍不时将一行召入宫内，请他占卜吉凶祸福。有一次，被外忧内患弄得心神不宁的玄宗向他询问朝廷的吉凶和李家王朝的祚运如何，一行顾左右而言他。玄宗于是再三追问，一行只说了一句话："陛下将有万里之行。"玄宗不解此意，但知不好再问。一行又送玄宗一只状似弹丸的金盒，摇动盒子，发出声音，一行说，陛下非到万不得已，千万不要打开它。

安史之乱的爆发，唐王朝经历了一次前所未有的大动荡，惊恐不定的玄宗不得不逃到成都。站在万行桥上，玄宗忽然想起一行当年所说的话：“陛下将有万里之行。”此去长安，正好有八百里之遥。玄宗又打开一行送给他的金盒，里面藏着几片当归。玄宗知道，一行是在暗示他，四川非久留之地，陛下当归啊。玄宗手抚金盒，心中的感慨难以言尽。

安史之乱很快平息了，玄宗回到了京城。一行又开始了他的天文学的研究。开元十一年(723年)，一行与帅府兵曹参军梁令瓒创制黄道游仪，用以重新测定150多颗恒星的位置，接着又受诏与梁令瓒一同制造浑天仪，第一次算出了子午线一度的长度。

727年的十月八日，一行回到他当初剃度的嵩山嵩阳寺，自己打扫了一间屋子，然后就走了进去。过了一会儿，他的剃度师普寂向僧众们说，赶快敲钟，一行已经圆寂了。

一行大师墓塔：浙江台州天台县国清寺。

金乔觉九华证道（一）

唐开元年间（约719年左右），金乔觉千里劲进，终于辗转来到大江之东、潜庐以西的江南九华山下。

站在六泉口向东南方望去，雾雨笼罩中的九华山宛若一艘巨大的航船。倏忽间，那变化无定的云雾渐渐淡去，若隐若现的九华诸峰巍然挺立。目睹此景，金乔觉那满是倦容的脸上终于露出一丝笑意。自从十年前他离开故乡新罗（今韩国），九死一生，翻山越海，来到中国，金乔觉就一直在不停地寻觅着。现在，当九华山在他的面前展现出如此巍峨雄姿，当那虚无缥缈的云雾在他的面前变化着万千图案时，他在冥冥中忽然意识到，这就是他终身修习的所在。

白犬谛听在他的身边欢跳着，它一会儿在主人的手心舔舔，一会儿扑上主人的肩胛，似乎也对这座巍峨的山体由衷的欢喜。金乔觉在谛听的头上拍拍，口中喃喃而曰：多好的地方，就这里吧。谛听于是猛地一蹿，像一个天真的孩童，径直给主人开路去了。

此刻，金乔觉的心中充溢着一股从未有过的欢悦。

多少年了，他向往着中华国土，向往着这浸润着佛法慈光的中华大地。正如后人所总结的，在他的心目中，“六藉寰中，三清术内，唯第一义与方寸合。”正是佛法这世间第一要义，才使得他身在那权力角逐的中心始终做到处之泰然，才使得他在一个又一个明争暗斗的日子里像一尊风雨飘摇中的菩提树。现在，他终于来到中国，来到他心目中的圣地。于是，他忘去连日奔波的疲劳，举起禅杖，唱一声佛号，开始向山顶走去。

巍峨的九华早已不再是不毛之地，在他之前，中国最伟大的诗人李白的足迹就已经踏上九华的土地。前人僧檀号也曾在那里筑寺安居。但是，他们都不过是匆匆的过客。前者是以诗人的眼光领略这座风光绮丽的山峰，领略过后，诗人也就走了；后者则因为与地方绅吏的不合而被迫离去。现在，金乔觉来了，他要在这里安家，他要在这里刻下一段永不泛黄的历史。

九华山风景：安徽青阳县九华山，原名九子山，主峰十王峰，海拔1344.4米，有“莲花佛国”的美誉。总面积约120余平方公里，分山前、九华街、闵园、天台、花台五大景区，为佛教地藏菩萨道场，中国四大佛教名山之一。

山间有一片平地，平地上有几间房屋。他的到来，引起村人的注视，人们围上来，惊奇地打量着这个身材伟岸、面容和善的僧人。人们把他引到闵公让和的家里，人们告诉他说，你要在这里修行吗？这一整座山头都是他的，你去找他好了。在闵让和的家里，金乔觉受到热情的款待。闵让和让他的小儿给客人送来茶点，小儿见了僧人，一点儿也不害怕，那白犬谛听于是也像找到了新的朋友，与闵公的小儿玩得欢腾。

饭毕，闵公说，请问圣僧来自何方，到此有何意愿？

金乔觉说，我来自新罗国，俗姓金，名乔觉，法名地藏。知道地藏菩萨吗？我有幸与菩萨同名，是我无量劫以来的造化。

闵公说，新罗？从来没听说过有这一国啊，一定很远吧。你来我们这儿可不容易啊。

金乔觉说，是的，很远，我是从海上过来的，海上的风浪打碎了我的船只，但我与这条白犬还是凭借着一块打碎的船板死里逃生，终于来到你们这儿。我可要麻烦你了啊。

闵公听到这里，也就知道这新罗僧人此来的用意了。闵公说，你要在九华安禅吗？你放心，正如村人告诉你的，这一整座九华山都是我的，你建寺也好，造屋也好，只管说吧。

金乔觉双手合十，连连道谢说，我之所需，一袈裟之地足矣。

老人笑了，说：一袈裟之地还不容易，你看上了哪块，你只管去住吧。

金乔觉随着老人走到户外，正是午后，炽热的太阳照得九华一片灿烂。金乔觉从行囊中取出一领袈裟，忽然向空中抛去，只见那袈裟在空中袅袅飞舞，一整座九华都在袈裟的笼罩之中。闵公的小儿大声地叫着：袈裟把天罩住了啊，袈裟把天罩住了啊！闵公被眼前的一幕惊呆了，他开始相信，眼前的僧人绝非平常之人。于是，闵公让和伏地三拜，口称师父，从今以后，你就是这九华的主人。闵公又说，圣僧，你还有什么要求只管说来。金乔觉看着闵公的小儿说，你这小儿生有灵性，将来可堪造就，如你舍得，就让小儿随我出家去吧。小儿听说，连忙叫着，呵，我要出家了，我要做和尚了啊。于是，闵公当下就让小儿随圣僧去了，圣僧为这九华的第一个弟子取法名惠明。

带着惠明和白犬谛听，金乔觉来到一处人迹罕至的山洞。闵公又送他一袋白米，金乔觉谢过了，又说，你这山上遍地是宝，我自有生活的着处。

一群麋鹿围到洞前，麋鹿很快与白犬谛听打成了一片，它们成了最好的朋友。洞前的金钱树上，无数只叮当鸟一齐发出悦耳的歌唱，似是欢迎他们的到来。金乔觉与徒弟惠明将山洞清扫过了，就此在这里安上了家。金乔觉说，惠明，这个家好吗？惠明用小手接着从洞顶飞泻而下的涧水说，好，好玩。金乔觉说，不是好玩，是要修行，修行你懂吗？惠明说，我懂，父亲从小就跟我说过了，修行能了脱生死。金乔觉很高兴，到底是佛国大地，连这么小的孩童也懂得如许的佛理，还怕佛法的甘露不能滋润这里的大地万物吗？金乔觉又说，你要记着，出家修行可不能像你孩子绕栏骑竹马那样开心快乐，那是要收摄住所有的狂心意念，甚至在你去泉边洗钵的时候也要想着解脱的方法。

这时惠明说，师父我饿了。金乔觉说，好的，我这就为你做饭去。说着，金乔觉从行囊中取出一只三足铜鼎，随手抓了一把白米放进铜鼎。惠明说，这么少啊？

地藏古洞：当年金乔觉就在这个古洞中清修。

只怕我一人吃也不够呢。金乔觉说，你们中国不是有句话叫作细水长流吗？你放心，我自有办法。金乔觉走出洞外，过了一会儿，手中捧着一捧白泥。惠明说，师父要做泥菩萨吗？金乔觉说，你看，这叫观音土，能当饭吃的。金乔觉说着将食指抠出一撮白泥放到惠明的嘴里。惠明尝了尝，皱了皱眉头说，不好吃，不好吃，一点味道也没有。金乔觉又走出洞外，再进来时，手中又捧了几颗山药般的东西。金乔觉说，我说过了，你们这山上处处是宝，饿不死老僧了。惠明知道，那东西名叫黄精，是一味中药，但也是不好吃的。惠明想着今后要跟着师父过这样一种生活，脸上自然露出一丝愁苦。

一天一天过去了，惠明终于露出了要回家的意思，却又舍不得师父，舍不得那只白犬谛听。金乔觉看出惠明的心思，他知道，这孩子因缘未了呢。此次经历，不过为他种下善根，尤如丢下一粒籽，说不定什么时候，这佛法的种子会长成一棵苍天大树。于是他说，惠明，你先暂回家住一阵吧，等你什么时候想和师父过这洞中的日月了，你再来吧。惠明听说就又抓住师父的衣襟哭了起来。金乔觉知道孩子还是舍不得他，于是又宽慰他说，你是不放心我吗？你看，这飘忽不定的烟霞，这山间的麋鹿和树上的叮当鸟都将成为我最好的伴侣。惠明只是在哭，说不出任何话来。于是，金乔觉替孩子抹去脸上的泪水，一路说着开心的话儿，一直把惠明送到那条通往闵园的小路。

金乔觉九华证道（二）

就像当初的释迦牟尼一样，当金乔觉开始在那山洞禅坐的时候，一切鬼神外道都顿时预感到末日的来临，于是，展现在金乔觉面前的是又一个更加阴险更加险恶的世界。一只毒蜂飞到金乔觉的头顶，它在那儿盘旋了一阵之后，终于飞走了；一条猛蛇吐出冰冷的信子扑到金乔觉的面前，然而金乔觉只是禅坐在自己的世界里，他在那方世界感受着生命的周而复始，感受着天地万物的原始和根本。一股钻心的疼痛终于使他意识到那曾经发生过的一切，毒素在他的身上起着作用，他很快昏死过去。不知什么时候，一个声音在他的耳边响起，小儿无知，我自会教训它的，你可用脚下的清泉疗治身上的螫伤。那声音又说，请原谅，我只能以此来表达对您这位圣僧的歉意和尊重。那个声音过去以后，果然听到泉水的叮咚之声。于是，他掀开脚下的巨石，一眼清泉将一股清凉的气息送到他的面前。他挣扎着，伸手将泉水轻轻地抹到遍布全身的伤口上，渐渐地，他开始恢复清醒。他这才知道，发出刚才声音的人是九子山神。他站起来，对着深邃的山林双手合十，大声地说：谢谢你，九子之神！我若修成，定来度你。

从此再也没有人来打扰他的平静。他开始认真打发这洞中的日月，他在山洞四周植上他从新罗带来的茶籽，到了春天，他采摘下片片新绿，于是，他的山洞里便弥漫着缕缕温暖的幽香。他将从新罗带来的黄粒稻种抛进荒弃的水田，到了秋天，他的山洞里便有了一堆金灿灿的稻谷。他会时常地走下山来，走到人群中去，有一次，他甚至走到很远的南陵，接受一位叫俞荡的人赠送给他的《华严经》、《法华经》、《大般涅槃经》和《金刚经》。他不时会走到附近的山民中间，他用心去倾听山民们的欢乐，用心去感受山民的苦痛。他在走进山民的同时，也把他收获的茶叶或稻谷分送给他们。于是，附近山民的房屋四周也就有了一片又一片新绿，那些荒弃的水田里也开始有了金黄的稻粒。山民们感谢他，他说，我什么也不缺，给我些笔，给我些纸吧，我自有用处。回到山洞，他用化缘得来的纸和笔一遍一遍抄写“四大部经”，过一些日，他再把这些经文赠送给那些在苦难中跋涉的山民，希望他们能在这方世界里寻找到解脱的途径。

更多的时候，他只是禅定在自己的世界里。就像当初的释迦牟尼一样，他长久地禅定在一棵大树下或是一块巨石上，静静地思索这生命中的每一个流程。他入定的时间或长或短，短者半日一日，长者十天半月。有一次他刚刚在那只折足鼎中煮好饭食，却突然进入定中。

那一次正好乡绅诸葛节等人结伴上山，他们想看看那位有着传奇色彩的新罗圣僧。

云雾缭绕的山林间有一片平地，一群叮当鸟栖息在附近的大树上，相互发出一声声悦耳的和鸣。空气中弥漫着山茶花的浓香，山坡上一片新绿，山田里的稻谷正待黄熟。在那一方山洞中，圣僧金乔觉正在定中。他的身边是一只折足的铜鼎，鼎中那和着白泥的米饭已经生出了白白的霉芽。乡绅们叹息着说，谁又知道圣僧究竟禅定了多少时间呢？

乡绅们说，和尚把自己种下的稻子分送给山民，自己却苦行如此，这是我们的过失啊。于是，乡绅们拿出自家的布匹和积蓄，买来檀号的旧地，一年过后，在那片废墟上重新矗立起一座崭新的寺宇。那寺庙丹素交彩，层层倚空，岩峦队起于前面，松桧阵横于后岭。乡绅们再次来到那山洞，大家哭泣着，请圣僧一定要住到那座新盖的庙宇里。从此，金乔觉在那座名曰“化城”的寺庙里收徒开课，宣讲佛陀教义。又在山坡上大植茶叶，广种水稻，不几年，九华山成了一座真正的佛国之城。

化城寺大门：安徽九华山开山祖寺化城寺，现在也是九华山历史文物馆。

贞元十年（794 年）夏日的一天，金乔觉忽然将徒众们叫到自己的身边说，我就要离开这个世界了，希望你们各自珍重。这时，只听四周的山林发出阵阵轰鸣，天边滚过来阵阵雷声，闪电划破夜空，在这种惊心动魄的音响之后，寺里的梵钟突然坠落在地，再看圣僧金乔觉时，已经坐化于自己的榻上。

僧众们悲痛地将金乔觉安放于一座石函内。三年之后，僧众们打开那尊石函，竟发现金乔觉颜面如生，如刚刚入睡。大家搬动他的遗体，想把它重新安放在另一座石塔内，大家听到，金乔觉周身的骨节发出一阵金锁般的锐响。大家说，只有菩萨才有这样的瑞相啊；师父名曰地藏，该就是地藏菩萨的化身矣。安放好菩萨的石塔，当天夜里，从那塔内发出耀眼的圆光，那一片山头就像是燃起一团通红的地火。于是，石塔所在的山头从此就被人称作“神光岭”。

金乔觉九华证道的经历真实地感动了无数的信众，也感动了历代的朝廷。明万历年间，朝廷两次敕银修寺，并颁旨赠大藏经两部。崇祯皇帝亲自赐匾额，额曰：为善最乐。清康熙帝也曾赐额，额曰：九华圣境。至乾隆时，皇帝也赐额曰：芬陀普教。大诗人李白再上九华，并作《地藏菩萨赞》一首。

从此以后，九华山成为地藏菩萨的道场，成了四川峨眉山、浙江普陀山和山西五台山之后的又一座佛教名山，并称“四大佛山”。

鉴真东渡

唐玄宗天宝元年（742年）十月，刚刚度过自己54岁生日的鉴真大师在大明寺又一次向僧众宣讲律学。

就像每年一次的律学大会一样，鉴真的宣讲吸引了来自江淮大地的数千名僧众。当时鉴真并不知道，在戒坛下黑压压的人群中，坐着荣睿、普照、玄朗和玄法几位日僧。

荣睿等人是唐开元二十一年（733年）四月从日本随同遣唐使来到中国的。他们先后在洛阳、长安等地学法。当时很少有人知道，荣睿等人是带着日本天皇所赋予的使命而来的。自从六七世纪之交中国的佛教传入日本列岛之后，佛教信仰在日本民众中很快流行开来，日本各地都兴建了很多寺庙，招引了很多出家的僧人。遗憾的是，由于一直没有高僧，尽管出家的僧人越来越多，但在整个日本列岛，一直都没有正规的受戒制度。因此，天皇决定委派兴福寺僧荣睿等人前来中国，寻求愿意前往日本弘传律学并能为日僧授戒的高僧。

荣睿、普照等人不辱使命，他们一边进行在华的学习，一边开始物色遣日的高僧。六月，大安寺僧人道航、长安寺僧人澄观、洛阳僧人德清以及朝鲜藉僧人如海已分别作出前往日本弘法的决定。就在这 年，几位日僧得到鉴真大师的有关情况。

鉴真，俗姓淳于，广陵江阳人（今江苏扬州），幼年聪慧，器度广宏。长安元年（701年），他随父到大云寺礼佛，当他一见到佛像时，14岁的少年便心生欢喜，向父亲提出出家的请求。难得的是，信仰佛教的父亲允许了他。于是，他就留在了大云寺，跟随智满禅师学习经律论。18岁时，鉴真依光州道岸禅师受菩萨戒，成为一名正式的出家僧人。又过了两年，他北上参学到洛阳、长安等地，而等到他再次回到扬州时，已是一位名满天下的律学大师了，追随在他身后学律的人不计其数。从此以后，他就以扬州为中心，往来于江淮大地，从事授戒度人和广建寺庙的活动。

律学大会结束，鉴真在法堂里会见了几名日僧。

荣睿说，大师，日本距中国遥遥万里，虽有佛法却一直没有传法之人，这就像一个整夜摸索于暗室的人，这不能不是日本国的遗憾啊。

鉴真说，听说中国的慧思大师托生于日本为国王，日本的佛教由此而兴。这是真的吗？又听说日本国大臣长屋曾制千套袈裟来施给中国的名僧，衣边还绣着“山川异域，风月同天，寄诸佛子，共结来缘”十六个大字。你们也一定知道这事吧。

荣睿说，至于说到慧思大师托生于日本国王，那不管是传说还是现实，都足以说明中日两国唇齿相依的情感。而现在，日本的佛教需要更多的中国大师去日本弘法，那却是包括天皇陛下在内的所有日本国民的迫切愿望。

鉴真已知几位日僧的来意，于是说，来自天竺的佛教传到中国，现在又传到日本，可见佛教原本是没有国界的呀。

说到这儿，荣睿忽然上前一步，扑通一声跪倒在鉴真的面前，恳切地说，大师，您能作出牺牲，前往东瀛，做日本佛界的大师和领头人吗？

唐代高僧鉴真东渡之扬州下水图：日本藏画。鉴真（688—763年），日文又称鉴真（がんじん），中国唐朝僧人，律宗南山宗传人，日本佛教律宗开山祖师，著名医学家。日本人民称鉴真为“天平之甍”，意为他的成就足以代表天平时代文化的屋脊（意为高峰）。

接着，普照、玄朗和玄法三人也跪倒在鉴真的面前，他们的头紧贴在冰冷的方砖上，眼泪也让地上的方砖濡湿了一片。那种诚恳，不能不令人感动万分。

让几位日僧意想不到的是，鉴真爽快地答应了他们的请求。

这是唐玄宗天宝元年（742年），距离鉴真第六次东渡日本成功11年前的秋天。

似乎并不需要再做什么准备，因为在此之前，荣睿和普照等人请广陵郡司仓参军李凑帮助制造渡海的使船已正式下水，所有出海的给养也已备足。

唐玄宗天宝二年（743年）六月，鉴真率领的东渡使船从广宁出发，然而没等船驶进海面，就突然遇到海风的袭击。船在海浪中如一片翻滚的木片，很快就被抛上了海岸。

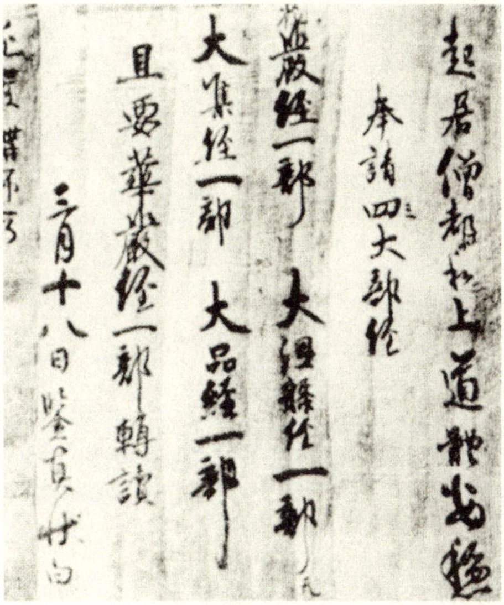

鉴真和尚墨宝：出自日本奈良东大寺正仓院。鉴真和尚俗姓淳于，广陵江阳县（今江苏省扬州）人，14岁出家，26岁为扬州大明寺住持。前5次东渡日本，失败。最终东渡日本，弘扬佛法。

经过这一次的失败，鉴真一行对海上的风浪有了足够的认识。第二年六月，一艘更大的船驶进了东海。第一天的航程相当顺利。当天夜里，船泊在越州海岸。这天夜里，鉴真做了一个奇怪的梦，梦醒之后，他似乎对即将的出征有一丝犹豫，然而他没有因这虚玄的梦而放弃准备已久的行动。天亮后当船从越州海岸再次启程的时候，突然遇到狂风恶浪，船眼看就将沉没，船副高叫着：抛掉装有经书的箱笼，保全性命要紧。于是，一部分经卷被抛入海中，鉴真死死地抱着道宣律师的《四分律分事钞》、《羯摩疏》以及《量处轻重仪》，宁可与这些著作一同沉入海底。

一次次失败，一次次出征，一次次风浪，一次次海盗的袭击，而以第五次的失败最为惨重。船被风浪打成碎片，借助一片船板，鉴真与几位侍僧被抛到一片无名小岛上。等到他们从昏迷中醒来，鉴真发现自己已看不见自己伸出来的手指，更看不到头顶上明晃晃的太阳。鉴真就像一棵渐近衰老的大树，在一次又一次的风雨侵蚀中，遍体呈现出衰竭的痕迹。

天宝十二年（753年），鉴真第六次东渡成功。这时候，他已是一个66岁的老人。

拖着病弱的身躯，双目完全失明，十月十九日，他们所乘的船只顺利横渡东海，抵达冲绳岛。第二年二月初二，鉴真一行在平城京（奈良）受到日本天皇敕使安宿王的欢迎。初五，再次受到日本各界的热烈欢迎。不久，日皇特使吉备真备在东大寺少僧都良辩的陪同下拜会了鉴真，并宣读了天皇的诏书，天皇对每一位遣日使者一一赠授名号，赐物慰问。而特授于鉴真“传灯贤大法师”称号。

这一年五月，鉴真在东大寺卢舍那大佛前的戒坛正式向天皇及皇后、皇太子等人受菩萨戒，为沙弥400余人授具足戒。至此，日本僧人有了正式的戒体，成为一名真正的释迦牟尼的子孙。

得戒后的天皇法喜充满，当即下旨于东大寺卢舍那佛殿西开工兴建戒坛院，与此同时，又在东大寺一侧按照长安寺庙的格局建造唐禅院，以作为传戒的场所。又过了一年，天皇赐鉴真一百町水田，作为四方学戒僧侣的供养必需。不久，天皇又将亲王四町旧室送给鉴真，并由鉴真按照中国的寺院的建筑风格建成唐招提寺。

唐广德元年(763年)、日本天平宝字七年五月六日，鉴真示寂于唐招提寺，享世寿76岁。在他的生前，他的弟子们就特意为他制造干漆造像一尊，这尊被当作日本国宝的造像一直供奉在唐招提寺内，至今已有1000多年。

1984年4月，日本国宝鉴真干漆造像被日僧送至扬州大明寺。至此，离开故土1000多年的鉴真大师终于第一次回到自己的故乡。与此同时，根据日本当代作家井上晴长篇小说《天平之甍》改编拍摄的同名电影也开始在中国各地巡回放映。这部电影在中国新时期文艺复兴的当时，在社会各界产生了强烈的反响。

第六章　余韵霞辉留绝响

余韵霞辉留绝响

清代线刻图：《四十四世永明延寿禅师》，延寿（904—975年），临安府余杭（浙江杭县）人，俗姓王，字仲玄，号抱一子，唐末五代禅僧。

天下法眼永明延寿

宋初年间七月的上午，江苏丹阳华亭镇街道两旁挤满了看热闹的人。大家摩肩接踵，伸颈引脖，不知道今天要发生什么让人瞩目的事情。

接近午时，人群开始骚乱，只听前面一阵锣响，接着，一队官兵押着一个人犯向这边走来。那人犯二十八九岁年纪，气度不凡，两只浓眉下的大眼炯炯有神，仿佛他将要去的地方不是生命的绝地，而是一个人生的考场。街道上一阵哗然，人群中发出一片惊呼。原来这人犯镇上人几乎没有人不认识他的，他就是镇上的年轻部将王冲元。

说起部将王冲元的犯罪，那还得从他几年前担任华亭镇的部将时开始。

华亭镇是一座临湖的小镇，镇上的人多以打渔为生。每天的早市上人山人海，长约几华里的鱼市上排列着刚刚打捞上来的各种水牲。那些水牲多半已经翻着白眼，生命处在游丝的状态，少数仍在篓中蹦跳着，挣扎着，知道最终逃脱不掉油锅的烹炸，逃脱不掉食客们的大快朵颐，终于不再挣扎，索性静下性来，喘着粗气，等待一位买主的到来。

那天是年轻的部将第一次到华亭镇就任。他骑着一匹高头大马在人群中穿行着，人们纷纷让开道来。部将走过一条条街道，走过一处处鱼市，一些胆大的鱼贩向他扬着手中的鱼篓高声地叫着：大人要买鱼吗？新鲜的鱼，刚从湖里打来。部将伸头朝那些鱼牲看看，那些鱼像是得到某种昭示，突然就又一阵狂跳，鱼篓里一阵噼噼啪啪之声。部将于是买下这几条挣扎中的鱼。然而人们看见，部将并没有走向自己的官邸，而是让侍从带着他径直朝湖边走去。走到那片湖边，部将翻身下马，在侍从们惊愕的目光中将那刚刚买来的鱼一条条放回到湖里。那些得了生路的鱼赶紧向湖的深处游去，却又像是想起了什么，立刻又游了回来，向部将摇一摇尾，似是向这救命恩人表示谢意。于是，部将的脸上也露出少有的笑意。

一天又一天的日月，华亭镇上一天又一天的鱼市。人们只是看见，部将几乎每天清晨都要到鱼市上来一趟，每来一趟，必有一些尚未死去的水牲被他买去，于是，那些幸运的水牲们便逃脱了葬身口腹的命运，重新游进那片生命的乐园。一年又一年过去，人们不知道部将究竟买走了多少鱼虾和老鳖，也不知道部将那日复一日的善行究竟花去了多少钱财。终于有一天，有人告发了他，一道一道问罪的公函发下来，部将对所犯罪行供认不讳，他承认，他日复一日放生的所需，全是国家税收的所得。身为国家官员，却目无法纪，将税收的所得用于放生，这是任何一个朝廷也无法允许的。于是，部将被削去了官职，关进了死牢。

官兵把部将押到位于镇外的刑场，问斩的时刻也就到了。监斩人命令部将跪下，然而部将却面不改色，高大的身子像是一棵笔直的大树。监斩的人说，王冲元，你既已在刑书上画押，就应该服罪，为何不肯跪下？

部将说："虽然我家有妻小，俸银微薄，多年来却不曾动用国家一文一分。但为了救度万千生命，我不得不违反国家法令。国法难违，死又何憾，救度众生，何罪之有。"

部将一言既毕，四周的民众一起发出声声呐喊："王部将不该死！""部将为救生灵，何罪之有？""部将平时爱民如子，这样的官员还要问斩，百姓还有活路吗？""斩了部将，我们全都不活了，大家一起造反去！"

一时间刑场秩序大乱，监斩人乱了阵脚，刽子手们也迟迟不敢下手。

其实，部将的话不仅感动了四周的人，其中也包括监斩人。为防意外，监斩人不得不下令对部将的死刑暂缓执行。紧接着，监斩人把部将的话飞马报到了朝廷。

部将所在的越国是后五代时期的十国之一，国王钱缪原是一个虔诚的佛教信徒，而对这位部将也并不陌生。十多年前，钱缪就曾读过少年王冲元作给他的《齐天赋》，当时他就被这少年天才难得的文学才情感动。听了下面的报告，钱缪当即发出一道赦令：免除王冲元死刑。于是，华亭镇上便有了一曲"刀下救人"的活剧。

不久，华亭镇上又传来一个惊人的消息：赦免后的部将舍弃家小，来到浙江四明山龙册寺，落发为僧。法名延寿。

遁入空门的延寿无法释怀家中的妻小，不久前刀下生还的经历也让他的心绪久久不平。但是，清幽的佛门又是他早就向往的生活。他记得早在他八九岁时第一次走进寺庙，第一次读《法华经》时突然萌发出家之念的情形。只是后来他被世俗所牵，还是走进了仕途，以致人生也必然有一番困苦和曲折。

一天夜里，延寿的窗前泻进一轮明月，远处传来几声猿猴的啼鸣。寂静的山野像是被这夜月和这无始无终的岁月生生地切割了。于是，他披衣在榻，点亮油灯，挥笔写下一行诗句：

孤猿叫落中岩月，野客吟残半夜灯。
此境此时谁得意，白云深处坐禅僧。

这首诗很快就在寺中传诵开来，一时间有人说好，有人说差强人意。说好的说，孤猿啼鸣，夜月敲灯，此情此景也只有禅僧能够意会，是一首难得的禅诗。说差强人意的则认为，身为僧人，当不可再作吟风弄月之作，更何况诗中不乏哀婉凄切，与出家人的身份不相吻同。

对这首诗自然是仁者见仁，智者见智，但不管怎么说，延寿的这首诗后来还是在这一带传吟开来。师父令参禅师知道延寿是一个大才，不敢耽误了他，便对他说："但凡有作为者，必参学四方，广纳天下，现在，我介绍你去天台山德韶禅师那里问法。德韶禅师是慧能下五家七宗之一法眼宗的创始人文益的弟子，你去他那里，便可延续法眼宗的衣钵心灯。"这样，延寿便来到当年智者大师传道的浙江天台山，拜在德韶禅师的门下。从此，延寿便也成了法眼宗的第三代传人。

在德韶禅师的指点下，延寿的禅定有了很大的长进。他一入定少则几天，多则半个月。有一次他在树下入定，等到出定，却见身旁的衣物上鸟巢累累。他自己也不知究竟在定中度过了多少时间。

禅门中智者的开悟往往因为一次偶然的事件。当年释迦牟尼菩提树下夜睹明星豁然大悟。近代虚云禅师的开悟是因一只茶杯的坠落。延寿的开悟则是因为一堆柴薪的倒塌。据说那天寺僧们正将一堆柴薪往屋里搬运。

其他的僧人搬完当即走了，唯有延寿觉得柴堆太高，不够平稳。正当他准备重新堆码那一堆柴薪时，只听轰然一声，那堆柴薪突然向四处塌下。寺僧们以为延寿一定被那倒塌的柴堆压住了，然而等大家闻讯赶来时，却见延寿正站在那一堆散落的柴薪前怔怔发呆，接着，人们听到他口诵一偈：

杭州六和塔：六和塔位于西湖之南，钱塘江畔月轮山上。北宋开宝三年（970年），僧人智元禅师奉诏为镇江潮而创建，延寿法师奉诏督建。六和塔之名，取佛教“六和敬”之义。现在的六和塔塔身重建于南宋。

扑落非他物，纵横不是尘。

山河并大地，全露法王身。

人们在为延寿奇迹般地躲过劫难而吃惊，延寿却为自己从此开悟而兴奋。寺僧们怎么会知道，这倒塌的柴薪启悟了他蓄藏已久的智慧，一个新的延寿诞生了。不久，延寿开始登坛说法。熟悉他的人都知道，延寿是一个拙于言词之人，然而自柴薪事件之后，人们发现他登坛说法引经据典，口若悬河，全然不见过去智巧言讷的影子。

晚年的延寿重新回到天台山，一边开坛传戒，一边著述。延寿早年修禅，继又习净。他认为禅与净只是名相上的不同，并无实质上的差别。禅以智慧度人自度，净以念佛往生。在他80余万言著述《宗镜录》中，延寿广泛融会净土、天台、华严、慈恩各宗，以明了禅宗的法眼心宗，表达了他禅净一致的观点。

佛印禅师与苏东坡

宋神宗元丰二年（1079年），大学士苏东坡在给皇帝的奏折中说了几句得罪当时权贵的话而被逮捕下狱，险些丢掉了性命。第二年，苏东坡被贬到湖北黄州，做了一名团练副使。

苏东坡在黄州期间大致做了两件事，一是于元丰五年（1082年），也就是被贬黄州的第四年游览了赤壁，因而写下流传千古的《赤壁赋》：“壬戌之秋，七月既望，苏子与客泛舟，游于赤壁之下……”，另一件事就是与佛教界所保持的频繁联系。

安国寺当然是苏东坡常去的地方，在这座三国时

苏轼像：苏轼（1037—1101年），北宋文学家、书画家。字子瞻，号东坡居士。

期建立的古老寺庙里，苏东坡沉浸于一方方碑刻，一座座殿堂。就像历史上所有不甘寂寞的文人一样，当他们失意的时候，青灯古佛的佛寺便成了他们抚慰受伤心灵的极好所在。也就是这期间，苏东坡认识了佛印了元禅师，从而为后人留下一段段有关他们友谊和智慧的美妙佳话。

有必要介绍一下佛印了元。

约在宋仁宗天圣十年（1032年），佛印了元出生在饶州（今江西）浮梁县一个信佛的林姓人家。据说他3岁时就能熟练背诵五经四书，表现出难得的文学天赋，16岁跟随圆通居讷禅师学习禅法，19岁时国家通过考试招纳僧人，佛印了元以一部《法华经》通过了考试，正式成为一名比丘僧人。此后的一些年里，佛印了元以他出色的才能受到朝廷的重视，先后被派往九江以及庐山的一些寺庙担任住持。佛印禅师以诗论禅，禅中有诗。如："寒寒风撼竹声干，林疏鸟宿难。早是严霜威重，那堪行客衣单。休息紫陌山千朵，且拥红炉火一攒，放下茱萸空中竹橛，倒却迦叶门前刹竿，不会算也，太无端。"分明是委婉柔曼的词曲。

一个是当代大学士，却又自称佛门闲客；一个虽为佛门禅僧，分明又是文坛豪杰，二人缘遇，互斗禅机，必然会给后人留下一串串令人喷饭而又饶有兴味的禅话。

输掉玉带

东坡穿着一向随和，但却腰间不离一根玉带。那玉带光彩夺目，甚是华贵，据说那是他被贬黄州时，苏小妹特意送他的礼物。

佛印禅师讥笑他说，东坡居士什么都能放得下，就是放不下腰间一根玉带。

东坡说，佛印禅师什么都能放得下，就是放不下身上一领衲衣。

佛印说，衲衣是我遮羞的布片。

东坡就说，玉带是我身份的招牌。

佛印说，你不是喜斗禅机吗？什么时候你语塞了，就把玉带输给我，让你招牌扫地，身份全无。

东坡也说，一言为定，什么时候你要是输了，遮羞的衲衣脱下来，让你赤条条来赤条条回。

有一天，东坡写了一首好诗，便系上那根光彩夺目的玉带前往佛印禅居的江南庐山脚下归宗寺。

那天正好佛印禅师的寺里即将举行盛大的法会，见到东坡，禅师故意逗他说："东坡居士来迟了，今天这里没有安排你的座位。"

东坡看了看四周，知道禅师又在逗他，于是便说："真的没有吗？那就只好借禅师的身体做我的法座吧。"东坡说了这句，心里很是得意，觉得总算把佛印打趴在身子底下了。

佛印禅师说："东坡居士学佛多年，当知一切身体不过四大（地、水、火、风）假合、五蕴（色、受、想、行、识）炽盛的产物，四大本空，五蕴非有，佛印非在，了元也无，居士又坐何处呢？"

见着东坡居士愣在那里一时语塞，佛印禅师伸出一只手来，眼却只看着东坡腰间的那根玉带。于是，苏东坡只得从腰里取下那根玉带，不声不响地交到佛印的手里。

一屁打过江

有一阵，苏东坡跟着佛印禅师修习定慧。过了不到半年时间，苏东坡自觉禅定的功夫已很了得，于是便常以"鹫子"自居。"鹫子"是释迦牟尼的十大弟子中智慧第一舍利佛的别名。苏东坡以舍利佛的别名自称之，可见他的狷狂和天真。

又是一天，苏东坡作了一首自以为极好的诗，便让侍仆送去请佛印欣赏。那诗写道：

稽首天中天，
毫光照大千。
八风吹不动，

苏东坡和佛印和尚铜雕：了元（1032—1098年），江西浮梁人，俗姓林，字觉老，号佛印，故又称佛印了元，宋代禅僧。摄于江苏省镇江市白娘子爱情文化园。

四大

四大，是指地、水、火、风。依《俱舍论》言，此四大有假实二种：其实者，称为四界或四大界；假者，单云四大。实之四大：一地大，性坚，支持万物；二水大，性湿，收摄万物；三火大，性暖，调熟万物；四风大，性动，生长万物。此四者，以造作一切之色法，故谓之能造四大。假之四大，是世间所称之地、水、火、风。此四大为实之四大及色声香味触九法之假合。简单地说，实之四大为能造，假之四大属于所造。若据《成实论》意，则无实之四大，唯有假之四大，以色香味触之四尘为一切色法之能造。

端坐紫金莲。

诗中说自己就像佛祖释迦牟尼一样，居于天中之天，任凭“利、衰、毁、誉、称、讥、苦、乐”这八种能摧人智慧、毁人本性的邪风的吹拂，依然端坐于紫金莲台。这是何等的定力，何等的功夫！这分明又越过了弟子舍利佛，宛然以佛祖自居了。

佛印禅师读了东坡的诗，不动声色地在诗的后面写了几个字，仍将原件封好，交来人带给东坡居士。

侍仆回到黄州，将原件交于东坡。东坡知道佛印一定在他的诗中做了批注，于是连忙拆开信封，然而这一看不打紧，东坡居士脸都气白了。原来佛印禅师在他的诗后只写了四个字“放屁，放屁”。

东坡气不打一处来，立即过江去找佛印问罪。进到佛印的寺里，却见佛印的寮房紧闭，那门上贴着一张字条，上面写着：八风吹不动，一屁打过江。

东坡知道，这一次自己又输在佛印的手里。

黄帽喇嘛宗喀巴

接到母亲托人带来说她病危的信件，宗喀巴立即从拉萨起程，动身前往位于青海西宁附近湟中县的家中。母亲在信中说，她已经病了很久，这些日来一直就觉得可能不久于人世，为此，母亲希望儿子宗喀巴能回家一趟，唯愿在自己临死前能再见儿子一面。

这是明洪武二十一年（1388 年）十月，这一年宗喀巴 31 岁。

宗喀巴是在 24 年前离开家的。当时顿珠仁钦已是家乡那一带很有名望的一名喇嘛，不仅在湟中一带建造了一座很大的寺庙甲琼寺，自任寺堪布（寺主），而且拥有成群的牛马和羊。那一年，宗喀巴的父亲鲁崩布格刚刚兼任那一带的行政长官，选择了一个很好的日子，父亲请当地一些有名望的人来家中作客，顿珠仁钦喇嘛第一次踏进宗喀巴的家门。也就是那一次，顿珠仁钦喇嘛看上了鲁崩布格年仅 7 岁的儿子宗喀巴。

鲁崩布格看出顿珠喇嘛对儿子的喜爱，为了不没了喇嘛的面子，鲁崩布格说，如果法师能为孩子赐福，就请为孩子举行灌顶仪式吧。就这样，顿珠喇嘛就在宗喀巴的家里为宗喀巴当场举行了灌顶仪式，并赐密号“不空金刚”。等到下一次来的时候，顿珠喇嘛又向鲁崩布格提出了进一步的请求：“令郎有自然天成的法相，有明月圆融般的智慧，将来一定能成就一名赐福一方的喇嘛，如果你愿意，我愿以骏马100匹，锦缎600尺换得令郎做我的弟子。

鲁崩布格本来就是一名佛教的信仰者，再加上那一批财物的诱惑，竟爽快地答应了。于是，宗喀巴从此离开家，跟着顿珠仁钦喇嘛学习藏文和佛经。

十年过后，宗喀巴已长成一个翩翩少年，经过十年的学习，他已经掌握了很多有关藏密方面的知识。顿珠喇嘛有一天把他叫到面前说，现在，你需要去拜访名师，以求得更多的知识。西藏是密教的中心，那里有很多的活佛和喇嘛，你就去那里学习吧。

就这样，宗喀巴离开故乡。他的第一站是来到拉萨东面的止公寺，向阿仁波且活佛听受大乘发心的仪规以及大印五法、拿热六法等教法。以后又到拉萨的其他一些地方学习《现观庄严论》以及《大乘庄严论》等显密经论。到了19岁的时候，又跟随著名译经师义贤听受《俱舍论》。虽然到了29岁这一年宗喀巴才迟迟接受比丘戒，但此时的宗喀巴已经是一个在显密理论上很有造诣的青年喇嘛了。他经常举行讲经法会，可以同时讲授十几部经典。每次的讲经活动结束，都会有很多弟子皈依到他的门下。现在的宗喀巴在藏地再也不是一个无足轻重的人物了。

24年过去了，父母在宗喀巴的印象中已是一抹很淡的影子。但是，只要他的思绪稍稍从他的经论中脱离开来，幼年生活的记忆便又渐渐地清晰起来。屋前的小河，河上的小桥以及河对岸的那片广袤的草地。那时候，母亲经常驮着他越过那片草地，去山那边的一座寺庙里听喇嘛诵经。寺庙门前的酥油灯排成几排，跳跃的灯焰就像是无数只不停眨

象牙雕宗喀巴像：18世纪作品，摄于2011文博会文物展。宗喀巴（1357—1419年）藏传佛教格鲁派（黄教）的创立者、佛教理论家。宗喀巴本名罗桑扎巴（善慧称吉祥），这是受沙弥戒时的名称。青海湟中县人，因藏语称湟中（今塔尔寺所在地一带）为“宗喀”，故被尊称为宗喀巴。

动的眼睛。

想到家，想到父母，一种翻耕过的草地一般的新鲜感在他的心间油然升起。

忽然，漫天而起的长风席卷而来，呼啸的狂风卷起地上的尘土以及树叶草皮在空中飞舞着，四野一片昏天黑地。一声巨雷的震响，宗喀巴猛然想起当年接受比丘戒时的庄严誓言。他终于明白，对于一个欲成就一番大业的僧侣来说，亲情比起庄严的弘法事业来，实在算不得什么。于是，宗喀巴掉转马头向出发的方向走去。

10 世纪末叶，随着吐蕃王朝的崩溃，西藏佛教开始进入“后弘期”。与此同时，各种教派纷纷出现，至 15 世纪初，萨迦、噶举等派都已达到各种权势的顶峰。教派中的上层人士掌管着地方政权，直接参与各种政治、经济活动。然而，几乎是在佛教全面兴盛的同时，危机也开始产生。一些上层喇嘛积敛财富，追名逐利，甚至饮酒作乐，骄奢淫逸。上层的腐败，必然带来教内戒律的名存实亡。僧侣们开始放肆地饮酒，残害妇女。一些僧侣借口密教的名义公开淫乱，甚至挖取活人的内脏用以祭供。

就在那次从回家的路上返回西藏不久，在一次千人讲经法会上，宗喀巴突然摘掉西藏僧侣多年来所戴的红帽，换上一顶黄帽。这一举动立即在法会上引起极大的反响。

黄帽是持律者的象征。9 世纪中叶，曾为复兴西藏

唐卡《宗喀巴说法》：摄于内蒙古赤峰巴林右旗荟福寺经堂。

佛教作出重大贡献的大律师贡巴饶塞曾把自己的一顶黄帽送给即将前往西藏弘法的弟子卢梅，贡巴饶塞说，戴上这顶黄帽，你就会想起我来。贡巴饶塞的意思是说，戴上这顶黄帽，你就会想起戒律的威严。这一次宗喀巴突然戴上黄帽，象征着他正式亮出的一面高举传统戒律的大旗，表达了他重振西藏佛教，坚持以戒律维护僧团纯洁的决心。由于宗喀巴在西藏佛教界的影响和声誉，在宗喀巴亮出的这面大旗下，立即聚拢来一大批愿意以戒律治法的僧侣，从而也为西藏佛教史上新的教派——格鲁派的形成奠定了有力的基础。

戴上黄帽的宗喀巴并没有急于取得他在西藏宗教的更高地位，他开始潜心下来，专门著述。明建文四年（1402 年），宗喀巴开始写作他一生中最重要的著作、也是他创立教派的理论著述《菩提道次第广论》，第二年，他于拉萨正式开讲这部代表他显教思想体系的鸿篇巨制。又过了一年，宗喀巴又写出代表他密教思想体系的著作《密宗道次第广论》。两部著作的问世，构成了宗喀巴整体的佛学思想，也构建了将要产生的西藏佛教格鲁派完整的思想体系。

现在，摆在宗喀巴面前的就是获得最高政治集团的信任和支持，从而为教派的创立发起最后的冲刺。

机会终于来了。永乐四年（1406 年），帕竹政权的大法王扎巴坚赞受永乐皇帝正式册封为“灌顶国师阐化王”，并赐玉印。而在此之前，宗喀巴已以敏锐的政治洞察力预见到法王的成功，于是他一面积极与扎巴坚赞保持联系，一边积极建言扎巴坚赞以佛法治世，进而取得法王的地位。

扎巴坚赞被册封为阐化王后所做的第一件事就是接受了宗喀巴的建议，于拉萨大昭寺举行千人讲经法会，由宗喀巴开讲他的《菩提道次第广论》。法会开讲的前一日，实际已有 8000 人拥挤到法会的现场，加上看热闹的信众，总计在万人以上。谁都知道，这次讲经法会名义上是宗喀巴为论主，但其背后的操纵者是阐化王扎巴坚赞。讲经法会取得了圆满的成功，这样，宗喀巴在西藏佛教界实际已亮出了自己的旗帜，标明他已经成为西藏佛教界真正的领袖。至此，西藏历史上又一个新的教派格鲁派正式成立。由于这一教派的僧侣一律都戴黄

喇嘛教

喇嘛教，意谓无上教，又称为藏传佛教。指以西藏为中心而盛行之佛教教派。主要传播于我国藏族、蒙古族等地区，及不丹、锡金、尼泊尔等地。教主为达赖喇嘛、班禅喇嘛。“喇嘛”为西藏语 bla—ma 之音译，系 bla（上）与 ma（人）之复合词，直译为上人。“上人”本为佛弟子中有大德行者之尊称，即是上德之人；内有德智，外有胜行，在人之上，故称为上人。此与梵语 guru（音译咕噜）一词相当。然至后期，“喇嘛”成为西藏男女僧人之通称。又因在西藏特别尊崇喇嘛，外人遂以“喇嘛教”（Lamaism）呼之。实则西藏僧人既非人人皆为喇嘛，亦不自称喇嘛教。西藏人称之为撒盖耶基确斯，意为佛陀之启示，或佛之宗教；又自称为南确斯，意为正统之宗教或内道之宗教，以别于外道之宗教。佛教自印度传入西藏后，因西藏特殊之地理环境，及与原始苯教结合，遂形成风格特殊之“喇嘛教”，与汉传佛教有很大不同。

帽，所以人们又称其为“黄教”。永乐十三年（1415年），一位叫根敦主巴的弟子拜谒在宗喀巴的门下，这位26岁的弟子就是后来的一世达赖喇嘛。

走进傣寨的上座部僧侣们

佛涅槃后大约100年的古印度，僧团里发生了一件不大也不小的事件。事件的起因说起来有些简单，一位年轻的僧侣在一天清晨说，昨天晚上，在他的梦里出现了一个女人，而且是一个很好看的女人。当这个年轻的僧侣禁不住将夜里的梦境和盘托出的时候，当即引起大众部年轻僧侣们的大笑和起哄，因为这样的梦境也曾不止一次地出现在他们的梦中，只是碍于羞怯，一直没有说出来罢了。

大众部僧侣的梦境在僧团中引起的骚动是长时间的，这个被说出口来的梦境无疑对僧团的清修如同热油锅中投下的一只羚羊角，那平静的局面顿时沸腾起来。终于在某一天，上座部的年老僧侣们觉得再也不能坐视不问了，于是，上座部僧侣们开始对大众部僧侣的梦境展开激烈的批评。这些有着几十年修行资历、在僧团中享有绝对威望的老人们不发话便罢，一发起话来，句句铿锵，字字珠玑。老人们说，阿罗汉具有佛的本性，他们不受任何诱惑，当然包括女人，一个女人出现在梦里，那做梦的人必然不是阿罗汉。接着还有其他更为严厉的批判，简直就到了上纲上线的地步。

大众部的年轻人听不下去了，不就是一个梦嘛，何必上升到这样的高度？年轻人结成了群体，开始反驳，于是，多年来一些积压在心间的想法都在一刹那间和盘

云南西双版纳景洪勐泐大佛寺景飘大殿：勐泐大佛寺是最大的南传佛教寺庙，规模宏大的佛寺建筑群与西双版纳特有的自然风景错落有致、和谐相融，呈现出一派庄严静谧、气势恢宏的南传佛寺景象。

托出了。他们说，阿罗汉有时也会受到女人的诱惑，阿罗汉也有对某些问题无知的时候，阿罗汉的智慧也有可能来自于后天的培养，阿罗汉们可以遵从古老的传统托钵行乞，但为了更方便静修，同样也可以坐在家里受人供养等等。

在长达半年的时间里，两代人激烈的争论互不相让，难分高低，于是，分裂在所难免。佛教史上的第一次大分裂就这样形成了。

为了寻求更多的支持，同时也为了让传统的教义保持更大范围的不变和继续，上座部的僧侣们赤着他们宽大的脚板，托着那只释迦牟尼留下来的饭钵，开始了向周边地区的游说和扩展。也不知是什么时候，上座部的僧侣们带着他们的理论走到了东南亚的一些国家。南传佛教就开始产生了。

大约 7 世纪左右，上座部的僧侣们由缅甸进入中国的云南地区。就像当年的释迦牟尼一样，他们随遇而安，哪怕是一处溶洞，一处森林，一棵树下，都有可能成为他们不朽的精神圣殿。每到清晨或是中午，他们会赤着脚板，托着饭钵，走进村寨，在乞求食物的同时，也向施舍的村民们宣讲佛陀的教义。

忽然有一天，一位走进村寨的僧侣遇见了一位年轻的女人，于是，这天晚上，这位年轻的僧侣破例没有回到那座潮湿的山洞里。这件事的发生，在南传佛教的僧侣们中间产生了强烈的震动，就像当年他们的祖先上座部与大众部的分裂一样，一场激烈的争论开始了，新的部派也因此而产生了。于是，一部分僧侣走进村寨，他们在村寨中建造寺庙，把古老的教义用最随和的方式传给寨子里的村民，而另一部分僧侣则仍旧坚守在山洞里和大树下。与他们的祖先所不同的是，无论是走进村寨的僧侣还是坚守山林的僧侣，他们依然保持着上座部的理论教义，只是生活习性不同罢了。

如今在我国云南地区，不论你走到哪个村寨，也不论你是

上座部佛教

佛教宗派之一，以八正道为根本，教法纯正。因其由印度南传至斯里兰卡与东南亚一带，故又称南传佛教。公元前 3 世纪时，印度佛教内部因见解不同而分裂为两派：一派是由赞成改革的青年比丘组成的大众部；一派是以反对改革的长老比丘组成的上座部。流传至今的上座部，源自斯里兰卡上座部。现主要流行于东南亚的缅甸、泰国、斯里兰卡、柬埔寨、老挝、越南南部、中国云南边境等地区。上座部的男性教徒一生必须出家一次，僧人地位最高，寺院遍布每个村落。

南传佛教僧人：走在西双版纳街头的南传佛教僧侣。

在清晨还是在黄昏，你总会看到一群一群的小和尚们身披黄色的袈裟，行走在一处处椰林，他们活泼动人的笑容让所有外来的客人们无不为之动容，于是，客人们举起相机，将镜头对准了他们，小和尚们一阵大笑，接着就像鸟雀一样四散而去。他们走进了村中的寺庙，然后就席地而坐。他们在这里学习古老的佛教经典，到了午饭的时候，他们便赤着脚板，托着饭钵，挨家挨户地上门乞食，从而形成云南地域独特的风景。村寨里的人会告诉你说，在这里，所有的男童到了上学的年龄都要去寺庙中做几年和尚。一直到接近成年的时候，他们才能结束这种僧侣的生活，回到自己的家中。

明末四大高僧（一）——净宗八祖袾宏

清代线刻图：《莲社八祖明云棲莲池大师》，莲池大师，俗姓沈，名袾宏，亦称云栖大师，明代杭州云棲寺僧，为净土宗第八祖。

把母亲的灵柩送上山，袾宏（1535—1615年）已在不到十年间送走四个亲人了。

外面下着小雪，远远近近的地方传来除夕的鞭炮声。妻子汤氏轻轻地走进书房，点亮了书桌上的那盏油灯，接着又轻轻地走出去了。汤氏是他的继室，5年前袾宏的妻子死于郁闷症。不到一年时间，两位亲人命赴黄泉，袾宏也已是对整个的人生心灰意冷。在父母一再的催促下，他又娶了汤氏进门。汤氏是邻街一个贫家之女，对于嫁给袾宏这样的大户人家，且丈夫又是全县有名的秀才，挥之不去的自卑感总是使她在丈夫面前低眉顺眼，小心翼翼。她说不出丈夫有什么好，也说不出丈夫有什么不好。她只是觉得，丈夫的心思不在她的身上，甚至也不在这个家上。丈夫整天想些什么，她一点儿也不清楚。她只是注意到，自从进了沈家门后，丈夫一直就这样郁郁寡欢。她有时候就想象不出，那个17岁就中了秀才，那个名噪一时、被无数人认为前程万里的男人到哪儿去了。其实她也不是不理解丈夫，丧妻、失儿、亡父、别母，丈夫一直就没有从这些人生的大痛中恢复过来。于是，作为继妻，她只能加倍地小心，她只有伺候好丈夫，让他受伤的心灵得到抚慰，她才能尽到一个妻子的责任。

这一天是明世宗嘉靖四十四年（1565年）的除夕，街道上的鞭炮声一阵比一阵热烈，除夕的气氛也越来越浓。然而在这个家里，却永远只有铁桶一般的沉闷。不知什么时候，汤氏再次轻轻地走进来，她想让丈夫能放下手中的经文，到外面去看看灯，去感受一番过年的气氛。然而当她看到丈夫依然一副整肃的面容，依然在专注地读那本他读了又读的《金刚经》时，涌到口边的话不得不又缩了回去。于是，她为丈夫泡了一杯热茶，轻轻地放到丈夫的书桌上。然而不等汤氏转身离去，只听一声脆响，茶杯突然碎裂，滚烫的茶水泼到桌上，濡湿了那本《金刚经》，也濡湿了丈夫的衣襟。汤氏吓得怔在那里，半天也说不出话来。

袾宏抬起头来，他朝妻子笑了笑说："没关系，世上没有不碎的茶杯，世上也没有不散的因缘。"他说了这一句，自己倒吃了一惊，但他毕竟是说出来了。他等着汤氏的哭泣。然而令他意外的是，汤氏的脸上竟是从未有过的平静。汤氏说："我懂，我不耽误你。"袾宏索性把早就要说的话一股脑倒腾出来："感谢你这些年来对我的照料，你要知道，恩爱不常，生死莫代，唯有步我佛祖的后尘，树下一坐，午中一食，佛号一声，生死了脱，才是人生的根本。"汤氏是个明白人，于是也说："君请先行，妾随后就去。"说完，走进房里，给丈夫整理出门的衣物去了。

就像一场酝酿已久的暴雨，袾宏提起笔来，在一方纸上酣畅淋漓地写下被人传颂很久的《七笔勾》，大意如下：五色封章一笔勾，鱼水夫妻一笔勾，桂子兰孙一笔勾，宝贵功名一笔勾，家舍田园一笔勾，盖世文章一笔勾，西月情怀一笔勾。从而勾销了他在这红尘世界上的一切因缘。

正在服丧期间的袾宏怀揣着母亲的牌位来到西山寺祝发出家。随后，他闲云野鹤，四海飘泊，入五台，朝普陀，广谒名师，遍求经论。

明穆宗隆庆五年（1571

云栖竹径：云栖竹径位于西湖之西南，钱塘江北岸，五云山云栖坞里。由于地理环境的特殊，五云山上的五彩祥云，常飞集坞中栖留，并经久不散，称"云栖"。

年），大病方愈的袾宏来到浙江东部的云栖山下。云栖山云深林密，山势险恶，长年虎狼横行，当地百姓无人敢贸然上山。袾宏一心学释迦牟尼的本生，想着我若为虎狼所食，算我以身饲虎，与虎狼结缘；若能与虎狼相安，则正可像当年的释尊一样，从独处和禅坐中悟得人生道理。他不顾乡人的劝阻，毅然独自进山。7天之后，粒米未进、滴水未消的袾宏从禅定中醒来，但见四野群山一片苍翠，山河大地廓然在目。他只觉得心胸从未有过的开阔，于是，他随口一偈：

二十年前事可疑，三千里外遇何奇。

焚香掷戟浑如梦，魔佛空争是与非。

山下乡人见那僧人七天七夜未曾下山，料想他一定已成虎狼口食，一些大胆的乡人结伴进山，想看看那和尚的究竟，却发现袾宏端坐松下岩上，神情怡然自得。乡人开始相信，袾宏一定是个非凡之人。正好当地遭遇大旱，乡人央请袾宏代为求雨。袾宏说，我只会念佛，不会求雨。乡人不信，再三恳求。袾宏推托不过，只得敲起木鱼，念着经文沿着村子绕了一圈。奇迹发生了，忽然天空乌云翻滚，一阵瓢泼大雨从天而降，一举解除当地旱情。乡人从此对他敬若神明，为他在云栖山盖起一座寺庙，名“云栖寺”。

袾宏在云栖寺一住就是40多年。在此期间，他一边手不释卷地著述，一边为四方信众开讲净土法门，倡导念佛往生。中国佛教经过隋唐兴盛之后，自宋以后便渐趋衰微，而南北戒坛，更是久无人迹。袾宏在云栖寺开坛传戒，接引徒众，从此四方前来求法的人多不胜数，一时人称“云栖大师”。

袾宏中年出家，弘宗演教40余年，对净土、华严、禅、律都有极深的研究，一生著述颇丰，主要著作有《竹窗随笔》、《禅关策进》、《阿弥陀佛经疏钞》四卷、《楞严摸象记》十二卷等。在所有诸宗中，对净土念佛更为热衷，被后世人尊为净土宗八祖。对于自东晋慧远以来所倡导的念佛法门，他更总结为四种念佛，即持名念佛、观想念佛、观像念佛、实相念佛。他认为，唯有横截生死，都摄六根的净土修持，才是末法众生了脱生死、往生净土的方便法门。

明末四大高僧（二）
——冤死狱中的紫柏真可

夜幕徐徐降临，苏州虎丘山被一股沉沉的雾霭笼罩着。17岁的达观信步踏上虎丘山，想一睹古城苏州的夜色。

从不远处的云岩寺传来一阵僧人的诵经声，正是僧人们进行每日例行的晚课时间。达观被那苍苍的音韵吸引着，不觉走到那大殿的门口。

大殿里油灯高悬，昏黄的灯光下，几十个僧人正跪在地上诵念着佛号。达观细细地听了一下，那是在诵《八十八佛》。他过去曾去过一些寺庙，也知道僧人们每晚的功课是单日《阿弥陀经》，双日《八十八佛》。但是，今天听这《八十八佛》，竟是以往任何时候也没有的感受。随着那沉沉佛号的诵念，达观渐渐地感觉自己就像一片缥缈的云丝在夜空中轻飏着，渐渐也就虚无而空旷起来。僧人们终于结束了晚间的功课，依次向佛顶礼，一边脱着海青一边走出了大殿，而达观却依然站在那大殿门外，对着那三尊大佛泪流满面。

僧人们不知这青年受了什么刺激，径自从他的身边走过。大殿前就只剩下达观一人了。于是，他从一种虚无的境界中醒来，终于意识到，连日来的奔波，实在是毫无意义的行为。

达观自一个月前离开家乡吴江(属今江苏)后，就一直在外飘泊着。自少年时代即开始萦绕于心的梦想，达观一直想做一个镇守边关的将军。也正是这梦想使得他再也不肯静心读书，于是，他辞别父母，开始云游。然而此刻，在这沉沉的佛号声中，他忽然觉得，一切的功名利禄，都不过是过眼烟云，唯有这青灯古佛，唯有这沉沉如梦幻般的佛号，才是他最终的归宿。

这天晚上，达观宿在云岩寺里。

真可像：真可（1543—1603年），俗姓沈，号紫柏。吴江（今属江苏）人。

第二天黎明，当寺里早课的板子刚一敲响，达观即翻身起床，当僧人们在佛前齐齐排定，等待那一声引磬敲响之时，达观也悄悄地挤进了大殿，选一个角落站定。功课结束，达观问明住持的所在，径直寻去，举手敲响了住持的房门。住持正与一个僧人说话，见他进来，便问他有何贵干。达观在住持面前跪了下来，说："不为什么，只为出家。"

住持看了看这服饰华贵一脸稚气的青年，说："请把话说规矩点，佛前不可有戏言。"

达观说："一言九鼎，决无戏言。"达观说着，解下身上所有的盘缠，尽数放到住持的佛龛前。

住持说："你要出家做什么？"

达观说："代佛弘化，不染一尘。"

住持认真地打量了他一下说："既然要不染一尘，就请把你身上这件华服脱下来吧。"于是，达观果然就将那件华贵的袍服脱了下来。里面则是一件丝棉夹袄。

住持又说："还有一层（尘）。"于是，达观又将那层夹袄脱下，待要再行脱去里面的俗衣，住持阻住了他，说："那就还留一层（尘）吧，要知道，要做到不留一尘是很难的。"

就这样，住持选了一个吉日，替达观在云岩寺举行了剃度，为他取法名真可。

师父看出这青年将来是个于佛前行大气候的人，一心要好好地度他，就让他在寺里闭门读经。一直到他 20 岁后，才送他去受具足大戒。受过戒后，师父又打发他去匡庐、北京等地参闻佛法。几年的参学，让真可大开了眼界，学业也突飞猛进。就在这段参学的过程中，有一件事深深地打动了真可，从而使他由此决定了自己的行持方向。在一个乡间小庙，真可无意间发现一个老僧整天伏在那里抄写经书。有人告诉他说，老僧一辈子都在抄经，抄完一部又一部，老僧发愿要抄完所有的大藏经，直到色身寂灭的一天。真可去看老僧时，老僧头也不抬地依旧抄经。山风吹拂着老僧古铜色的脸庞，一根银白的胡须落到老僧抄写的经文上，老僧轻轻吹去，继续写着他的一个个蝇头小楷。在老僧的寮房，真

苏州云岩寺塔：摄于江苏苏州虎丘山风景名胜区。

可看到一本本装订成册的经书。直到天将黑尽，老僧收起了笔墨，才和真可说起话来。老僧告诉他说，他之所以发愿抄经，是有感于大藏经梵夹浩繁，讲读起来非常不便。而单篇成册，则无论讲经还是阅读，都方便多了。于是，一个大胆的想法在真可的心中像大树一样地生根了：刊刻方册藏，以利于更多的修学者。

万历十四年（1586年），真可慕名前往山东即墨海印寺，拜会另一位高僧憨山德清。二人一见如故，促膝畅谈。说到方册藏的事，憨山德清说，此项工程浩繁，费工费时难以想象，非几代人不能完成，法师对此事需有足够耐心。真可于是说到那一次在乡间小庙见到老僧抄经的事，真可说，以愚公之志，必能撼群山于顷刻间。憨山德清对真可欲刊刻方册藏的决心大加赞赏，于是，二人一同来到北京房山云居寺，想一睹房山刻经，以资借鉴。没想到却在无意间发现了隋时高僧静琬藏于雷音洞内的三颗佛舍利。这一发现，令二人喜不自禁，在真可的请求下，憨山德清书写了《复涿州石径山琬公塔院记》的文章刻碑于云居寺旁。这件事惊动了朝廷，神宗生母李太后一向笃信佛教，听说发现佛舍利的事，当即请回宫内供养三日。三日之后，李太后将佛舍利归还云居寺，真可、德清仍将其藏于房山石洞内。

万历十七年（1589年），方册藏工程得到一些朝廷大臣的捐助，于五台山正式开工。由于五台山天寒地冻，刊刻者四肢全被冻裂。几年后，方册藏不得不移于浙江杭州继续刊刻。这一年发生了几件事情，从而使正在进行的方册藏工程半途停工。一是真可的法侣憨山德清因“黄冠之难”被捕下狱，另一件事是南康太守吴宝秀因抵制朝廷矿税也被捕下狱。二人都是真可的好友，二人冤案都因宦官陷害而致。为了救助两位好友，真可北上进京，住进西山潭柘寺。

在京期间，真可一边四处游说，一边上书皇帝，力陈事件真相。真可在游说中说到自己晚年“三大负事”：“老憨（憨山）不归，则我出世一大负；矿税不止，则我救世一大负；传灯未续，则我慧命一大负。”所述第三大负，则是指与憨山德清共同发起刊刻方册藏和续写《景德传灯录》一事。

由于神宗与母后之间的矛盾日益加剧，混乱的朝廷内一时谣言四起，由于宦官从中作祟，真可不久即被捕下狱，其罪名是制作“妖书”，惑乱朝纲。

狱中的真可遭受到刑具的折磨和役卒的呵斥，最后被转至刑部，定下“坐左道罪”。得此消息，真可说：“世法如此，久住何为？！”于是写下遗书交与侍者，随后跏趺而坐，安然示寂。时年61岁。

明末四大高僧（三）——憨山德清的母子之情

清代线刻图：《明曹溪憨山德清禅师》，德清（1546—1623年），俗姓蔡，安徽全椒人，明末四大禅师之一。

明嘉靖二十五年（1546年）初春的一个清晨，全椒县（今仍属安徽）一个蔡姓人的家里，一个男婴降生了。这个男婴，就是后来被名为明末四大高僧之一的憨山德清。

德清的母亲是观音的信仰者，据说她着胎的时候，梦见观世音菩萨手中抱了一个孩子向她走来，母亲说，这孩子是谁家的，真可爱啊。菩萨就说，你喜欢他吗，那就送给你吧。就这样，憨山德清来到了这个世上。

正如中国儒家大德孟子所说：天将降大任于斯人也，必先苦其心志，劳其筋骨。德清一生下来就是多病之躯，母亲便把他抱到家中供设的观音像前祈祷说，愿我儿健康长大，日后我让他出家为僧，住持正法。果然，几天后这孩子病就好了。等他稍长大后，母亲就将他送到邻村的一座寺庙里，随寺里的师父学经。

德清5岁的时候，他的一个婶婶生了个孩子，德清问他的母亲，小弟弟是从哪里来的？母亲说，从你婶婶的肚子里来。德清似乎并不满足这样的回答，又问：肚子里的孩子又从哪里来呢？不久，他的一个叔父死了。看着那个疼爱他的叔父躺在尸榻上，德清问母亲：他怎么了啊？母亲说，死了。德清又问，死是到哪里呢？母亲说，死就是什么也没有了，还能去哪里？从此，关于生，关于死在幼小的德清心里打下了一个又一个问号。

9岁的时候，母亲送德清去隔河的一个私塾念书，严厉的母亲规定儿子必须一个月才能回家一次。由于思念母亲，德清每次回家时总不愿再去那个地方。这一天，德清又要与母亲分别，眼看船就要开了，德清却怎么也不肯上那渡船。母亲一气之下就要将他扔到河里，母亲说，这样不才的儿子弃之不惜，幸好被路过此地的祖母拦下了。事后祖母因这事与母亲发生争执，母亲说，我哪真会扔他到河里，不过吓唬吓唬他，必须让他断了恋母之情，才能使他认真读书。以后德清每次出门，母亲依然送他，待送到河边，母亲立即掉头，决不看他。

到了十多岁的时候，德清忽然对读书又厌烦起来。有一天他问母亲，读书是为了什么？母亲说，为了做官。做官又为了什么？做更大的官。更大的官是什么官？宰相。做了宰相又怎样呢？做了宰相也就罢了。德清说，原来做了宰相也就是一个罢了，不如现在就罢了。母亲听儿子这样一说，就有些生气，母亲说：那你就去做一个挂搭僧去吧。德清好奇了，问：何为挂搭僧？母亲就告诉他，挂搭僧就是佛的子孙，云游四海，一钵千家饭。德清立即兴奋起来，说：我将来就做佛的子孙，就去云游四海，一钵千家饭。母亲听了非但没有生气，反而说，好志向，就怕你做不好这样的挂搭僧。德清问怎样才能做好挂搭僧，母亲说，佛的言教八万四千法门，没有好的学问谁也无法入门。从那以后，德清的学习再也不用母亲担心了。

金陵报恩寺住持西林和尚是一位有名的学问僧，不仅佛法高深，而且文章盖世。有一天德清就向父母提出，想去报恩寺跟西林师父学习。这就意味着，德清将要去做和尚，当即遭到父亲的反对。但母亲却说：既然他对出家成佛这样热衷，做父母的没有理由不支持他。第二天，母亲一直把他送到寺里。就像以往任何时候他出门一样，母亲简单地说了一句离别的话，然后毅然掉头，一直往前走去，显出一副毫不留恋的样子。

西林和尚一见到德清，就对他格外喜爱，于是也就对他特别器重。正好当时禅宗巨匠无极大师在寺里开讲《法华经》，德清只听了一遍，就全懂了。有位同学说他听得云里雾里，德清就把自己的体会原原本本地告诉了他。无极大师正好路过，听到德清的讲解，惊讶地说，这孩子真是大法器啊。无极大师对西林和尚说，千万不要耽误了这个年轻人，他将来必是佛门的栋梁。

西林和尚是一个以儒入佛的高僧。他觉得，儒是入世的途径，佛是出世的根本。一个人须先习得入世的途径，方能知道出世的根本。于是，他先教德清儒家的经典《四书》、《五经》、《左传》、《战国策》以及唐诗宋词等。由于德清自幼受到母亲良好的教育，再加上天性聪慧，今又遇到这样不可多得的老师，德清在儒教上进步神速，在同学中间很快就出类拔萃，成为一名少年老成的学生。

这一年，德清的许多同学都准备去应试科举，有人说，凭德清的学问，考个举子不在话下。西林和尚也试着问他，你要去考科举吗？德清说，考了举子又能怎样？我母亲很早就说过，出家才是大丈夫所为，出了家，才是不了的人生。师父听了，觉得自己总算没有白度一个僧才。几天后，西林就为德清举行了剃度。剃度之后，德清从此不再接触儒家经典，同时把自己历年所写的诗文悉数烧掉，表示自己一心向佛的决心。

26岁这一年，德清来到五台山北台憨山，其时正当春雪消融，憨山处处流泉，更有飞瀑之声响彻云天。深山春景，深深地吸引了德清，他坐在一个岩上，就此进入禅定。不知什么时候他从定中醒来，但见四野群山一片苍翠，山河大地无比清朗。于是，他以憨山为自己的别号，而他的禅定功夫，也从此进入一种新的境界，每当入定，往往数日或半月之久。有时不免落下禅病。

有一次他随师父到一个大户人家应斋。那人家刚好建造了一座新的庄园，就向西林请求让他的弟子德清为这庄园题写诗品。德清推托不过，只得答应了，但却提出，5天之内，不得有任何人进入他的房子。5天之后，人们仍不见德清的动静，于是不得不砸开窗户跳了进去，只见德清的桌上、床上，乃至地上全是他写的诗词，而德清却已经入于禅定之中，无论怎样叫他，依然沉入定中。师父急了，在他耳边猛敲一记引磬，德清这才如梦方醒。他告诉人说，

广东韶关南华寺大雄宝殿：万历二十八年（1600年），德清来到禅宗祖庭曹溪南华寺，并着手进行整治，历经一年的时间，使曹溪祖庭焕然一新。

他已久不写诗，这次一写起诗来就一发而不可收拾，一首又一首诗在他的笔下像流水一般地倾泻而出，止也止不住。他想起以往但凡遇到难事便坐禅入定，于是扔下笔，很快就处于禅定之中，没想却又无法醒来。西林说，这就是禅病。

万历十七年（1589年），德清44岁。自从那年离开金陵赴五台山后，德清一直就没有再见到母亲。一天夜里，他忽然梦见母亲前来看他。他问母亲从什么地方来，母亲说，是从空中而来。梦醒之后，他决定回全椒省亲。父母均已80多岁，见到久别的儿子，说不出的欢喜和激动。他问母亲，我出家后，你想我吗？母亲说，怎么不想呢？德清说，你想我时，怎么对待？母亲说，我只知道你在五台山，有人告诉我说，五台山是在北斗方向。于是我每夜都只向北斗方向礼拜，称念菩萨的名号，渐渐也就不想了。德清知道自己此次回家，也许就是此生的永诀，于是决定要为父母建造墓冢。来到选好的墓地，德清将铲子在地上顿了几顿，诙谐地说，今日活埋父母，免得他日再回家来。母亲接过他的铲子也在地上顿了几顿说，老婆子自埋自己，又何须麻烦别人。于是一家人开心大笑。

德清50岁这一年，由于神宗与太后之间的矛盾加剧，又由于太后曾送德清巨资修建海印寺，一些宦官趁机陷害德清，德清因此而蒙冤下狱。这一年的十一月，德清被发配雷州。途经金陵，母亲特意赶到江边与儿子诀别。原以为母亲会挥泪不止，没想到老人家却谈笑风生，母子二人促膝交谈甚为欢畅，使一旁的人大为诧异。德清说，您听到儿子生死未卜，忧愁过吗？母亲说，生死是由业力而定，我自己的生死尚且不忧，又怎么会忧你呢？德清又说，流言参差，都说儿子犯了大罪，母亲作何感想？母亲说，对天也曾疑过，对地也曾疑过，唯独不疑儿子的德行。德清感动得热泪盈眶。母亲又说，你此去万里，但以佛法大道自珍，不要替娘担忧，今天一见，也作长别。母亲说完，头也不回地走了。

望着母亲绝然的背影，德清挥笔写下一首《母子铭》：

母子之情磁石引铁，天然妙性本自圆成。
我见我母如木出火，木已被焚火元无我。

明末四大高僧（四）——智旭，从辟佛斗士到佛门高僧

明神宗万历四十年（1612 年）仲秋的一个上午，苏州吴县的一个乡间私塾里，先生威严的声音喊着："钟际明，你能说说这一阵没来上学的理由吗？"

先生说着，一双冷峻的眼睛瞄准着右边第二排的那个瘦而身材高挑的少年。少年钟际明惶怵地站起来。他的确有三四天未曾上学了，刚才又匆匆迟到，刚刚在座位上落定，就听到先生的一声断喝，所以不免汗流浃背，然而他迅速地镇定下来，从抽屉里取出一摞文稿，说："我正要去告诉先生，我这几天在家里赶写一批文论。"先生素来对勤于写作的学生总是偏爱的，听到钟际明的话，表情立即由阴转晴，现出一脸慈和的颜色："呵，你在写文论，能告诉我是什么题目吗？"

钟际明受到鼓励，他离开座位走到先生跟前，双手把那些文稿交给了先生，说："请先生批阅吧，我原是说下了课要向先生请教的。"

先生接过文稿迅速地浏览了一眼，见那文稿头里赫然写着："辟佛论之一"。先生接着往下翻看，竟然是"辟佛论之二"、之三直至十二。钟际明是这一带私塾中文章写得最好的一个，其他私塾的先生也常把他的文章拿到自己的私塾里，让自己的学生当范文阅读。不知什么时候，钟际明的文风突然发生了变化，他开始热衷于写政论文，而且那种文词的犀利，那种内容的鞭辟入里，常常让先生看得热汗淋漓。大到国家的兴衰，小到邻里的纠纷，无不成为钟际明鞭辟的对象，而这一次，博大精深的佛理竟也成了他鞭辟的目标。虽然先生对这学生小小年纪竟然有着如此锐利的思想而从内心里欣赏他，但他却并不主张他的学生离经叛道，在这个社会里，离经叛道者多半没有好的下场，先生自己就是一个活生生的例子，否则，他就不会至今仍在这座乡间私塾做一个教书先生了。

先生说："钟际明，最近读了什么书吗？"先生

如果没有猜错的话，学生钟际明一定是读了韩愈《谏迎佛骨文书》。

“是的，先生，最近在读韩愈的《谏迎佛骨文书》。”但他接着又说：“但我辟佛的观点，却不是一时形成。”

先生脸上露出一丝笑意，说：“呵，我知道令尊钟歧仲大人一生都在持诵《大悲咒》，又听说令堂大人是在梦见观音菩萨以后才怀上你的。你怎么反倒会写辟佛的论文呢？”

钟际明说：“韩愈的观点我非常赞同，梁武帝斋僧供佛，立寺造像，但最后却饿死在台城，南北朝时各国都在竞相造佛，恰恰这一时期是战乱最频繁发生的时候。先生刚才提到家父，家父一辈子信佛确有其事，但是，佛并不因此而对他格外垂青，他老人家仕途不第，一生坎坷，就在上个月，他还因去寺里烧香而摔坏了腿脚，现在还躺在床上不能动呢。”

私塾里发出一阵轻快的笑声，在同学们善意的笑声里，钟际明继续阐述着他的观点：“再说，《大佛顶首楞严经》中也说到，生儿育女，是父精母血的结果，这和菩萨托胎有什么关系呢？”

先生不能不承认，这个14岁少年的确知识渊博，涉猎甚广。但是，他的这些观点毕竟带着14岁孩子的偏颇，以及相当的幼稚。当着同学们的面，先生还是把钟际明表扬了一通，先生说他勤于思考，知识广博，但也有偏颇的一面等等。下了学，先生还是把钟际明找到自己的房里，仔细地和他探讨了这些辟佛的文章，帮他分析哪些地方观点得当，哪些地方有失偏颇。钟际明不能不佩服先生分析得准确，然而，少年钟际明还是保留了自己辟佛的观点，那些辟佛的文章，他一直收藏在自己的书桌里。

又过了三年，钟际明已经不再是偏颇而执著的少年了，虽然那种与生俱来的激情和冲动仍然在他的身上时有表现，但这种激情一旦与他的追求相契应，就必然会产生巨大的作用，让他做出不凡的举动。

转眼私塾就开始放农忙假了，于是，一些农家子弟便回到田间去一番劳作，钟际明则利用这一时间去一个亲戚家小住。正好遇到因行脚前往五台山而路过家里的表哥，于是，在这位僧人表哥的推荐下，他读到前辈

韩愈像：韩愈（768—824年），字退之，汉族，唐河内河阳（今河南孟县）人。自谓郡望昌黎，世称韩昌黎。唐代古文运动的倡导者，宋代苏轼称他“文起八代之衰”，明人推他为唐宋八大家之首，与柳宗元并称“韩柳”，有“文章巨公”和“百代文宗”之名，著有《昌黎先生集》、《外集》十卷等。

僧人、被称为净土宗八祖莲池袾宏的两篇文章《竹窗随笔》和《自知录叙》。谁也没有想到，读着这位前辈僧人细腻的文笔和立意高昂的论述，钟际明竟是欲罢不能了。依他的性情，他要立即就去拜访这位莲池老人，然而表哥告诉他说，莲池老人已于两年前往生西方，作了古人，拜访他已成永久的憾事。钟际明竟一时怅惘，久久叹息。见此表情，表哥又告诉他说，如若你真对这些当代大师产生敬仰，你何不去拜访另一位健在的高僧憨山德清呢？德清目前正在庐山法云寺为僧众说法。

这天夜里，钟际明做了一个梦，在这个梦里，他见到一位高大而清癯的僧人。奇怪的是，这个出现在他梦里的人不是莲池袾宏，却是曹溪南华寺的振兴之师憨山德清。也就是在这天夜里，一个突如其来的念头在钟际明的心中开始产生。

回到家里，钟际明将他 14 岁时所写的辟佛论文一把火烧得干净，这一把火，标志着这个成熟的少年开始告别旧有的观点，向一个新的目标迈进。

正如钟际明做论时所说的，他的父亲钟歧仲由于业力的牵引，过早地离开了人世。为了让父亲的亡灵早日超生，钟际明为父亲诵了三天三夜《地藏本愿经》。服丧期间，钟际明再次阅读《大佛顶首楞严经》。此时钟际明已是一个成熟的、理性的青年，他不再带着少年时代的偏颇来读这部大乘经典，然而他毕竟阅读不深，对其中的许多论点不甚了了。料理完父亲的丧事，钟际明说服了母亲，背着简单的行囊，启程前往庐山法云寺寻访一代大德憨山德清。

一路风尘仆仆，终于来到庐山法云寺，然而却被告之，德清大师早在去年的这个时候就被广东南华寺请去说法了。钟际明不得不叹息，缘份这东西真是让人难以预定。看着这个青年人如此颓伤，门头僧建议他说，既然不能晤见德清大师，何不前去拜望大师的首座弟子雪岭禅师呢？雪岭师父在江南一带的名望也是令人望而生敬的啊。一句话提醒了钟际明，于是，在门头僧的引导下，钟际明于一间丈室见到了雪岭禅师。问明了情况，又得知这位年轻人一番曲折的问佛之路后，雪岭禅师当即表示，如果你觉得缘份已到，我愿意为你剃度。钟际明欢喜之至，于是，青年钟际明就在这里举行了他人生中最为重要的仪式：披剃染衣，从此做了一名出家的僧人，师父为他取法名智旭。

这一年夏秋之际，智旭离开庐山，行脚到杭州栖云寺，得以拜谒他渴慕已久的高僧莲池袾宏，然而却是在他的塔前。第二年，智旭26岁，他在袾宏的塔前接受了菩萨大戒。不久，从苏州吴县传来母亲病逝的消息，遭受丧母之痛的智旭决定结束自己的行脚生涯，在浙江灵峰长期定居，闭门读经，从此做一名学问僧。

在57年的短暂人生中，智旭著作丰厚，计四十七种，一百九十一卷。这些著作在他的身后经他的弟子整理汇编分为宗论和释论二部分，其中《灵峰宗论》属于宗论部分，而《阿弥陀佛经要疏》、《楞严经义疏》、《梵网经合注》等为释论部分，这些著作的问世，形成了继憨山德清后中国佛教的又一个新的学派，由于他一生主要的弘法地是在灵峰，因此也就被后人称为“灵峰派”。

六世班禅巴丹益喜进京

乾隆四十四年（1779年），北京紫禁城里一派忙乱。大小太监们奔前跑后，扯着他们尖细的喉咙指挥着那些工匠们把一批批从各地运来的礼品运到库里。离乾隆皇帝的七十大寿还有一年的时间，各地派人送来的祝寿礼品就在皇宫里堆成了山，太监们正急着找地方存放呢。

有道是皇帝不急太监急。此刻，69岁的乾隆正坐在他的龙廷上批阅着成堆的奏折。忽然，一份奏折引起了皇上的注意，那是章嘉活佛写来的奏折，奏折上写明，为庆贺圣上七十大寿，六世班禅巴丹益喜将于近日启程前来京城。章嘉活佛在奏折中特别提到六世班禅对维护中华统一所作的贡献。乾隆四十年（1775年），英国驻印度总督哈斯汀利用英国东印公司与不丹发生战争之机，派员擅自闯到札什伦布寺会见六世班禅，提出英国与西藏建立单方面联系、英方与西藏自由通商、要求到拉萨设驻藏代表等要求。六世班禅威武凛然，强调说，西藏属中国领土，英国与西藏的一切行为，均必须按照中国大皇帝的圣旨办事。

其实，即使章嘉活佛不提这些，乾隆皇帝对六世班禅的一切早就了如指掌。

唐卡《六世班禅》:西藏博物馆藏。

乾隆三年(1738年),六世班禅出生于襄地扎西则(今后藏南木林宗扎西则)地方。父唐拉,咒师出身;母尼达昂茂,系贵族宗室之女。

1740年,经札什伦布寺喇嘛寻访考察,七世达赖派代表会同噶厦政府官员共同确认巴丹益喜为前世班禅转世灵童。经乾隆皇帝恩准,次年6月4日,巴丹益喜于札什伦布寺日光殿举行坐床典礼,乾隆帝派中央特使与七世达赖的代表一起专程前往札什伦布寺祝贺坐床典礼。自此以后,六世班禅与中央一直保持着密切的联系。1758年4月,章嘉活佛受中央委派,到札什伦布寺看望六世班禅,并一同商议西藏政教事务。1766年,乾隆帝遣使到札什伦布寺册封六世班禅,并颁给金册金印。1769年,六世班禅31岁时,乾隆帝又赐给了一颗用230两黄金铸成的有藏、满、蒙三种文字的班禅额尔德尼金印。

对于六世班禅即将来京,乾隆皇帝十分重视,颁旨要求必须做好隆重迎接六世班禅来京的一切准备。为了让六世班禅在京的生活不致有任何不适,乾隆下令必须按照札什伦布寺的格局于承德建造须弥福寺一座。"务将须弥福寿之庙内厢房赶在乾隆四十五年四月前修竣,以备存放班禅先遣两千驮包及其众喇嘛居住。断不可误期。"乾隆先后发出六道谕旨,催促驻藏大臣刘保柱专程前往扎什伦布寺与六世班禅商议入觐事宜,并征询章嘉活佛意见,确定迎接等事项。乾隆皇帝甚至想到,班禅长途跋涉,鞍马劳顿,谕令为他准备轿辇。当接到六世班禅确定启程日期后,又派索琳赴扎什伦布寺赐谕奖赏,谕令在六世班禅启程后,后藏事物由八世达赖看管办理等。乾隆还学习唐古特语(藏语),欲与班禅额尔德尼见面时叙谈。与此同时,乾隆又命宫廷画师专程赶往札什伦布寺为六世班禅描画法相,准备挂在建好后的须弥福寺内。

1779年6月,六世班禅率随行人员2000余人,从札什伦布寺启程,一年以后,六世班禅一行经长途跋涉终于到达承德。当六世班禅走进那座完全按照札什伦布寺的格局建造而成的须弥福寺时，迎面的一幅画像顿时让他感动万分。画像中的六世班禅身着黄色僧服，头戴黄色僧帽，左手执佛经，右手施说法印，形态体现出正在为众生宣讲佛经。

承德避暑山庄，一次历史性的会晤终于开始了，乾隆特许六世班禅可乘轿直至殿前。六世班禅向乾隆行跪拜大礼，乾隆问道："喇嘛身体好吗？一路辛苦了吧？"班禅答道："托皇上洪福，一路无恙。"乾隆说："朕今年已70岁，以如此高龄，幸见喇嘛，甚慰朕怀。从此中土佛法弘扬可期，四海人民得歌舞升平。"说着，乾隆命人将自己用的珍珠串、玉如意和一条哈达赠给六世班禅。六世班禅再次跪拜，谢帝隆恩。次日，乾隆御驾又亲临须弥福寿庙看望班禅，乾隆说："昔日五世达赖来朝，我祖特建黄寺以馆之。朕今特建热河札什伦布寺，以备喇嘛驻锡。不知喇嘛是否适意。"六世班禅说："谢皇帝隆恩，一切就像在札什伦布寺一样。"六世班禅对乾隆居然能用藏语与其对话甚为吃惊，乾隆说："朕欲与喇嘛对话，一年来一直在学藏语，但只能讲些普通用语，而经文奥典，仍须由章嘉呼图克图译述。"班禅听罢，大为感动。

北京雍和宫戒台楼：雍和宫戒台楼是乾隆委托六世班禅为自己主持受戒仪式而筑。

7月24日，乾隆在避暑山庄万树园宴请六世班禅。乾隆当即为班禅颁赐玉册玉印。乾隆寿辰这日，六世班禅和章嘉国师率僧众至避暑山庄诵经，为乾隆祝七十大寿，班禅进献重300两的金佛像一尊、佛案和菩萨画像81幅、全套《甘珠尔》、重30两的金制护身盒、琥珀串珠三挂等物品，作为寿礼，祝福乾隆帝万寿无疆。

乾隆寿辰结束，六世班禅来到北京，由皇六子和章嘉国师陪同游览圆明园、大钟寺、颐和园、香山等地，为殿堂、园林、寺院开光加持。不久，乾隆又与六世班禅在香山昭庙会见，并向班禅赐金如意、羊脂五香炉、宝体等；班禅也向乾隆进献佛像及袈裟等。

由于当时天花流行，六世班禅因未种痘，不幸染

清净化城塔：位于北京朝阳黄寺大街。因塔内安葬六世班禅的衣冠经咒，故有“班禅塔”之称。

上天花，乾隆四十五年（1780年）11月2日下午，六世班禅在北京黄寺因患天花治疗无效而圆寂，享年42岁。班禅遗体在黄寺停放了6天，供各界人士和佛教徒瞻仰。然后用防腐药水浸洗，移置到由乾隆御赐的用7000两黄金制造的天降金塔里。次年2月，六世班禅的灵塔运往西藏札什伦布寺，札什伦布寺僧众造了一座大银塔，将御赐金塔供奉在内。乾隆为了纪念六世班禅，特命在他生前住过的黄寺西侧，建立了一座宏伟的“清净化城塔”，俗称西黄寺。寺内有乾隆御制的用汉、满、蒙、藏四种文字书写的碑文。

禅宗巨匠虚云

六月的湘乡，早已进入炎炎夏日。巨大的樟树上，知了开始一声接一声地鸣叫。街道上一片木屐之声，遗老遗少们纷纷走出屋子，在樟树下下棋纳凉，喝茶聊天。女人们遵从着三从四德的古训，轻易不会走向街头，于是，住户人家便打开了所有的门窗，希望尽可能地透进一丝儿荫凉。

在一片深巷里，唯有一户人家大门紧闭，二门紧锁，偶尔会有个把佣人出门进行必不可少的采购，当他们匆匆走出或进入时，那扇大门很快就会关上。即使这样，那紧闭的大门口仍坐着一个高大的男仆，他坐在这里，坚守着自己的岗位，似乎连一只猫儿也休想从这门里钻出来。人们注意到，这高大的门楼上挂着一只略显陈旧的灯笼，灯笼上那个大大的“萧”字显得格外醒目。

毕竟是暑热蒸人，萧府的男仆坐在门口的石凳上未免疲乏，不一会儿，他那只肥大的脑袋便像寺里的鼓槌一样一下一下地点了起来，却又没有一点规律。过来一辆黄包车，在这样暑热的中午，黄包车夫也难得揽到一宗生意，于是，黄包车夫便把车停在萧府的门口。车夫显然和萧府的男仆相熟，他一边掀起衣襟擦着汗，一边走向男仆并打着招呼说，老兄今天好差事，怎么当起门神来了？那男仆终于睁开惺忪的睡眼，打了个哈欠说，是啊，今天府里有些情况。车夫兴趣来了，他凑过去问，什么情况，热死人的天，怎么就把个大门关得死紧？男仆扭头从门缝里看了看里面，然后神秘地说，少爷今天早上又被人找回来了，老爷怕他再跑出去，今天又要给他纳一房妾呢。车夫笑起来说，有这等好事，少爷为什么要跑啊？听说少爷一心要做和尚，有这事吗？男仆说，是啊，这少爷也真是的，有这样的艳福不愿享，却要去做和尚，真不知道他到底是属什么的。

两人正在门外说着话，而萧府里面，却正上演着一出“拉郎配”的喜剧。萧家少爷萧岩正被人塞进一间厢房里。厢房分左右两间，左间是他的正室田氏，右室则是刚刚为他纳进的姨太太谭氏。两位夫人虽算不上貌若天仙，却也生得眉目清秀，文淑娴雅，两人中一人出身于名门望族，一人则为小家碧玉。萧岩是在他 20 岁时与田氏完婚的，但蜜月刚过，少爷就借故出门求学，结果却如泥牛入海，再无消息。萧玉堂老爷费了九牛二虎之力，终于打听到儿子的行踪，原来他是在南岳的一座寺庙里听闻佛经。此后萧岩总是借故跑出家门，然后就躲在某一座寺庙里听闻佛法。一家人都拿他没有办法。

萧岩是萧玉堂前任妻子颜氏所生的儿子，萧岩生下不久，颜氏就因病离开了人世。萧岩一直由庶母王氏带大，庶母对他虽然谈不上慈恩亲情，但虐待他的事件却是从来也不曾有过。然而萧岩却自幼郁郁寡欢，所读书中，唯对佛经之类有着特别的兴趣。萧玉堂当时就有一种不祥的预感，莫非儿子将来真是做和尚的命？虽然他自己也是一名信佛的居士，但是，做一名居士和让儿子出家为僧毕竟是两码事。儿子连着跑了两次之后，萧玉堂就想，或许出身名门的田氏太过正统，不善风流，因而拴不住儿子一颗心，于是，这次把儿子找回来之前，萧玉堂就又替儿子物色了比萧岩小 20 岁的谭氏。比起田氏来，谭氏自然要年轻得多，小家碧玉的谭氏因为少了大户人家的许多规矩，所以性格也活泼得多。萧玉堂想，有了这一房年轻的姨太太，不愁拴不住儿子的心，也不愁自己抱

虚云法师像：虚云古岩老和尚（1840—1959年），中国近代著名禅宗高僧。中国禅宗第十七代祖师，曹洞四十七代，临济四十三代，云门第十二代，法眼第八代，沩仰第八代。其禅功和苦行倍受称赞，以一身而兼禅宗五宗法脉，整顿佛教丛林，兴建名刹，为现代中国禅宗杰出代表。

江西九江云居山虚云纪念堂：1959年10月13日，虚云法师在江西云居山真如寺圆寂。世寿120岁。

不上孙子。

为了给儿子的厢房降温，萧玉堂让人不断地在儿子的厢房外泼洒井水。太阳终于落下山去，蒸腾了一天的街道也终于渐渐地凉爽起来。儿子厢房里的灯依然亮着，直到鸡叫三遍，灯光才灭去，萧玉堂这才安心地睡去。然而天亮后，萧玉堂得到一个惊人的报告，儿子萧岩不知什么时候打开了那扇木格窗户，从后门翻墙逃出了萧府。萧玉堂一阵头晕目眩，一股黑血从口中涌出，接着就昏死过去。

萧岩接受了上两次的教训，这一次他准备了充足了盘缠，沿着湘水一直往南走去。一个月后，他来到福建省的福州鼓山涌泉寺，跪倒在常开老和尚的膝下。于是，选了一个吉日，常开老和尚为萧岩举行了隆重的剃度仪式，并赐法名古岩，又名演澈，字德清。

这是发生在光绪八年（1882年）的事情。

剃度的第二年，德清又依妙莲法师求具足戒，成为一名真正的比丘僧。而当真正走进佛门，尝闻到无尽的法味，德清这才意识到，自己的出家，真是太迟太迟了啊。当年佛陀为了寻求真理，毅然走出宫墙，于苦行林中6年麦麻生涯，终于成正等正觉，为人天师范，而自己却以最好的年华于俗世中虚度时光。于是，他决定效法佛陀，走入大山，行头陀苦行。

陕西终南山是一座著名的禅宗道场，多少年来，不知有多少希望在佛法的大道上有所成就的人一批批地走进终南山，然后就选择一处山洞，或于一片荒林中结茅安禅，以一种常人难以忍受的苦行，磨砺自己的意志，消除色身的欲望，寻求解脱的途径。

终南山山高林密，洞窟幽深，德清在这里看到一具具跏趺而坐的枯骨，看到一个个在洞窟中禅坐的修道人。这所有的一切，与当年佛陀的苦行林是何等相似啊。他选择了一片林子，然后便砍下芭茅和松枝，为自己搭建了一座小小的茅篷。他又在住处周围栽种了一片洋芋，他将依靠这些简单的食物，支撑自己的肉体生命，度过自己的苦行生涯。清晨，当第一缕阳光照进茅屋的时候，德清为自己崭新的开始而兴奋着。他走出茅屋，但见远处的山崖被层层飞渡的闲云笼罩着，那变幻无定的云雾时而像海浪般扑腾，时而像云絮般宁静。于是，他给自己重新取了个名字：虚云。

带来的简单食物早已用尽，而地里的洋芋才刚刚露芽。饥饿像野兽一般侵袭着他的色身肉体，他也开始与这不可抗拒的饥饿进行抗争。在那些日子里，他就像一个野人，漫山遍野地寻求着一切可以食用的野菜和野果。有一天，他食用了一种有毒的野菜，全身肿紫，昏迷不醒。三天过后，虚云奇迹般地生还，然而饥饿仍然驱之不去。他从树上一把一把地捋下树叶甚至松毛，就着溪涧里的清水，大口大口地嚼食着。终于熬到洋芋成熟的季节，他数着那些洋芋的棵数，想着如果每天挖出一颗，他仍可以支撑一年的时间。

两年之后，虚云走出了终南山。在山口，他遇见第一个人，那是一个打柴的村夫，那人被虚云的形象吓得一声惊叫，赶紧跑了。也就在这时，他才从溪涧中照见了自己的影子。此时的他乱发披肩，颧骨高耸，双眼深陷，活脱一个山野怪兽，他这才知道，两年的苦行，除了将自己折磨成如此模样，他似乎什么也没有得到。

虚云背着他的行囊，拄着他的禅杖一路向南行走。他来到浙江天台山，拜倒在一代大德融镜老和尚的膝下。当他抬起头来时，融镜老和尚吃惊地看着他说，你是谁，为什么是这种模样？

虚云说，弟子德清，又名虚云，弟子在终南山饥餐松毛，渴饮山泉，冬夏一衲，不蓄余资，苦行两年有余，但却未曾有得，所以弟子今天特来请求老和尚给予开示。

融镜说，你这副模样见我，是想把老衲吓出病来吗？去，先洗澡，再理发，换一身干净的衣服再来见我。

半天之后，虚云果然恢复了僧相，他再次跪倒在融镜老和尚的面前请求开示。

融镜说，佛祖虽经6年苦行，但佛祖最后还是接

祝圣寺虚云和尚铜像：宣统元年（1909年）自北京请得《龙藏》全部回鸡足山，敕改钵盂庵为护国祝圣寺。摄于云南大理鸡足山。

受了牧羊女的布施，走出了苦行之林。须知我们的色身肉体是因，所谓修行办道，就是要通过眼、耳、鼻、舌、身、意体悟色、受想、行、识、五蕴之苦。没有身体之因，又哪里会有证悟之果？须知你以前的做法皆非正道，从今以往，你须剃发、穿衣、吃饭，保持健康的体魄，过正常人的生活，尔后才可修行办道。

融镜老和尚的一顿训斥，虚云听之如醍醐灌顶，从此以后，融镜的教诲虚云悉皆从之。

在天台山，虚云跟随融镜和尚修习天台教观，不久又前往国清寺、方广寺参学，又去天童寺听楞严，于阿育王寺瞻仰佛舍利。虚云的足迹踏遍了中华大地，结识了无数的名僧，从而使自己的道业得到迅速的增长。

光绪二十年（1894年），虚云来到扬州高旻寺，参加这里的禅七活动。

佛界自古有“金山的腿子高旻寺的香”的说法，可见这两座禅宗寺庙僧人坐禅的功夫是何等深厚圆熟。高旻寺的禅七一年四季几乎都有，每一期禅七少在四十九天，多则半年之久。每一期禅七结束，均会有一些僧人在不同程度上得到启悟。

虚云来到高旻寺后，即刻住进了禅堂。一切的质变，均是由量变开始，就像当年的佛祖一样，虽然苦行林中的修行并未能使释迦牟尼真正开悟，但却为今后的启悟奠定了基础。经过终南山的两年苦修，再经过这十多年的南北参学，此时的虚云再也不是当初那个急于求成的修道者了。坐在人头密布的禅堂里，虚云不闻周围的人声，不见四周的人群，在他的内心深处，只有一颗炽烈的心脏在跳动，在思索，在寻找。虚云抓住一个话头：“坐禅者到底是谁？是虚云吗？虚云究竟又是谁？”他就是这样一直穷究下去。以至有一天他在倒一杯开水时被沸水烫着了双手，那杯子掉落在地，随着茶杯落地的一声脆响，虚云忽然感觉到这大千世界豁然开朗，于是，他随口念出一偈：

杯子扑落地，响声明历历。

虚空粉碎也，狂心当下息。

此刻，他的心地一片光明，几十年来所有的往事都在一刹那间涌现在眼前，于是，他接着又诵出一偈：

烫着手，打碎杯，家破人亡语难开。

春到花香处处秀，山河大地是如来。

他走出禅堂，走到这光明澄澈的大千世界，领略这世界所带给他的智慧和愉悦。

光绪二十六年（1900年），虚云来到北京，正好这一年八国联军打进了北京城，慈禧带着光绪一行仓皇出逃。虚云也不得不随着逃难的人群从刚刚走进去的北京城逃离出来。逃难途中，虚云结识了不少朝廷官员，不想却为今后开辟佛道打下了政治基础。也正是凭着这些政治基础，虚云在以后的岁月中传承曹洞宗，兼嗣临济宗，中兴云门宗，扶持法眼宗，延续沩仰宗，一生兼挑中国禅宗五家法脉，成为中国佛教史中第一人。

月霞智骂袁世凯

1915年，是辛亥革命的第四年。这一年，袁世凯夜夜都做着美梦，正准备在北京做中国的洪宪皇帝。而袁世凯的御用团体“筹安会”也正在紧锣密鼓，积极为袁世凯恢复帝制作各种舆论上的准备。他们公开宣扬“共和国体不适合中国国情”，宣称“不惜牺牲，以筹一国之治安”等等。

一天，安徽都督、“筹安会”副会长孙毓筠想出一个绝妙的主意：请几位佛门高僧进京说法讲经，一来可以借用当时人们对佛法的向往，对高僧的崇敬，为袁世凯称帝大造舆论，二来也可以通过设坛讲经营造一派安定的学术气氛，为当时危机四伏的京城粉饰太平。

这主意当然得到袁世凯一帮人的赞同，于是，由“筹安会”出面，拨出专款十万元，请安庆迎江寺方丈月霞和浙江高僧谛闲二人进京讲经，计划一个月时间，地点就在北京顺治大街江西会馆，而两位法师的坐静禅堂则设在城东锡拉胡同孙毓筠的私人官邸内。

这消息很快轰动京城，一些有心人更是坐守等待，看两位方外名士怎样充当这一不平凡的角色。

对于月霞，佛教界人士并不陌生。

这位当代高僧19岁时在南京观音寺出家，后在大通莲花寺受具足戒，1877年依止于常州天宁寺冶开老和尚承其法脉，不久，他即芒鞋破衲，云游四方，遍参国内各大名山寺庙，学天台，习华严，很快即在大江南

袁世凯像：袁世凯（1859—1916年），字慰亭，号容庵，河南项城人，中国近代史上的政治、军事人物，北洋军阀的首脑。

北名闻遐迩。

1894年，他接受九华山后山东岩寺的迎请担任方丈，四年后，又在九华山翠峰寺创办“华严道场”，推行僧伽教育，成为我国首创第一所佛教院校，一代名僧虚云、常惺等都曾在此学习，称月霞为一代宗师。

1911年，也即辛亥革命的当年，月霞受坐落于安徽省会的安庆迎江寺之请，担任该寺方丈，并积极着手创办“安徽省佛学会”。

月霞接受孙毓筠邀请后欣然来京，受到北京佛教界隆重热烈的欢迎。孙毓筠更是将月霞、谛闲二位高僧奉为上宾，唯恐有所怠慢。

第一天是浙江名僧谛闲开坛讲经。除了北京的听众，天津、保定等地也有数百人专程抵京听法。国难当头，人心浮涌，人们关心的不仅仅是佛法，而且更关心国家的命运和百姓的前途，而在此非常时期，“筹安会”突然请两位高僧进京讲经，必是一场苦心积虑的安排。

谛闲法师给大家讲的是《观世音菩萨普门品讲记》。谛闲演讲得很谨慎，就佛法论佛法，尽管学术性很强，然而听者反应平平。在这个时候，人们关心的似乎并非仅仅佛法，人们关心的更是世间法。

第二天，月霞法师登坛演讲，他演讲的题目是“心经修证圆通法门——般若正观略讲”。

一开始，听众对月霞那一口生硬的湖北话不很习惯，渐渐地，听众被月霞那深入浅出的演讲吸引住了。他讲的是佛法，却又不仅仅局限于佛法，讲佛法，结合讲世间法，人人听得懂，人人听得明。

“照见五蕴皆空，五蕴皆空就是身也空，心也空，精神也空，物理世界一切都空，身心也无，感觉也无，五蕴一了，一切均了，五蕴不空，贪嗔痴三毒趁虚而入。”这时，只听月霞话锋一转，高声地说：“诸位若真想出离三界之苦，就必须平治你的欲念，做到五蕴皆空。因为万事皆起乎欲，万事也败于欲。人若能做到五蕴皆空，一欲不起，即能通佛道，获无量厚福。一般的人很难懂得这样的道理，那就是，一切事业因欲兴，也因欲败，而事业成功，知足常乐而能去欲者实在是太少太少了。真是天道之盈亏有定，人生之欲望无穷啊。”

这时，会馆内鸦雀无声，只听月霞又继续说：“当年波国国王在征服邻近各国后，身为皇帝，仍穷兵黩武，欲使世界都一统于自己的天下。后终于事败，内忧外患迭起，弄得个国破家亡的下场。由此可见，欲望为败事之媒，所以君子务必要去欲啊。纵观当今社会，一些人做了小官仍要做大官，做了大官仍要做宰相，做了宰相该知足了吧，可他仍要做皇帝。既做皇帝，他能去欲息贪吗？非也，他必又欲长生不老，以符合其万岁万万岁之尊号呢。这不是贪嗔痴之毒，欲念之害吗？”

这时，会场里一片哗然，有人拍手叫好，认为月霞法师快人快语，一语中的，直指要害。有人在为月霞法师捏一把汗，谁不知道袁世凯正在做着皇帝梦呢，袁世凯不正是那样一个做了小官欲作大官，做了大官欲做宰相，做了宰相又欲做皇帝的权欲熏心之人吗？这个和尚真是胆大包天啊。

“筹安会”的一些成员终于耍起泼妇骂街的手段，破口大骂：“湖北老秃，滚下台来！”而一些认为月霞的演讲大快人心的人们则也拍案而起：“不许辱骂法师，想做太监的滚出去。”一时间会场大乱，孙毓筠见势不妙，只得趁混乱将月霞带离会场。

京城舆论大哗，一些权贵扬言要抓捕月霞和尚，孙毓筠则因考虑自己毕竟是安徽都督，人又是自己请来的，万一月霞有什么意外，安徽人那里他也不好交待，只好当夜亲自将月霞送到了天津。

走向精神圣殿的李叔同（弘一）

七月的西湖，杨柳依依，游人如织。一只小船静静地停泊在一处湖岸，船上走下一个单薄的身影，他提着简单的行李，开始沿着那条通往大慈山定慧寺方向的小路踽踽独行。西斜的阳光把他的身影拉得很长，他缓缓地走着，不时停下来擦一把脸上的汗水，又继续向前走去。

傍晚时分，李叔同走进定慧寺的山门。一股幽幽的檀香气息扑面而来。白色的夹竹桃花点缀在一片红墙之间，橙黄色琉璃瓦在夕阳下闪射着夺目的光芒。这一切，与一个月前几乎没有什么两样。一个月前，李叔同在定慧寺静修，他所采取的，是道家断食的方法。他是

李叔同像：李叔同，又名李息霜、李岸、李良，谱名文涛，幼名成蹊，学名广侯，字息霜，别号漱筒。著名音乐、美术教育家，书法家，戏剧活动家。中国话剧的开拓者之一。

偶然从一本日本人写的书上读到有关断食的介绍，于是他利用寒假的时间来定慧寺予以实行。断食似乎并没有使他过早虚弱的身体奇迹般健康起来，但却使他的精神发生了质的变化。也就在那段时间里，他目睹了一位在名利场上驰骋了多年的老友的剃度仪式，当时李叔同真是羡慕得无以复加。那天的场景深深地印在李叔同的脑海中，从此不能抹去。

今天，李叔同终于又走进了定慧寺。而这一次走进定慧寺，已完全不同于一个月前，那时候，他是以一个居士的身份在寺中静养，而这一次，他将从肉体到精神上来一次彻底的革命，他将依了悟上人剃度出家，做一个释迦牟尼的子孙。

了悟上人似乎早就预知他的到来，老和尚在客堂前的台阶上站定，远远看去，他胖大的身影像是一棵高大的榕树。李叔同上前一步，跪拜在地，恭敬地叫了声："师父。"

了悟上人说："呵，李居士，你果然来了。"李叔同说："是的，师父，我，是出家来了。"

了悟上人呵呵地笑着说："我早料知你要来，好，好，老衲能引度像李居士这样的人出家，也不枉披了这一身袈裟了。"

李叔同说："惭愧，叔同业障深重。多谢师父度我。"

了悟说："家里，都安置好了吗？"

李叔同又躬身合一合掌说："都已了断了，唯有上海的亲人还未来得及通知她。不过她会理解的。"

这时有小师父来说，客堂已备好晚斋，请师父和李居士前去用饭。李叔同说："叔同已发过誓愿，进入佛门的第一日，就开始持午。师父请自便吧。"

了悟也不再说什么，他告诉李叔同说，已经通知客堂，专门为李居士准备了一处安静的寮房，李居士可先去休息，待慢慢熟悉佛门的生活。

七月十三，大势至菩萨的圣诞日。这天清晨，李叔同像往常一样随僧众上完了早课。早课既毕，了悟上人在大殿外等候着他，上人说："李居士，你的剃度日就在今日好吗？”

李叔同连忙躬身合掌说：“叔同早等着这一天了，就等师父吩咐。”

于是，李叔同身披海青，在引礼师的引导下来到一处佛堂。佛堂里寂无人声，佛龛前高燃着一对明烛，十多位僧众早已于佛前两排站定。李叔同在佛前的那方蒲团上跪下，肃穆地双手合掌，等待那个时刻的到来。侍者端来一只托盘，托盘内置有一把闪光的剃刀，一只封好的帖子。了悟上人挥着剃刀在李叔同的头上象征性地削去一撮毛发，余下的毛发由另一位师父代为剃净，李叔同很快现出了僧相。悠远的“香赞”又唱了起来，李叔同向佛顶礼三拜，接着又向师父了悟顶礼三拜，口中称作：“多谢师父，给师父顶礼了。”了悟上人则说：“一拜一拜，阿弥陀佛。”

了悟把那只封帖递给李叔同，说：“这是你出家的名号，不知合你意否？”

李叔同双手接过帖子，顺手打开，那上面赫然写着：弘一，号演音。李叔同满意地说：“师父赐的法号，弘一欢喜领受了。”自此，人们不再称他为“李先生”或是李叔同，而正式称他为“弘一法师”。

一直等到大众师父散去，弘一这才发现，不知什么时候，他的学生丰子恺和刘质平也来了。原来丰子恺等人得到老师将于今日剃度的消息，一早就来到定慧寺，他们一直就站在佛殿的一旁，静静地观看着老师的剃度仪式。目睹这庄严的一幕，丰子恺等似乎也受到一次庄严的洗礼。

见到丰子恺等人，弘一的脸上洋溢着兴奋，他向几位学生合一合掌说：“子恺，质平，难得你们也来为我的剃度祝贺，愿我能从此跳出无名烦恼，也愿你们随我的法喜而吉祥如意。”

丰子恺等人已是泪流满面，似乎有万语千言，却又难以表达出来。

在弘一出家后的第一个星期日，他的好友夏丏尊来了。

手抄经书：弘一法师书写的《金刚般若波罗蜜经》、《阿弥陀经普门品般若心经》、《药师本原功德经》。

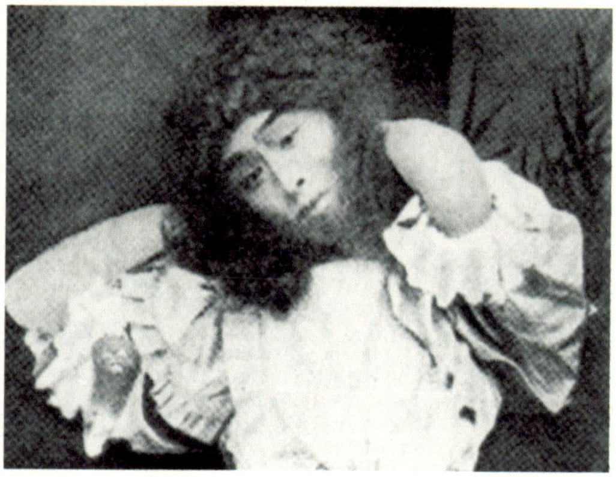

《茶花女》剧照：留学日本的李叔同组织话剧团体“春柳社”，并主演《茶花女》。

虽然叔同出家的消息早在三天前就已经听说，但乍一见叔同剃着光头的僧相，丏尊还是吃惊不小。丏尊无法相信，眼前的叔同就是那个出身官宦之家，自幼养尊处优，并且在风流场上出入自如的李叔同；是那个主演了《茶花女》，在日本引起轰动、并把话剧艺术带回中国的李叔同；是那个无论在书画还是在音乐上都独树一帜、堪称大家的李叔同；是那个与柳亚子等人一同创建了南社，并担任《文美杂志》主编的李叔同。丏尊无助地搓着手说：“叔同，做个居士也就罢了，你、你、怎么竟真做起和尚来了？”

弘一笑着说：“你不是也说，要做就做个彻底，索性出家干净吗？”

对于叔同的断食、皈依以至素食，丏尊一直有着极大的不解，他也因此而有一种预感，担心他的好友叔同有一天会真的走进佛门，做了剃发染衣的和尚。他说那样一句话，原只是带着一种不解和情绪，没想到叔同真的做了和尚，丏尊顿时为自己的一语成谶后悔起来，泪水一下子就流了出来。

弘一却笑着说：“丏尊，你应该为我高兴才是，怎么反倒伤痛起来了？”

丏尊说：“真没有想到，你会走到这一步。”

弘一安静地坐在那里说：“这一步好啊，多少劫修成的正果，才得来这一身海青。正如师父所说，出家是大丈夫所为，我能走了这一步，实在是我三生的造化。”

弘一的说话是那样真诚，也是那样兴奋。丏尊觉得，事既如此，自己实在没有必要这样悲悲切切，只要叔同自己觉得好就比什么都好。

听说丏尊的父亲不久前作古，弘一沉吟许久说：“世间的一切，都是无常，还望丏尊节哀。我落发的前一日沐手净写了一段《地藏本愿经》中的句子，正好可以送给令尊大人，愿他老人家早日超生，得成佛道。”

丏尊感动得无以复加，丏尊说：“叔同，我决定素食一年，以表达对你出家的纪念。”

弘一高兴地说：“有你和子恺等人在法外护持我，

我对自己的出家生活也就更有信心了。”

丏尊忽然说：“樱子知道你出家的事吗？”

“一个月前就告诉她了，只是她一直不相信我会真的实行。”

说到樱子，二人顿时就无话可说了。

一年一度的灵隐寺三坛大戒活动将于七月三十地藏菩萨圣诞之日隆重举行。

对于一个出家的沙弥来说，无论你多大年纪，也无论你出家前是怎样的身份，如果你没有在佛前求得三坛具足大戒，你永远也算不得是一个真正的比丘僧。为了这一天的到来，弘一开始做着精心的准备。首先，他得预备好比丘必备的三衣，其次是求戒时的一切仪规。虽然那种仪规并不要求相当的圆熟，但对于刚刚走进佛门的弘一来说，还是需要有一番认真准备的。譬如一日两堂功课以及常用的一些“赞子”等等，免得到时会让人有“道道地地门外汉”的印象。

准备好了这一切，弘一就专等着这一天的到来了。

那是一个炎热的下午，弘一正在寮房诵读《华严经》，客堂师父前来禀报说，大殿外有一位女居士，说是李叔同的家人，一定要见李叔同一面。

弘一的心微微一震，他知道，一切该来的终于来了。出家这些日来，樱子一直是他的一块心病。如果说他在这世间还有所负的话，最让他觉得有负的，就是这个跟随着自己13年，把一颗心完完全全都捧给他的日本姑娘了。早在一个月前，当弘一把出家的意愿告诉樱子的时候，樱子以为叔同是在说着趣话，樱子说：“你要是做了和尚，我也就去做一个尼姑好了。”直到确信叔同并不是在同他开玩笑时，樱子顿时就哭了。樱子说：“早知道你会抛弃我，我又何必千里迢迢随着你来到中国呢？”李叔同轻轻地抚着樱子的头发说：“一个人的缘分是不可料定的，出家人，讲的是同体大悲，一个真正的僧人，他会把自己的爱献给一切的众生。当然，我现在还达不到这样的境界，但是，我的一颗心，早已皈依了佛门，这是连我自己也无法把握的啊。”

如果说他的前妻俞氏是父母强送给他的一颗酸涩的梨子，而这个日本姑娘樱子，却是他在这世间最倾心的伴侣。在上野的公园里，在东京的那座简陋的公寓里，

李叔同纪念馆：弘一法师李叔同纪念馆，位于杭州虎跑泉公园。

以及在上海的那座日式小楼里，他与樱子度过了一个又一个甜蜜的早晨，度过了一个又一个醉人的黄昏。自幼失去父母双亲的樱子是把他当作托以终身的丈夫，赖以信任的兄长而追随他的。现在，他走进了佛门，樱子在上海的家也将不复存在，留给樱子的，就只有回日本这一条路了。

禀报的师父见弘一在犹豫，便自作主张地说："那就请她进来好吗？"

弘一连忙说："还是请师父通知女居士一声，就说李叔同已经出家，他不见任何家人。"

师父怔在那里，半天才说："既是家人来，见见又有何妨？"

弘一说："师父有所不知，弘一刚刚斩断烦恼情丝，只恐见了亲属，亲属涕泪啼哭，又会断了最初的佛种。"

师父出门去了，过了一会儿，师父再次进来说："女居士说，她就要回日本去了，临行前一定要见见李先生。"

弘一放下经书，然而却又随即坐了下来，他镇定了一下自己的心绪，向那个禀报的师父说："烦请再说一声，就说李叔同已经死了，现在只有弘一演音，弘一演音不见一切家人。"弘一说着，捧起那本《华严经》继续地朗读起来。过了一会儿，从大殿外传来樱子清晰的哭声。弘一把诵读的声音更加大了几分，那客堂的师父分明看见，一行珠泪沿着弘一的脸颊滚落下来。

一个月后，了悟上人又站在客堂门口的台阶上，远远地，他看到弟子弘一穿着袈裟一步步向山门口走来。望着那个渐近的身影，了悟自言自语地说："佛门，又多了一位大德。"

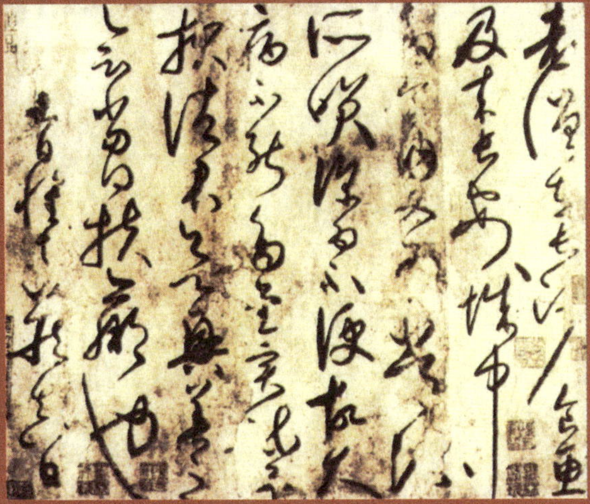

第七章　水墨丹青处处禅

水墨丹青处处禅

芭蕉林中书狂草
——独步天下的怀素书法

南方的六月，正是盛夏的季节。午后的阳光把湖南零陵的这一片浓绿的山坡照得明晃晃的，让人有一种微醺的感觉。

大片大片的芭蕉林，正是僧人怀素休憩的场所。他脱下鞋子，以作枕头，高跷着的一只腿架在另一只腿上，不一会儿就沉醉梦乡。

这沉沉的睡眠并不一定是因为酒。对于一日九醉的怀素来说，在这座他自己命名的"绿蕉庵"里，他几乎整天都处在一种醉酒后的状态，而熟悉他的人也都知道，他的那些独步天下的草书正是一次次酒醉后的结晶。三碗酒后，借助于酒力的作用，他便拿起那一支秃笔，不管是地上墙上，甚或是自己的衣服上一通狂书，那种心情的舒旷，那种性情的张扬，真是酣畅淋漓啊。于是，一幅幅被世人赞不绝口的狂草书法便诞生了。

《自叙贴》（局部）：《自叙帖》是怀素狂草巨制，126行，698字。下笔活泼飞动，奔腾激荡，抒情如泼墨大写意般。现藏台北故宫博物院。

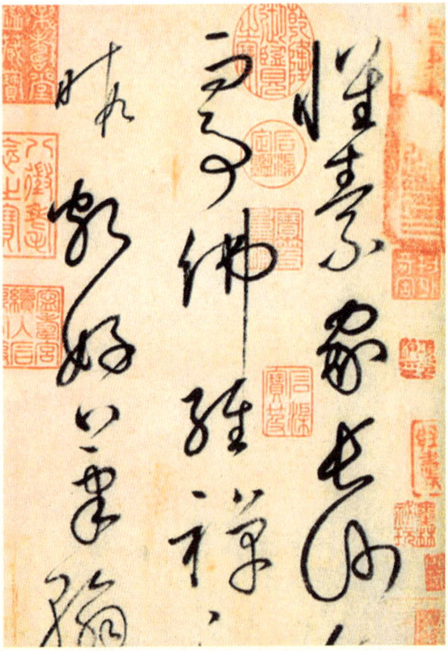

小庵身处深山，一向少有香客问津，庵里的香火当然也就可想而知，再加上怀素一日九醉，庵里的日子更是捉襟见肘。日子拮据些倒也无妨，唯有纸张的缺乏，是常常困扰于他的一大难题。偶尔会有一些求书的人送给他一些纸，但这点纸根本够不上怀素每日的狂草滥书。于是，怀素便用林中的芭蕉叶当作宣纸，进行他独步天下的书法。

说起怀素以芭蕉叶为纸的故事，还要从几年前的一次游历说起。

那一次他云游到北方，在一个半山亭歇息时，忽然看到亭柱上的对联：

知过客为谁来者请坐

问山程几许到此平分

联下题款为：

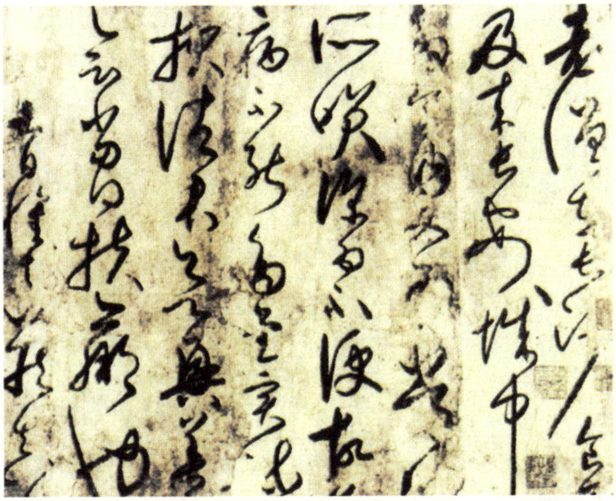

《食鱼帖》：又称《食鱼肉帖》，怀素书写。

退翁高二痴撰并书

怀素很喜欢这几句朴实的诗句，但他更喜欢那功深力到、雅而不俗的书法。于是，他向路人询问高二痴是谁。路人告诉他说，山野老翁，无名无姓，只因整日写字作画，成痴狂情状，故人称高二痴。怀素一听之下，便要前去寻访。经路人指引，怀素果然在一处山坳找到了一个乡间老翁。老翁以清茶一杯招待怀素，二人论起书法，竟彻夜长谈，直达天光。天明后，怀素惊奇地发现，高二痴的书屋里到处都是用柿叶写成的书法。在他的住屋四周，也到处可见株株柿树。怀素欲知究竟，高二痴说，说来不怕上人见笑，只因本人酷爱写字，却困于无钱买纸，只得在四周种下如许柿树，叶之为纸，书之不尽啊。

受此启发，想想长沙附近的山头上遍布芭蕉，那肥厚的叶子不比北方的柿叶更能当纸而用吗？于是，回到长沙后，怀素在庵堂的周围栽种下数以万棵芭蕉。等到芭蕉叶成熟了，他便将那些芭蕉叶一片一片摘下来，晾干压实。纸不愁了，怀素写起字来就更加张狂，更加豪放，于是，除了必不可少的应酬，他整日就沉浸在书法的欢乐之中。在他看来，世上什么都可以没有，唯独两样不可或缺，那就是酒和书法。于是，他也就在酒和书法的作用下，度过他一日复一日的佛门生涯。

不知什么时候，天边滚过来几声闷雷，接着便是闪电划过长空，刚才还阳光耀眼的长空突然就密布着大块的云朵。怀素从微醺中醒来，透过芭蕉叶的缝隙，但见那天边的乌云飞快地飘逝，一阵接着一阵。那变幻的云朵像乌龙，像猛兽，像滔滔巨浪，真正是让人目不暇接。接着，豆大的雨点砸下来，砸在头顶上的那一片芭蕉叶上，四野便是一片无边的潮汛，像铺天而来的惊涛骇浪，又像是席卷而至的千军万马。怀素翻身而起，此刻，他只觉胸中有着一股急待泄发的激情。于是，他赤着脚冒雨冲进庵里，对着那暴风骤雨，对着那四野的涛声，挥动毛笔，奋笔疾书。

暴雨过后，阳光明丽，窗外的芭蕉林青翠欲滴，然而此时怀素已无暇欣赏那雨后的景致，在又一碗清酒的作用下，他已倒在那一堆狂草书法上，醉得不省人事了。

也就是在那一阵暴雨过后，怀素的书法别有一番境界，书界公认，怀素是继前人张旭之后的又一座新的狂草高峰。从此，“癫张狂素”便成了后人对两位狂草大家的一句绝称。一时名人如李白、戴叔伦、僧人贯休以及韩翃等纷纷作诗，赞美怀素的狂草书法。大诗人李白在一首《草书歌行》的诗中这样写道：

少年上人号怀素，草书天下称独步。
墨池飞出北溟鱼，笔锋杀尽中山兔。
八月九月天气凉，酒徒辞客满高堂。
笺麻素绢排数厢，宣州石砚墨色光。
吾师醉后倚绳床，须臾扫尽数千张。
飘风飘雨惊飒飒，落花飞雪何茫茫。
直来向壁不停手，一行数字大如斗。
恍恍如闻神鬼惊，时时只见龙蛇走。
……
古来万事贵天成，何必公孙大娘舞浑脱。

“鞋儿破，帽儿破，身上的袈裟破”

“鞋儿破，帽儿破，身上的袈裟破；你笑我，他笑我，一把扇儿破……”有那么几年，由游本昌饰演的长篇电视连续剧《济公》几乎风靡全国，不论走到哪里，都能听到那诙谐幽默的插曲。一时间，有关济公活佛的故事传遍了大街小巷，几乎每一个中国人都知道中国历史上有一个济公活佛。

人心里都有一杆秤，电视剧的热播，电视剧插曲的流行，一方面源于艺术家的成功表现，另一方面更是对那位救人困厄、喜谑谈笑、压富济贫、息人争讼，却又破衣落拓、半疯半癫、形迹无定的济公活佛的喜爱。生活中需要诙谐，更需要公道和主持公道的人。对于千百年生活在不平和困厄中的普通百姓来说，济公活佛是他们对现实生活的某种期盼，更是他们精神生活的某种补充。

一切艺术都源于生活，济公活佛这一艺术形象也是如此。人们之所以能创造出济公活佛这样一个鲜活的形象，是因为历史上的确曾有一个叫道济的僧人。

道济，生于南宋绍兴十八年（1148 年），卒于嘉定二年（1209 年），原名李修缘，浙江天台人。18 岁在临安（今杭州市）灵隐寺出家为僧，剃度师为堂远上人。虽然进入了佛门，但道济却是一个不守戒律的僧人，他吃肉喝酒，四处飘泊，破衣烂衫，一把破扇随身而带。可别小看了那把破扇，热了可以扇凉，冷了可以挡风，在时候，甚至能当作护身的武器，与前来寻衅的人有一把好搏。

虽然这样不守戒律，但他的老师堂远上人却始终偏袒于他。寺僧们每有责难，甚至时时有将道济迁单出寺的举动，堂远上人总是说："非凡之举出自非凡之人，你们都不及道济。"平庸的寺僧们当然只能是敢怒而不敢言，因为他们除了看到道济喝酒吃肉、一身酸臭，甚至当着香客的面扮鬼脸，翻筋斗，实在看不出道济究竟还有什么非凡之举。老师护他一时，却不可护他一世，终于，堂远上人圆寂了，再也没有人偏袒道济了，寺里的僧人们一哄而上，就将道济的那一把破行头扔出了灵隐寺，道济当然也就被他的师兄弟们扫地出门。

这时候的道济真正成了一个云游天下的僧人了。不久，他来到杭州南屏山净慈寺，净慈寺的老僧德辉不以形貌取人，他也像灵隐寺的堂远上人一样说：非非凡之人，难有非凡之举。德辉给他一碗饭吃的理由，是让

济公像：济公（1148—1209 年），南宋浙江天台永宁村人，俗名李修缘，法号道济，性狂而疏、介而洁，人称济癫、济公。学问渊博，行善积德，撰有《镌峰语录》10卷，被列为禅宗第五十祖，杨岐派第六祖。要太保剪纸作品。

十八罗汉——降龙罗汉：庆友尊者，传说曾降伏恶龙。后据民传转世为济公活佛，惩恶扬善，普救众生。此图为南宋佛像画家陆信忠绘，现藏于日本相国寺。

他在寺里做一名书记僧。谁也没有看出，一个破衣烂衫的“马溜子”僧（对流浪僧的称呼），不仅能写得一手工整而秀丽的蝇头小楷，还能写出一首首禅韵悠远的诗词。有一次，有几个秀才听说道济能作诗文，特意携了一坛好酒，将道济请到一座酒楼饮酒。道济有心拒绝这些酸溜溜的文人，但却又禁不住那好酒的诱惑，果然应约而至。坐在那小酒楼上，但见窗外桃花点点，行行白鹭游于水中，好一派春天的美景。那几个文人说，面对如此春景，我们何不就以窗外的春景各作一首诗来，以添酒兴。文人们以防道济有模仿之嫌，就请道济首先来做。道济当即提笔写道：

出岸桃花红锦英，夹堤杨柳绿丛轻。

遥看白鹭窥鱼处，总破平湖一点清。

几位文人实在看不出这一身邋遢的和尚竟能做出这样色彩明丽，笔触细腻却又充满禅意的好诗来，几个以诗文自赏的文人谁也不敢再拿出自己的诗来。

那天的道济当然是一番好醉，几个文人却又不肯饶他，趁着他醉成一团烂泥，又拾掇他说，都说你醉中有好诗，我们倒要看看，此时的你还会有什么好诗出来。

道济半睁醉眼，提起笔来又在纸上写道：

何须林景胜潇湘，只顾西湖化为酒。

和身卧倒西湖边，一浪来时吞一口。

如果说这一次酒中作诗让道济名扬四海，而道济的另一次行为，更让人意识到，堂远上人说得没错，这个疯疯癫癫的和尚的确是一个非凡之人。

一场无名天火，净慈寺几座殿堂顷刻间被化为灰烬。道济自告奋勇地要求出门化缘，说建寺所需的原木由他包了。他来到钱塘江上游的一处山林，施主是个小气的人，但也不好拒绝僧人的化缘，施主问他，师父共要多少原木？道济说，袈裟遮处，任由我伐。施主说，袈裟遮处能有几何？就任你伐吧。道济脱下袈裟抛向空中，只见那一领袈裟随风升空，一下子遮住当顶处的太阳，一整座山头尽在阴处。施主知道这是一位圣僧，于是只得同意任由他伐。又见他未带一个伐工，便又问他，你一个和尚，能伐得多少木头？道济说，无须你急，明天你且上山来看。

第二天那位施主来到山上，但见满山的原木都被道济伐尽。再看那钱塘江上，一棵棵原木随水而流，满江尽是道济伐下的木头。

几天后道济回到净慈寺，寺僧们问他，你夸下海口，现在怎么不见一根木头？道济将他们带到寺中的那口水井旁，见那井里一棵原木浮在井口。寺僧们用铁钩勾出那根原木，又一根木头浮出井口。大家直忙了一天一夜，净慈寺的院子里山头一样堆满了建寺所需的所有原木。

道济井中取木的事谁也不知是传说还是真实。然而，南屏山净慈寺的那口水井至今仍在。但凡知道这段传说的游客，来到净慈寺都会特意去寻这口神奇的水井，都要伸头看看，那井里是否还会有一根木头浮在井口。

像一切功深力到的高僧一样，60 岁那一年，道济预知时至，无疾而终。临终前作下一偈曰：

> 六十年来狼藉，东壁打到西壁。
> 于今收拾归来，依旧水连天碧。

新安画派僧弘仁

傍晚时分，画僧弘仁带着他的一群弟子终于来到黄山文殊院。

弘仁已记不起这是第几次登上黄山了。只是过去每次到黄山他都是独往独来，而这一次却是带着他的一大群弟子，其中包括他的侄儿江注。弟子们刚刚为他庆祝了 50 岁生日，知道他就要再上黄山，说什么也要跟着一起来。他破例答应了。

小时候一个算命的说他活不过 53 岁，如果这样，他只有三年好画了。这几十年来，他一次又一次地来到黄山，于是，一幅又一幅以黄山为背景的画被人们争抢着到市上卖，价格被哄抬得越来越高，他也被人们当成黄山画派的中坚和领袖人物。赞誉之声不断，而对于他来说，他来黄山唯一的理由就是，黄山是凝结着他大半生情感的魂兮所在。正是黄山的清凉脱俗，才使得他在这个苦难人生中寻到了知音。面对着黄山诸峰，面对着黄山那飘逸不定的云海，他似乎也就找到了与之倾心交谈的红颜知己。

记得第一次来黄山时，他还是个十来岁的小孩子。站在文殊院山门前的那块台阶上，父亲用手指着左边的

弘仁绘山水册（之一）：上海博物馆藏。弘仁（1610—1663年），俗姓江，名韬，字六奇，又名舫，字欧盟，安徽歙县人。为僧后名弘仁，自号渐江学人、渐江僧，又号无智、梅花古衲。新安画派的创始人，和查士标、孙逸、汪立瑞并称为“新安四大家”。

山峰说：“你看，那就是天都峰，历来上黄山的人都说，不上天都峰，等于一场空，天都峰是黄山最高峰呢。”可是，此刻的天都峰被一层浓雾遮盖着，什么也看不见。父亲又指着右边的那座山峰说：“那是莲花峰。”这时，一团雾气袅袅蒸腾，不一会儿，雾气移出，露出那些参差不齐的山峰。父亲又说：“你看，那山峰是不是就像一枝出水的莲花啊？”当时弘仁怎么看那莲花峰都只像一手并拢的指头。但是他没有说，他并不是一个喜欢和大人争辩的孩子，就像现在一样，他从来不和他的那些画友们争三论四，却也永远都不会苟同于任何其他人的看法，他只用自己的眼睛去看世界。

第二天，他和父亲一同去爬天都峰，过鲫鱼背时，他是一路小跑着过去的。回来的时候，雾岚去尽，看着鲫鱼背两侧的万丈深渊，顿时为方才的唐突捏一把冷汗。那一次父亲回去不久就离开了这个世界。紧接着，是明王朝的覆灭。不久，他就做了和尚。

有一次他的画友梅清问他，对做了和尚一事，现在是不是有些后悔？他不好回答梅清。其实做和尚和不做和尚都那么回事，也只有梅清这样问他。梅清被后来的人称作新安画派的重要人物，弘仁认识他时，梅清在画界就很有些名气。不过在弘仁看来，梅清的画文人气太重，他所缺乏的，恰恰是弘仁的那种空灵和傲骨。

说到当时一气之下就做了和尚，虽然谈不上后悔不后悔的，但多少有些书生意气。明王朝注定是要灭亡的，满人总归是要入关的，这一切，并不因为他做了和尚有丝毫的改变。至于说他的书生气，或者是像外界所说的“迂腐”什么的，他倒是多少有些承认。他想起明朝末年的一件事来，当时父亲刚刚去世，只丢下他和年迈的母亲。有一次，家里揭不开锅了，他不得不把刚刚画好的一批画拿到歙县县城变卖。那天直到傍晚，才有一个大财主路过这里，大财主认出他就是明朝的秀才，大惊之下一举买走了他所有的画。得了钱，他赶紧去米店买米。这时天快黑了，他知道母亲在家里等着他的米下锅，或者母亲正在为他的迟迟未归而心焦如焚。走到新安江边的时候，天完全黑了。他知道母亲一定站在门口巴望着他的身影出现在那棵老枫树下，他也知道他不能按时回家了。他当时那个急啊，觉得自己真是这世上最没用的人，不如一死了之。于是，他扔下米袋，一下子就跳进了新安江。冰冷的江水刺激得他连打了两个喷嚏，同时也激活了他的神经，他忽然想，他要是死了，老娘不是更没有依靠了吗？于是他赶紧从江里爬起来，背上那袋米一路小跑回到家里。

文殊院的和尚德山长老是他的老朋友了，对于他的到来，德山长老满心欢喜，因为他又可以得到几张他的字画了。这些年来，他的画几乎都是以黄山为题材，黄山的松树，黄山的云海，黄山的石头。黄山给了他无数的灵感，黄山也给他带来无数的赞誉。有一年他把他画的《黄山图》托人带给远在福建的同乡汪于鼎，当时正值酷暑炎夏，汪于鼎后来和别人谈论起他的画时说，看着弘仁的《黄山图》，忽然就有一股清凉之气扑面而来。

其实他的画不仅仅是这些，他也酷爱梅花，梅花的傲骨，梅花的清冷，是和黄山的清逸和高拔同样让人心动的内容。因此他的弟子们就投其所好，在他的住处栽种了上百株梅花。冬去春来，那些梅花全都开了，那种冷香彻骨，真正是让人留连忘返。他还叮嘱他的弟子们说，等到他死后，在他的墓塔前不种别的，就种梅花。

德山长老以最地道的黄山风味招待弘仁和他的弟子们。出了斋堂，从对面的山谷里刮来一阵冷风，文殊院前一地月光。抬头看处，一轮皓月正挂在洁净的天空，黄山诸峰尽在眼中。

幽谷霜风劲，高柯叶渐删。
寒云无世态，相伴意闲闲。

侄儿江注紧跟在他的身后，江注吟哦的是他早几年在黄山所写的诗句。江注是一个很好的孩子，但却不是绘画的天才，当然更不是做官的材料。江注曾说过要跟他去做和尚，这倒不失为一条最好的道路。在这浑浊的时世上，还有什么比躲在一个寺庙里伴随青灯古佛更悠闲自得的呢？只是江注对美色太过迷恋，所以他也不是一个做和尚的好材料。

弘仁和江注一路赏月，一路高歌，不觉来到文殊台上。这时的月亮更加明亮，更加皎洁，万山深谷洒满清辉。或许是江注的兴奋感染了弘仁，弘仁禁不住从行囊里取出一支竹箫，对着那一轮明月吹出一支凄婉的曲子，于是，江注和着他的曲子唱了起来。

帝子降兮北渚，目渺渺兮愁予。嫋嫋兮秋风，洞庭波兮木叶下……

一曲终了，叔侄二人均热泪横流。

时间真是不早了，明天一早他们将再次登上天都峰。明天，或许又会有一幅新的《黄山图》面世，于是，弘仁也就为所谓新安画派又增添了新的一笔。等到若干年后，当人们重新审视这批画时，他们爱说什么就让他们说去吧。

笔墨下的冷傲
——八大山人的画品和人品

听说朱耷疯了，方凤等几位朱耷过去的老友决定前去看他。

虽然在听到这一消息之后，几个人内心的震动是不可避免的，但却并不吃惊。正如他们后来所说，朱耷的疯癫是迟早的事，大家也似乎早就料到朱耷会有这么一天。

论起来，朱耷是明皇朱元璋第十六子宁王朱权的后代，虽然他的祖父并没有出任朝廷的官员，而到了父亲一代，家道更是开始败落，但正所谓瘦死的骆驼比马大，朱耷的家庭，在南昌一带仍是远近有名的望族。

出身于贵胄之家的朱耷少小就受着祖父和父亲的正规教育。按照明王朝的国典，朱姓子弟不得从事画艺和其他艺技，但朱耷还是自幼表现出良好的艺术天赋，他 8 岁就作得一手好诗，11 岁开始习画。有一次，他的一位叔祖来到他家，正看到朱耷站在椅子上悬肘写着米字小楷，惊讶得这位老贵族半天回不过神来。于是，叔祖对他父亲说，家族有望，耷儿将是明室的柱梁。不负长辈们的期望，16 岁时，朱耷一举取得秀才资格，成为南昌当时小有名气的少年才子。谁都说，等待朱耷的，是一条铺满锦绣的前程，是一个仕途广大的辉煌人生。然而正所谓风雨无定，世事无常，谁也没有料到，甲申之乱，清人入关，延续了300多年的朱家王朝就这样被关外的满人取而代之。这一年朱耷19岁，进京科举的包裹都由他年轻的妻子准备好了。

如果甲申之痛所带给他的是仕途上的彻底毁灭，而随后所发生的一切，几乎就把他直接推向了天崩地解的绝地。

明王朝的大旗刚刚降下，贫忧兼加的父亲即被一场暴病夺去了性命，接着，是儿子的死和妻子的病故。匆匆办完了亲人的丧事，却传来满人要对朱姓后裔斩尽杀绝的传闻，于是，朱耷不得不带着老母仓皇逃进奉新山中。喘下一口气来，朱耷紧接着为母子二人的衣食而忧。不敢卖画，带来的碎银派不上用场，他又不惯农事，在乡人的接济下，母子二人过着饥一餐饱一顿的日子。睡在破烂的茅草屋里，枕着冰凉的草席，朱耷夜夜不能成眠，当时他真是求生不得，求死不能啊。他在茅屋的小门上撰下一联：愧矣，微臣不死；哀哉，耐活逃生。

似乎清人并没有像人们谣传得那样可怕，不久朱耷就从他逃难的深山返回故里，紧接着又是母亲的病故。现在，一个轰轰烈烈的大家族就只剩下朱耷孤身一人了，他几番做出奔向死路的打算，然而毕竟没有勇气将一个死字付诸实践，就像他在联中所言，他忍耐着，也忍受着，于是他选择了另一种活着的方式：出家。

青灯黄卷并不能抚慰一颗破碎的心灵，清规戒律更不能约束一个躁动的灵魂。在一个接一个的日子里，唯一能够让他获得心灵抚慰的就是画了。然而经受过一系列的心灵创痛，朱耷的画风发生了极大的改变。山水仍是从前的山水，但却是一片枯枝败叶，他在画上题道：

墨点无多泪点多，山河仍是旧山河。

横流乱石桠枝树，留得文林细揣摩。

康熙十七年（1678年），朱耷已是一个57岁的老人，那一天，临川县令胡亦堂光临他寄住的小庙，一番寒暄后，胡亦堂说，明王朝已一去不返，满人虽为外夷，但却属于同一中华，更况清廷尊重人才，尊重华夏文明，上人何不就此下山，顺应时世，也好为朝廷尽力。

朱耷佯装醉酒，躺在地上不省人事。听说从此之后，朱耷疯了。

朱耷像：朱耷（1626—1706年），原名统，字雪个，号八大山人，又有个山、个山驴、人屋、良月、道朗等别号，江西南昌人，明太祖朱元璋第十六子宁王朱权的九世孙，在绘画、书法、诗跋、篆刻上有很高造诣，是明末清初卓越的大画家。曾削发为僧，与髡残（石溪）、原济（石涛）、渐江（弘仁）并称为清初画坛“四僧”。

在临川县城，几个昔日的友人向街人打听朱耷的行踪。街人用手向一处指了指，就笑着走开了。不远处，一群人围在街头看一场热闹。一个疯子喷着满嘴的酒气忽而大哭，忽而大笑，忽而又高歌着什么不成调的曲子。有人拿来一支画笔请疯子作画，疯子于是就握着那笔，在那人的衣服上乱涂一气，那人竟不避让，一脸兴奋地任那疯子将他的一件崭新的大褂涂得面目全非，仔细看来，却是一只瞪着眼睛、傲视着人群的苍鹰。那人像得了什么宝贝，抱着大褂欢喜地去了。又有人逗他说，你怎么只在别人的衣服上画，不在自己的衣服上画？疯子于是就脱下自己的袍子，在那袍子上一通乱画，竟又是一条鲑鱼，那鲑鱼依然是睁着一只白亮的眼睛，似在发泄着不平之气。画毕，随手一扔，那衣服就被围观的人抢着跑了。围观的人叫着，喝彩着，疯子像是受到鼓励，于是又一件件地脱下衣服，直脱得只剩下一件内裤。疯子待要再脱时，几位昔日的友人认出他来，大家发一声叹息，强按着他的手臂，将他从人群中拖了出来。

这天晚上，几个友人住在朱耷的那个深山小庙里。屋破灶冷，友人们就着从附近村子里买来的食物填饱了肚子。这时下起雨来，雨水顺着破损的瓦片一滴滴打在友人们的身上。刮起一阵狂风，狂风在山谷里发出一阵阵尖锐的嘶叫，让人格外感到这夜的沉寂，这夜的寒冷。谁也说不出话来，不知是谁竟轻轻地啜泣起来，像是受到了传染，一屋子的人都放声大哭起来。唯有朱耷和着一领僧衲坐在那里，似对这所有的一切无动于衷。

不知什么时候，朱耷起身拨亮了油灯，就见他铺开一张宣纸，在那上面画将起来。他画了一枝老梅，那老梅断枝数根，数点梅花，其冷傲之气，森然逼人。画毕，题款曰：八大山人。那歪斜的四字，分明是正哭的人形。朱耷说，从此以后，勿以朱耷称我，我就是八大山人。

八指头陀的诗禅世界

同治元年（1862 年），一个 11 岁的孩子从一座新坟上走了下来。他走到村子里，走到那座一下子显得空旷的茅屋。父亲的水烟袋还挂在原先的地方，只是没有人再去拿它；父亲穿的草鞋也还搁在那张床榻下，父亲却永远也不会再穿他了。母亲早在他7岁时就已经离世，从此以后，这屋子里就剩下他了。忽然，一股难以遏制的悲痛袭上心来，他再也控制不住自己，放声大哭起来。

不知什么时候，一个老者走进了他的屋子。老人是私塾里的周先生。先生轻轻叹了口气，扶着他的肩膀说，黄毛，别哭坏了身子，先到我那里吃一口饭吧。黄毛摇了摇头，他收拾着简单的行李，做出要远行的样子。先生说，黄毛，你要去哪里，你还是个孩子啊。黄毛无助地望着窗外的世界，又看了看先生，他实在不知道自己能去哪里，他只知道，这屋里他再也住不下去了，他得找一个能挣一碗饭吃的地方啊。

先生又说，你要是不嫌弃我那里，就去我的私塾里帮忙做做饭，干干杂活，我也可顺便教你读书写诗好吗？先生一直喜欢着这个聪明的孩子，虽然这孩子从来也不曾正式读过一天书，但是，他的《论语》念得比私塾里的任何一个孩子都熟练，尤其是不久前，先生无意间看到黄毛写在一张草纸上的诗句：枝条日日繁，春鸟处处多。先生实在想象不出，一个11岁的孩子怎么竟写出这样好的诗句来，不是天才又是什么？

黄毛感激地看了看先生，点了点头。

就这样，黄毛随着周先生来到私塾里。清晨，黄毛早早地就起床了，他帮先生倒了夜壶，又去洒扫院子。等把私塾打扫干净，学生们就一个个蹦蹦跳跳地都来了。这里没有他的位置，但周先生却让他端把凳子坐在教室的最后面，和其他孩子一样听课。听着听着，黄毛的思绪就飘逸了，于是，他会伏在桌上，刷刷地写下几行诗来。周先生知道这孩子本来就没打算念出什么名堂，他只是喜好写诗。好在周先生年轻时也是喜欢写诗的，他对八股文同样不感兴趣，于是，周先生就指导着他，黄毛的诗越发写得进步了。

那是一个春日的黄昏，天阴沉着，四野一片风雨之声，私塾里空旷寂落，不闻鸟鸣，不见人影。隔着院墙，是一株伸出墙外的野桃，正三月间，那桃花一枝枝，一朵朵，姹紫嫣红，在这春日的风雨中像是一片燃烧的火焰。黄毛看着那桃花，竟至于忘神。忽然，一阵风过，那树上的花瓣一片片竞相落下，落入树下的烂泥中，心痛得黄毛心直哆嗦。原来这世上的美好竟是这样的孱弱，这样的不禁摧残，就像那无常的生命一样。黄毛的心一阵酸楚，竟至于大哭起来。周先生闻声赶来，知道黄毛是为那桃花的命运而悲泣，先生摇了摇头，无声地走了。先生知道，这孩子幸好不是女人，如若做了女人，那便是多愁善感的林黛玉了，而他既做了男人，却又这样的怜花惜木，看来他只能是个做和尚的命了。

先生的推断没有错，又过了几年，黄毛真的走到了南岳祝圣寺里，投贤楷法师做了一名出家的弟子，取法名敬安。这是发生在同治七年（1868年）的事，这一年敬安18岁。

18岁的敬安长得一表人材，身材高挑，面目清朗，又作得一手好诗，受到师父的喜爱。有时候，附近有一些新庙落成，总会有人来请敬安去作一首诗刻在墙上。不时也会有附近的读书人前来寺里与敬安一同切磋诗艺。那些读书人最欣赏敬安诗中的空灵和飘逸，这是他们无法达到的境界。敬安当然也从他们那儿听到不少外面世界的故事，这使得他的诗也就越作越好了。

这一年，师父说，敬安啊，你应该到外面去走走，也好看看外面的世界究竟是什么样子。这正是敬安所想的，于是，20岁的敬安第一次走出了南岳，走出了衡山。他决定去岳阳探访他在这世上唯一的亲人舅舅。

到了岳阳，不可不去一个地方，那就是岳阳楼。当年范仲淹的一篇《岳阳楼记》让一座普通的阁楼天下尽知，从此以后，岳阳楼成了天下文人墨客必然光顾的所在。正好那天有一群读书人在这里举行诗会，只见他们放声吟哦，或五言，或七绝，一个个抒发着心中的快意。敬安是独自远游，当然也无心加入他们的行列。他来到一处凭栏远眺，但见远处的洞庭湖烟波浩渺，水天一色，近处的湖面白浪翻滚，一艘艘木船载着游人一点点向这边驶来。敬安被眼前的画面惊呆了，禁不住脱口诵出一句诗来：洞庭波送一僧来。刚诵完这一句，四周的人声停止了，一个老者走到他的跟前，双手抱拳向他致意，老者说：好诗啊好诗，若非神助，又哪里会有这样的好诗。他并不知道，这个向他抱拳致意的老者是当时极有名望的诗家郭菊荪，他是这一群年轻人的导师。知道他就是大名鼎鼎的郭菊荪后，敬安又把随身带着的诗稿请他过目。郭菊荪说，诗贵言志，杜甫忧而命笔，李白醉而狂咏，所以才有了一首首让后人吟咏不绝的好诗。你的诗写得极其空灵，但却缺乏应有的力度，这可能与你长期住在寺庙有关。郭菊荪说，希望你多认识这一方我们共存的世界，多接触各色的人生，相信你一定能写出更好的诗来。临别前，郭菊荪把一本《唐诗三百首》送给敬安，希望他能好好学习。

受此启发，敬安开始了长达9年的游历生涯，他独爱名山，山的空灵，山的雄浑给了他许多的灵感，他写道：

林峦含暝色，樵径罕人踪。
寂寞一蝉语，苍苍万木重。

他喜欢秋水，秋水给了他离愁别绪，于是他写道：

晓风吹雨过，两岸荻飕飕。
淮上君才去，江南我旧游。
不堪闻港木，俱是有离愁。
寄语故人道，别来今白头。

他更喜欢秋雨，秋雨让人生出更多的感伤和忧愁，他写道：

山中一雨过，池树早凉生。
坐石忘朝夕，看云忆弟兄。
寂寂千峰里，唯闻铥啸声。

这一首首空灵而萧瑟的诗歌，表达了他对人生的独特感悟，抒发了他对寂寞人生的种种思考。

光绪三年（1877年），敬安来到江南，在宁波阿育王寺，当敬安瞻仰到佛舍利塔时，想到佛陀当年为寻求解脱之道六年苦行，尔后于菩提树下成佛悟道的一幕时，竟然激动得难以自已。当天晚上，他在佛舍利塔前烧去二指，并剜臂肉置于油灯中燃以供佛，以表达自己对佛的虔诚。从此以后，人们只知道中国的诗坛上有一位燃指供佛的诗僧，人称“八指头陀”，渐渐地，人们倒是忘了他真正的名字是叫敬安了。

变调的人生绝响
——解读苏曼殊

1884年，苏曼殊降生到这个他本不该降生的人世。

因为他是父亲与女佣偷情的产物，卑贱的出身奠定了他一生悲剧的命运。母亲很快被赶出家门，父亲则另有新欢，而小小的苏曼殊实际上成了有父有母的孤儿。在这个大家族里，没有人把这个私生子当作一个人看，人人皆可从这个“杂种”的身上发泄对艰难时世的愤懑。有一次苏曼殊不幸生了一场大病，结果不仅没有人去给他请医生，他甚至还被丢弃到一间柴屋里，让他在那里静静地等死。这样的日子持续了很多年，少年苏曼殊到了无法忍受的地步，他偷偷地跑到广州六榕寺出家为僧，后却因为偷食一只鸽子而被迁单出寺，于是，他不得不又回到家里，回到令他厌恶无比的亲人之中。

不久，父亲破产了，本来就像狗一样活着的苏曼殊又开始了另一种寄人篱下的日子，他先是在上海的姑姑家过了几年。后来，对他的命运表示同情的表兄林紫垣愿意资助他求学日本。然而表兄的资助是有限的，每月十元大洋的生活费，只能使一个正在长身体的少年保持最低的生活标准。据他的同学回忆说，那时的苏曼殊每天只能吃掺和着杂物的米饭，晚上因为没有煤油灯，他只能早早地上床睡觉。饥饿总是驱之不去地追赶着他，有时候，他像野兽一样在屋子里搜寻着一切可以变卖的东西，终于把主意打到嘴里的金牙上，于是，如获至宝的他连忙用工具敲下那一对金牙，然后像疯子一样奔出门去。他开始写诗，一首一首地写，然后就把那些写好的诗投寄给当地的一些报纸。偶尔他会得到一笔稿费，于是立即走进餐馆大快朵颐。苏曼殊1918年死于胃肠出血，应该是少时暴食暴饮的结果。他的贪食有时会成为同伴们的笑柄，成为人们对他不屑的理由。但他的好友陈独秀却在一篇文章中说：“曼殊的贪食，其实是他的自杀政策。他眼见举世污浊，厌恶的心肠很热烈，但又找不到其他出路，于是便乱吃乱喝起来，以求速死。”一如他后来在情场上的放荡形骸，正如他自己在一部小说中以主人翁三郎的口吻所说：“人谓我天生情种，实则别有伤心处。”

悲惨的人生，铸就了苏曼殊桀骜不驯的个性。他痛恨现存的社会制度，希望有一种力量来改变这种让他痛恶的人生。因此，当孙中山在日本创建同盟会时，他便积极参加到孙中山领导的拒俄义勇队中。据何香凝先生回忆说，她当时在东京的住所是孙中山召集会议的所在，经常前来参加会议的人中就有20出头的苏曼殊。然而当时苏曼殊并非同盟会会员，有一次，当他得知同盟会员都有津贴时，立刻也去廖仲恺那里领取津贴。廖先生不好拒绝他，只得去请示孙中山。孙中山说，让曼殊领一份吧，在我的心中，曼殊早就是同盟会员了，再说，他太需要钱了。

苏曼殊像：苏曼殊（1884—1918年），近代作家、诗人、翻译家。原名戬，字子谷，后改名玄瑛，曼殊是他的法号。广东香山（今广东中山）人。

由于参加了孙中山的革命活动，苏曼殊受到表兄林紫垣的警告。但是，苏曼殊从一系列革命活动中感受到内心的愉悦，他宁可失去表兄资助。

孙中山欣赏苏曼殊的才情，更看中他那叛逆的个性，当他得知苏曼殊生活的窘境后，立即让廖仲恺给苏曼殊送去200大洋。对于一直生活在穷困中的苏曼殊来说，这无疑是一笔巨款。苏曼殊按捺不住内心的喜悦，当即给所有的朋友大发请柬，他要在一家高级餐馆大宴宾客。廖仲恺收到请柬后真是哭笑不得，他去征询孙中山的意见，孙中山说，这就是苏曼殊，我们都去赴宴吧，也好让他高兴高兴。

1903年，苏曼殊回到国内，继续参加辛亥革命前的宣传鼓动工作，他与陈独秀、章士钊等人共同创办《国民日日报》。后因《国民日日报》因故停办，他准备只身前往香港，却被他的生父发现。生父拉着他，让他回家完婚，苏曼殊东躲西藏，最后又在广东新会的一座寺庙里再次出家。然而这一次出家并没有使苏曼殊从此放下一颗狂乱之心，不久，他即偷了师父的戒牒和钱逃出了寺庙，继续他浪迹天涯的亦僧亦俗的生活。

苏曼殊同情革命，支持革命，对一切参加孙中山同盟会的成员都怀着深深的敬意。他曾为他的好友陈独秀作画一幅，不久另一好友赵伯文也向苏曼殊索画。当时苏曼殊因急于东渡日本，作画的事也就耽搁下来。几年后苏曼殊回国，当他听说赵伯文在黄花岗起义失败后忧愤成疾，咳血而亡后，深为当时未能为赵伯文作画而

广州白云山能仁寺山门：上悬苏曼殊所书“金刚法界”匾额。

痛悔。他连夜为赵伯文画了一幅《饮马荒城图》，第二天把那幅画在赵伯文的墓前焚烧掉，以示祭奠。

辛亥革命失败后，孙中山先生发动了二次革命，苏曼殊积极响应，立即发表了《讨袁宣言》，他甚至准备只身去刺杀袁世凯，遭到同伴的反对。

说到底，苏曼殊毕竟不是一个有着成熟思想的革命家，他只是一个僧人，一个诗人，一个始终在出世和入世中徘徊的复杂的人。他的参加革命，是他鲜明、叛逆、忧郁甚至怪异人性的一种表现。他一生都在复杂而多变的人生中痛苦地挣扎着。悲愤出诗人，这句话用在苏曼殊的身上再恰当不过了。郁达夫说：“苏曼殊的诗比他的画好，他的画比他的小说好。”现代高僧印顺法师说，中国有两大诗僧，古有佛印，今有曼殊。可见苏曼殊在诗歌上的成就。他的诗缠绵悱恻，千回百转，在禅意中蕴含着对世事人情的慨叹，是一声声变调的人生绝响。如：

收拾禅心侍镜台，沾泥残絮有沉哀。
湘弦洒遍胭脂泪，香火重生劫后灰。

他虽然是一个出家人，却大胆地剖白自己对爱情的矛盾心理，在佛门中可谓绝无仅有。他的爱情诗充满了情爱与禅心矛盾，他在现实生活中同样也是如此。虽然一般人认为苏曼殊出入酒楼茶肆，乃至烟花青楼是“百花丛中过，片叶不沾身”，但他与艺妓百助枫子之间的恋情却让人不得不为他掬一捧凄婉的眼泪。他和百助枫子有过一夜之情，但却并无肌肤之亲。痛苦而大惑不解的百助枫子问他说，大师对我究竟何意？曼殊说，你忘了，我是出家人，我怕达到沸点也！

百助枫子痛泣而去，曼殊也因此而怅然不可终日。不久，百助枫子到底还是忍受不住对曼殊的爱恋，重新向他发起新一轮进攻，然而此时的苏曼殊却已经从沉沦中苏醒。他在回给百助枫子的信中写下这样的诗句：

禅心一任蛾眉妒，佛说原来怨是亲；
两笠烟蓑归去也，与人无爱亦无嗔。
生憎花发柳含烟，东海飘零二十年；
忏尽情禅空色相，琵琶湖畔枕经眠。

1918年5月2日，苏曼殊在忧郁与病痛中走完了自己35岁的短暂生命。孙中山听说他的死十分惋惜，特意寄来大洋1000元，请人将他葬在西湖孤山一侧。有意思的是，他的墓与女革命家秋瑾之墓隔水相望，而不远处，则是一代名妓苏小小的长眠之地。

一支秀笔懒和尚

1953年，中华人民共和国国务院总理周恩来率一大型代表团出访印度、尼泊尔等国，为了增进两国宗教界的友好联系，代表团成员的名单中有几名出家的僧人，其中即有一位名叫懒悟的僧人。

可是，就在代表团于北京整训，即将启程前夕，懒悟和尚却独自回到了他住锡的安庆迎江寺。人们看见，他仍然是趿拉着一双又黑又脏的僧鞋，仍然是那件常年也不见换洗的僧服，仍然是一副自由自在的懈怠僧的模样。

能随国家代表团出访别国，这在当时是人们祈盼不及的事情，大家都在为懒悟而高兴，他怎么就突然回来了呢？熟悉他的人都要问其原因，然而他却只是笑而不语。直到很久以后他才说，那么多的繁文缛节，而且要求每天都要洗澡，每天都要换衣，受洋罪啊。

人们笑了，说：你真是一个懒和尚啊。

懒悟原名晓悟，取自孔子“朝闻道，夕死可矣”一语。可就是因为他懒，懒洗澡，懒换衣，人们叫他懒和尚，他自己索性就把名字改做懒悟。

江西庐山东林寺大雄宝殿：懒悟和尚中年时，曾经在庐山东林寺隐居。

他的懒，是出了名的。一年里懒得洗一两次澡，实在是脏得过不去了，就用巴掌在身上横搓几下，竖推几下，搓下一团泥垢，他称之为“干浴”。同样也是一年里难得换一次衣服，即使换下，更是懒得去洗，扔在屋角，等身上的这一套脏了，再拾起丢在屋角里的那一套换上。他称之为“轮流服务”。他吃饭的碗从来不洗，吃过了，碗扣在桌子上，等到下一餐饭时揭开来继续使用。同样也有他的理由，他说：“既然还要用它，何必费功夫去洗呢？”

僧侣们和学生们实在看不过去，问他说：“师父如此生活，不觉得窝囊吗？”

懒悟笑笑说：“人的要求没有止尽，太讲究了烦恼必然也太多，其实，许多事挨一挨也就过去了，反而得大自在。”

吃什么，他当然更不讲究，平日他在寺里是有什么吃什么，可要是到朋友家做客，人家招待什么他也就吃什么了。他称之为“随缘”。这种时候，酒是少不了的，喝到几分醉，正好可以做画。

他果真是这样的一个又懒又脏的和尚吗？非也。

懒悟自幼出家，然而他却酷爱书画。初学渐江、继学石溪、石涛，终于成为新安画派的一代传人。他的山水画疏林远山，一派淡雅，融禅机与画理为一炉，在中国近代画坛颇负盛名。也正因为如此，出访的代表团中才列上他的大名。

懒悟中年时期曾隐居于庐山东林寺，以庐山为素材悉心作画，9年时间足不出户。1926年，他又东渡日本拜师习画，所以他的画又有着日本画的静穆和雄浑。1931 年，懒悟从日本回国，欲继续埋名于东林寺，一边作画一边问禅，顺江而下，路过安庆迎江寺时，被心坚、竺庵二位和尚苦心挽留，遂在迎江寺长住下来。

说起懒悟的作画，安庆的老人们都能说出他的故事来。

老人们说，有时候，懒悟蹲在迎江寺山门前晒太阳，这时，有黄包车夫走过来说，师父，华清池的水刚刚开汤，我拉师父去泡一泡吧。他在身上抓一抓，抓出一只活物，嘴里懒懒地说，泡就泡一个吧，随便。于是，黄包车夫连忙把车拉到他的脚边，将他一直拉到吕八街，他这才想起身上分文也无，如何支付车钱和澡资当然也就成了问题。车夫说，师父，车钱是小意思，澡资也由我包了，只想讨师父一幅好画。其实这是黄包车夫精心设计的一个陷阱，懒悟却像是捡到了便宜，洗完澡，车夫再把他拉到迎江寺里，于是，车夫也就得到一幅水墨山水，那幅画卖出的价钱够上懒悟洗上 100 回澡，坐上 100 次车。

他在澡塘里泡澡，搓背佬主动走过来为他搓背，完了，搓背佬自然又提出要师父的画。懒悟说，一句话，我叫裱画的刘师父替你装裱好，过几天来取就是了。

安庆是当时安徽省的省会，省主席刘振华一直就想得到懒悟和尚的山水画作，曾托人给懒悟送过多次礼品，但这些礼品全都有来无往。这一天，刘振华备了一桌酒席，特意让人把懒悟请到家里。懒悟酒也喝了，菜也吃了，结果却喝得酩酊大醉，画自然也没有作成。刘振华又气又恼，只好让人把懒悟又送回寺里。

一些达官贵人、地方名流比刘振华聪明，他们掌握到懒悟的个性，于是，便想方设法买通那些炸油条的、拉黄包车的、卖报纸的所谓引车卖浆之流，于是，他们也就很快得到了懒悟的画。懒和尚的画也就是这样流入到社会，成为人家的收藏品的。

懒悟寂于 1969 年。1992 年，安徽美术出版社出版了《懒悟画集》，收录了懒悟生前画作 100 余幅，但是，这些画作没有一幅是从下层市民中收集而来。这也许是懒悟生前所始料不及的吧。

图书在版编目（CIP）数据

佛教的故事 / 黄复彩著. —石家庄：河北人民出版社，2013. 10
（人文故事丛书）
ISBN 978-7-202-07953-9

Ⅰ. ①佛… Ⅱ. ①黄… Ⅲ. ①佛教—通俗读物
Ⅳ. ①B94-49

中国版本图书馆 CIP 数据核字（2013）第 303535 号

丛 书 名 **人文故事丛书**
书　　名 佛教的故事
著　　者 黄复彩

选题策划　王苏凤
责任编辑　贺秀红
美术编辑　李　欣
封面设计　武　德
责任校对　付敬华　余尚敏
组　　稿　北京新浪大江流文化传播有限公司

出版发行　河北出版传媒集团　河北人民出版社
（石家庄市友谊北大街 330 号）
印　　刷　保定市中画美凯印刷有限公司
开　　本　787 毫米×1092 毫米　1/16
印　　张　13.75
字　　数　195 000
版　　次　2014 年 3 月第 1 版　　2014 年 3 月第 1 次印刷
书　　号　ISBN 978 - 7 - 202 - 07953 - 9/K・1098
定　　价　39.80 元